南京航空航天大学"大思政课协同创新研究"

思想政治研究文库

"马克思主义基本原理"课程教与学

徐地龙◎主编

光明日报出版社

图书在版编目（CIP）数据

"马克思主义基本原理"课程教与学 / 徐地龙主编. --北京：光明日报出版社，2022.11
ISBN 978-7-5194-7015-9

Ⅰ.①马… Ⅱ.①徐… Ⅲ.①马克思主义理论—教学研究—高等学校 Ⅳ.①A81

中国版本图书馆 CIP 数据核字（2022）第 244781 号

"马克思主义基本原理"课程教与学
"MAKESI ZHUYI JIBEN YUANLI" KECHENG JIAOYUXUE

主　　编：徐地龙	
责任编辑：史　宁　陈永娟	责任校对：许　怡　李海慧
封面设计：中联华文	责任印制：曹　净

出版发行：光明日报出版社
地　　址：北京市西城区永安路 106 号，100050
电　　话：010-63169890（咨询），010-63131930（邮购）
传　　真：010-63131930
网　　址：http://book.gmw.cn
E - mail：gmrbcbs@gmw.cn
法律顾问：北京市兰台律师事务所龚柳方律师
印　　刷：三河市华东印刷有限公司
装　　订：三河市华东印刷有限公司
本书如有破损、缺页、装订错误，请与本社联系调换，电话：010-63131930

开　　本：170mm×240mm	
字　　数：305 千字	印　　张：17
版　　次：2024 年 1 月第 1 版	印　　次：2024 年 1 月第 1 次印刷
书　　号：ISBN 978-7-5194-7015-9	
定　　价：95.00 元	

版权所有　　翻印必究

南京航空航天大学"大思政课"
研究丛书编委会

编委会主任：王 智 徐 川
编委会执行主任：陈红桂
编 委 会 委 员：王 岩　邓伯军　平 旭　孙佳敏
　　　　　　　　吕立志　刘 琳　何 畏　陈勇江
　　　　　　　　郑 雨　赵 玲　姜志强　徐 军
　　　　　　　　徐地龙　曹运星　廉 清　阙 愚
　　　　　　　　缪国龙　潘银良
　　　　　　　（按姓氏笔画排序）

《"马克思主义基本原理"课程教与学》

分工如下：
主　编： 徐地龙
副主编： 胡媛媛　惠成刚　刘林娟

各章分工：
导　论：陈红桂
第一章：胡媛媛
第二章：徐地龙
第三章：孙卫卫
第四章：徐地龙
第五章：刘林娟
第六章：胡媛媛
第七章：惠成刚

前　言

本书是《马克思主义基本原理》（2023年版）教学辅导参考书，阅读对象为高校本科生、从事马克思主义理论教学的同行、马克思主义专业的研究生与社会学习者。

马克思主义是指引当代中国发展的精神旗帜，是推动当代中国发展的精神动力，是引领当代中国实践的行动指南。在庆祝中国共产党成立100周年大会上，习近平总书记指出："中国共产党为什么能，中国特色社会主义为什么好，归根到底是因为马克思主义行！"[①] 高校的马克思主义理论教育为学生成长成才打下科学思想基础：培养大学生学会运用马克思主义立场观点与方法观察世界、分析世界，深刻把握世界发展走向，认清中国和世界发展大势，让学生深刻感悟马克思主义真理力量具有重要意义。马克思主义基本理论教材由中宣部与教育部组织专家编写。为了进一步推进马克思主义中国化伟大成果，特别是习近平新时代中国特色社会主义思想进教材、进课堂、进头脑，自2007年发行首版以来，教材有多个版本，2021年版教材书名为《马克思主义基本原理》，之前书名为《马克思主义基本原理概论》，目前为2023年版。

《中共中央宣传部、教育部关于进一步加强和改进高校思想政治理论课的意见》对马克思主义理论教学有明确的规定：着重讲授马克思主义世界观和方法论，帮助学生从整体上把握马克思主义，正确地认识人类社会发展的基本规律。本书编写严格遵循这一规定。马克思主义的学问博大精深，马克思主义的著作卷帙浩繁，在有限的时间内学习马克思主义基本理论，需要从马克思主义的基本立场、观点与方法入手，领会马克思主义的精髓要义。《马克思主义基本原理》体系按照马克思主义哲学、政治经济学与科学社会主义三个部分编写，但三个组成部分不是彼此割裂的，它们构成一个相互联系的有机整体。本书编写中"重点难点导学"的"知识融会"部分，突出马克思主义基本理论的整

---

① 习近平．在庆祝中国共产党成立100周年大会上的讲话［EB/OL］．人民网，2021-07-02．

体性。

　　与前面版本相比，最新版本教材在内容上有所增加，比较明显的是增加了马克思主义中国化的理论成果；形式上增加一些文本框，内容为马克思主义经典作家的话语。本书编写突出教材新修订的内容，在"背景知识"部分引用马克思主义经典文本；在"学者新论"部分，摘录一些马克思主义基本原理研究的最新成果；在"案例解析"与"知识拓展"中，将学习马克思主义基本原理与学习马克思主义中国化的理论成果结合起来。

　　2019年，教育部颁布关于一流本科课程建设的实施意见，按照该意见，特别是按照"两性一度"，即高阶性、创新性与挑战度进行思想政治理论课课程建设。我校《马克思主义基本原理概论》为国家精品在线开放课程，江苏省一流课程。本书编写体现我校的教学成果。在参照同类教辅书内容基础上，在"知识训练"栏中，我们尽量回避一些比较陈旧的题目，比较多地采用我校教学改革成果。

　　本书编写结构如下：教学目的和要求；重点难点导学；案例解析；知识拓展；知识训练。

　　参加本书编写人员由南京航空航天大学马克思主义学院长期从事马克思主义基本原理教学，参加马克思主义一流本科课程建设的一线教师组成。具体编写分工如下：导论（陈红桂），第一章（胡媛媛），第二章（徐地龙），第三章（孙卫卫），第四章（徐地龙），第五章（刘林娟），第六章（胡媛媛），第七章（惠成刚），全书由徐地龙统稿。

　　本书吸收与借鉴多本同类辅导材料，考研辅导材料的习题集，在此一并致谢。

　　由于作者水平有限，难免有许多不足。敬请专家同行、同学与学习者不吝赐教，批评指正。

　　本书是江苏省教育科学规划课题（C-c/2018/01/12）和江苏省社科应用研究精品工程专项（22SZB-002）的阶段性成果。

本书编者
2022年10月

目 录
CONTENTS

导 论 ··· 1
  一、教学目的和要求 ·· 1
  二、重点难点导学 ··· 2
  三、案例解析 ·· 7
  四、知识拓展 ··· 13
  五、知识训练 ··· 21

第一章 世界的物质性及发展规律 ···························· 23
  一、教学目的和要求 ·· 23
  二、重点难点导学 ··· 24
  三、案例解析 ·· 27
  四、知识拓展 ·· 30
  五、知识训练 ·· 48

第二章 实践与认识及其发展规律 ···························· 56
  一、教学目的和要求 ·· 56
  二、重点难点导学 ··· 57
  三、案例解析 ·· 64
  四、知识拓展 ·· 70
  五、知识训练 ·· 88

第三章 人类社会及其发展规律 ······························· 100
  一、教学目的和要求 ··· 100
  二、重点难点导学 ·· 101

三、案例解析 …………………………………………………… 104
　　四、知识拓展 …………………………………………………… 105
　　五、知识训练 …………………………………………………… 136

第四章　资本主义的本质及规律 ……………………………… 141
　　一、教学目的和要求 …………………………………………… 141
　　二、重点难点导学 ……………………………………………… 142
　　三、案例解析 …………………………………………………… 149
　　四、知识拓展 …………………………………………………… 150
　　五、知识训练 …………………………………………………… 169

第五章　资本主义的发展及其趋势 …………………………… 177
　　一、教学目的和要求 …………………………………………… 177
　　二、重点难点导学 ……………………………………………… 178
　　三、案例解析 …………………………………………………… 192
　　四、知识拓展 …………………………………………………… 198
　　五、知识训练 …………………………………………………… 214

第六章　社会主义的发展及其规律 …………………………… 220
　　一、教学目的和要求 …………………………………………… 220
　　二、重点难点导学 ……………………………………………… 221
　　三、案例解析 …………………………………………………… 223
　　四、知识拓展 …………………………………………………… 228
　　五、知识训练 …………………………………………………… 241

第七章　共产主义崇高理想及其最终实现 …………………… 248
　　一、教学目的和要求 …………………………………………… 248
　　二、重点难点导学 ……………………………………………… 249
　　三、案例解析 …………………………………………………… 253
　　四、知识拓展 …………………………………………………… 255
　　五、知识训练 …………………………………………………… 260

导 论

一、教学目的和要求

知识框架

马克思主义的科学内涵
马克思主义的创立和发展
马克思主义的鲜明特征
马克思主义的当代价值

教学目的

从总体上理解和把握马克思主义的科学内涵，了解马克思主义产生的历史过程和发展阶段，掌握马克思主义的鲜明特征，深刻认识马克思主义的当代价值。

知识层面：掌握马克思主义概念，马克思一生的两个伟大发现，马克思主义的创立过程，马克思主义的发展，马克思主义的鲜明特征。

能力层面：理解与体会马克思主义的当代价值，习近平新时代中国特色社会主义思想是马克思主义中国化最新理论成果。把握中国共产党为什么能，中国特色社会主义为什么好，归根到底是因为马克思主义行三者之间的关系。

价值层面：学生能够感受马克思、恩格斯为人类解放而奋斗的情怀，树立用马克思主义观察时代、把握时代与引领时代的信心。

教学要求

导论部分贯彻了习近平在纪念马克思诞辰 200 周年大会上的讲话，习近平在庆祝中国共产党成立 100 周年大会上的讲话精神。

导论是马克思主义基本原理的前导性内容，包括马克思主义的内涵、创立过程和发展、鲜明特征、当代价值以及学习马克思主义的态度和方法，是对于马克思主义基本原理的整体性论述。教材对马克思主义的内涵、产生发展和鲜明特征的论述比较详细，对马克思主义当代价值有新的概括，比较全面。本部分的学习主要把握马克思主义的立场、观点与方法，目的是促使大学生树立马克思主义的信念。马克思主义的基本观点是全书观点的一个总结，知识点密集，其中有两个新的观点：关于人与自然和谐共生的观点，关于世界历史的观点。教师可通过马克思的人类情怀和在当代的巨大影响，增加课堂的感染力；通过学习马克思主义的鲜明特征，突出马克思主义理论的科学性和革命性，展现出马克思主义的理论形象，提高学生对整个课程的"问题意识"。

二、重点难点导学

重点导学

1. 马克思主义的内涵。马克思主义是由马克思和恩格斯创立并为后继者所不断发展的科学理论体系，是关于自然、社会和人类思维发展一般规律的学说，是关于社会主义必然代替资本主义、最终实现共产主义的学说，是关于无产阶级解放、全人类解放和每个人自由而全面发展的学说，是无产阶级政党和社会主义国家的指导思想，是指引人民创造美好生活的行动指南。

2. 马克思主义的组成。马克思主义是一个完备严整的科学理论体系，马克思主义哲学、马克思主义政治经济学和科学社会主义是其三个基本组成部分，它们有机统一并共同构成了马克思主义理论的主体内容。此外，马克思主义理论还包含其他诸多知识领域。

3. 马克思主义基本原理。马克思主义基本原理是对马克思主义立场、观点、方法的集中概括，是马克思主义在其形成、发展和运用过程中经过实践反复检验而确立起来的具有普遍真理性的理论。它体现马克思主义的根本性质和整体特征，体现马克思主义科学性和革命性的统一。相对于特定历史条件下所做的个别理论判断和具体结论，马克思主义基本原理具有普遍的、根本的和长远的指导意义。

4. 马克思主义产生的社会根源（客观条件）。资本主义经济的发展为马克思主义的产生提供了经济、社会历史条件。14世纪末15世纪初，资本主义生产关系在西欧封建社会内部开始孕育成长。美洲大陆的发现，加快了资本主义生产关系取代封建生产关系的过程。从18世纪60年代开始的以资本主义机器大工业代替以手工技术为基础的工场手工业的革命兴起，促进了资本主义社会生产力及其经济发展，把资本主义推进到一个新的阶段。生产力的巨大发展，既促进了新兴资本主义制度的确立和巩固，也使这种制度开始显露出它固有的内在矛盾，即生产社会化同资本主义生产资料私有制之间的矛盾。这种矛盾的发展与激化导致生产过剩危机的周期性爆发，暴露出资本主义生产关系开始成为现代社会化生产力发展的桎梏，同时又引发并加剧了工人阶级与资本家阶级之间的阶级斗争。总之，资本主义固有矛盾的发展，预示着未来社会革命的性质和历史发展的方向，这为马克思主义的产生提供了经济、社会的条件和基础。

5. 马克思主义产生的阶级基础（客观条件）。无产阶级在反抗资产阶级剥削和压迫的斗争中，逐步走向自觉，并迫切渴望科学的理论指导。随着机器大工业对工场手工业、雇佣劳动制度对封建生产关系的取代，社会日益分裂为无产阶级和资产阶级，它们之间的矛盾在社会生活中的地位日益突出。到了19世纪30年代，阶级斗争在实践方面和理论方面采取了日益鲜明的和带有威胁性的形式。1831年和1834年法国里昂工人先后举行了两次起义，1836年英国爆发了延续十余年的全国性的工人运动——宪章运动，1844年德国西里西亚的纺织工人举行起义。法、英、德的三大工人运动标志着现代无产阶级作为独立的政治力量登上了历史舞台。但是，这些工人运动均遭失败。这就迫切需要总结无产阶级斗争的实践经验，形成科学的革命理论，用以指导无产阶级的解放斗争。

6. 马克思主义产生的主观条件。马克思、恩格斯的革命实践和对人类文明成果的继承与创新。资本主义经济社会的发展及其矛盾运动，为马克思主义的产生提供了客观条件，无产阶级与资产阶级的斗争对马克思主义的产生提出了现实需求，这些都是马克思主义产生的时代和实践基础。这些客观条件只是为马克思主义产生提供了可能性，而这些可能性只有通过马克思、恩格斯的革命实践和对人类文明成果的继承与创新，才会变成现实。

7. 马克思主义的当代价值。马克思主义是观察当代世界变化的认识工具，是指引当代中国发展的行动指南，是引领人类社会进步的科学真理。

第一，马克思主义是观察当代世界变化的认识工具。首先，马克思主义给予我们观察当代世界的宏大视野。马克思主义是科学的世界观和方法论，是无产阶级和全人类解放的科学指南，它站在科学和时代的制高点观察事物和现象，具有极为广大的视野。用人类发展的视野观察当代世界，我们就能超出自身狭隘的眼界，看到世界的多样性，把握世界的整体，为自己确立合理的定位。其次，马克思主义给予我们透视时代风云的锐利目光。当今世界风云变幻，世界格局加速演变，出现了大量亟待回答的理论问题和实践问题。马克思主义掌握了人类社会发展的规律，具有唯物辩证的科学方法，善于从扑朔迷离的复杂现象中把握问题的实质,从众多支流中找到主流,从局部变幻中把握总体和大局。再次,马克思主义给予我们展望未来世界的长远眼光和战略定力。观察当今世界和社会发展,不仅要看到现状,更要看到未来;不仅要把握变化脉络,更要观察演化趋势。眼光超前,先行一步,才能掌握主动,立于不败之地。冷静观察,保持定力,不为现象所迷惑,处理好中国问题是立足点。

第二,马克思主义是指引当代中国发展的行动指南。首先,马克思主义是指引当代中国发展的精神旗帜。马克思主义传入中国,使中华民族在精神上从被动转为主动。中国人民实现了从站起来、富起来到强起来的伟大飞跃,中华民族伟大复兴进入了不可逆转的历史进程。中国共产党为什么能,中国特色社会主义为什么好,归根到底是因为马克思主义行!其次,马克思主义是推动当代中国发展的精神动力。人民有信仰,民族就有希望,国家就有力量。对马克思主义的信仰是中国革命、建设、改革的强大精神动力。再次,马克思主义是引领当代中国实践的行动指南。掌握了马克思主义,就能够以更宽广的视野、更长远的眼光来思考和把握未来发展面临的一系列重大问题,应对重大挑战,抵御重大风险,克服重大阻力,解决重大矛盾。

第三,马克思主义是引领人类社会进步的科学真理。从人类历史发展的大视野来看,世界仍然处于马克思主义所指明的从资本主义走向社会主义的大时代。马克思主义所揭示的资本主义基本矛盾仍然存在,而且在近年来西方的金融危机和社会危机中呈现出某种激化的趋势。马克思主义所揭示的人类社会发展规律,所揭示的社会主义代替资本主义的历史趋势,依然存在并发生作用。当今世界科技发展日新月异,人类文明加速进步,但同时社会面临着贫困、生态恶化、恐怖主义等尖锐复杂的问题。人类社会怎样面对和处理这些问题,怎样才能走向更加美好的明天?回答和解决这样的根本性问题,还是需要到马克思主义中寻找智慧。

难点导学

1. 对马克思主义基本内涵的讲解。马克思主义是马克思主义基本原理课程中最基础的概念。首先对"主义"二字做简单解析。一般而言,主义一词是指某种特定的思想、宗旨、学说体系或理论,对客观世界、社会生活以及学术问题等所持有的系统的理论和主张,如现实主义、理想主义、马克思主义等;也可指一定的社会制度、政治经济体系,如资本主义、社会主义。"主义"之前加上人名是明确主义的主体以及可能服务的对象。马克思主义的内涵非常丰富,涵盖了政治、经济、文化、军事、历史、人类发展、自然界等诸多领域和各个方面，博大精深。对于"马克思主义"概念的理解，可以从以下几个方面着手：

首先，马克思主义的主体并非单指马克思一个人，而是指群体的集合。它不仅包括创立者马克思、恩格斯，也包括后来以列宁、毛泽东、邓小平、江泽民、胡锦涛和习近平等为代表的马克思主义者，他们继承、丰富和发展了马克思、恩格斯的学说和思想体系。中国共产党将马克思主义与中国具体实际相结合，进一步丰富和发展马克思主义，称为中国化的马克思主义，它包括毛泽东思想、邓小平理论、"三个代表"重要思想、科学发展观和习近平新时代中国特色社会主义思想。

其次，从服务对象而言，马克思主义是为无产阶级服务的。它以无产阶级作为主体力量，指导无产阶级争取自身解放和整个人类解放，具体指出了无产阶级斗争的性质、目的和解放条件等。这就表明了马克思主义的政治立场是致力于实现以劳动人民为主体的最广大人民的根本利益，体现了其鲜明的阶级性和实践性。马克思主义中国化在理论与实践上取得了伟大成就，还需要强调，马克思主义是无产阶级政党和社会主义国家的指导思想，是指引人民创造美好生活的行动指南。

最后，从内容上看，马克思主义是无产阶级的科学世界观和方法论，它总结了自然、社会和人类思维发展的一般规律，提出了认识世界和改造世界的基本立场、观点与方法。它运用辩证唯物主义与历史唯物主义的科学世界观与方法论，揭示资本主义经济政治发展规律，深入批判资本主义社会发展的内在矛盾，指出其转变为社会主义、建设社会主义和实现共产主义的客观趋势。具体而言，马克思主义包括马克思主义哲学、马克思主义政治经济学和科学社会主义三个基本组成部分，其内在逻辑关系可以概括为：马克思主义哲学是政治经济学和科学社会主义的理论基础，为它们提供根本方法；政治经济学是马克思主义哲学最深刻、最详细的证明和运用，也是科学社会主义的逻辑根据；科学社会主义是马克思主义的核心目标，是马克思主义哲学和政治经济学的理论归宿。

2. 对马克思主义鲜明特征的理解。马克思主义具有鲜明的科学性、人民性、实践性和发展性，这些特征体现了马克思主义的本质和使命，也展现出马克思主义的理论形象。

科学性：马克思主义是对自然、社会和人类思维发展本质和规律的正确反映。马克思主义具有科学的世界观和方法论基础，这是马克思主义的一个突出特征和理论优势，也是马克思主义科学性的重要体现。

人民性：人民至上是马克思主义的政治立场。马克思主义政党把人民放在心中最高位置，一切奋斗都致力于实现最广大人民的根本利益。

实践性：马克思主义是从实践中来、到实践中去，在实践中接受检验，并随实践而不断发展的学说。实践观点是马克思主义首要的和基本的观点。

发展性：马克思主义是不断发展的学说，具有与时俱进的理论品质。马克思主义是时代的产物，并随着时代、实践和科学的发展而不断发展。

马克思主义的鲜明特征就是科学性与革命性的统一。马克思主义科学理论在指导无产阶级和人民群众进行伟大社会革命的过程中，其人民性、实践性和发展性集中体现为革命性。革命性是马克思主义的内在品质，是马克思主义的人民性、实践性和发展性的应有之义和必然要求。

3. 对马克思主义具有鲜明的政治立场的理解。马克思主义政党的一切理论和奋斗都应致力于实现以劳动人民为主体的最广大人民的根本利益，这是马克思主义最鲜明的政治立场。首先，这是由马克思主义理论的本性决定的。鲜明的阶级性和实践性是马克思主义的根本特性。马克思主义是在无产阶级革命实践中产生、发展起来的，是无产阶级根本利益的科学表现。其次，这是由无产阶级的历史使命决定的。无产阶级革命和自身的解放同社会发展的规律、人类的彻底解放的必然趋势是完全一致的。无产阶级只有解放全人类，才能最后彻底解放自己。最后，是否始终站在最广大人民的立场上，是唯物史观和唯心史观的分水岭，也是判断马克思主义政党的试金石。

知识融会

导论是马克思主义基本原理概论内容的前导性内容，包括马克思主义的内涵、马克思主义基本原理含义、马克思主义产生过程和发展、鲜明特征、当代价值以及学习马克思主义的态度和方法，是对于马克思主义基本原理的整体性论述。

本章对后面章节中的马克思主义立场、观点与方法进行了集中概括，并详细地介绍了马克思主义的鲜明特征，马克思主义的科学性主要体现在第三章、第四章中关于人类社会发展一般规律、资本主义社会发展的特殊规律等理论之中；马克思主义的革命性主要体现在马克思的辩证法思想之中："辩证法不崇拜任何东西，按其本质来说，它是批判的和革命的。"马克思对资本主义的分析与解剖贯彻了其批判性精神。导论中关于马克思主义的发展是对最后两章社会主义的发展及其规律、共产主义崇高理想及其最终实现内容的一个摘要。

三、案例解析

案例 1

《共产党宣言》和《资本论》在世界的地位与影响

1848年2月24日,用德文写成的《共产党宣言》在伦敦付梓出版,首印近五百册。《宣言》原稿是用德文撰写的,现今只有一页存世,保存在阿姆斯特丹,这张手稿连同马克思所著《资本论》(第一卷)马克思自注本,被联合国教科文组织选入"世界记忆名录"。马克思、恩格斯的《共产党宣言》发表标志着马克思主义的公开问世,标志着科学社会主义的诞生。在1888年,恩格斯在该书的英文版序言中说,《宣言》无疑是"全部社会主义文献中传播最广和最具有国际性的著作,是从西伯利亚到加利福尼亚的千百万工人公认的共同纲领"。170年来,《共产党宣言》被译成200多种文字,出版数千个版本,成为世界上发行量最大的书籍之一,是阅读最多的著作之一,其中的许多话已经变成了人人皆知的名言。《共产党宣言》的开头:"一个幽灵,共产主义的幽灵,在欧洲游荡。"结尾也同样有名:"无产者在这个革命中失去的只是锁链。他们获得的将是整个世界。"马歇尔·伯曼的著作《一切坚固的东西都烟消云散了——现代性体验》就是取自《共产党宣言》"一切坚固的东西都烟消云散了,一切神圣的东西都被亵渎了"中的第一句作为书名。

自2008年世界金融危机爆发以来,马克思主义经典著作《共产党宣言》、《资本论》等在英国、德国一些发达的资本主义国家的销售量大幅提高。其中,年轻人对马克思主义的兴趣有所回升,他们认为马克思主义给人们提供了一种分析资本主义的工具。

早在上一个世纪快要结束时候,英国剑桥大学文理学院教授发起的校内征询和推选第二个千年思想家活动,结果是马克思第一,爱因斯坦第二。随后英国广播公司以这个问题在全球互联网上公开征询,一个月后汇集投票结果,前10位分别是:马克思(第一),爱因斯坦(第二),牛顿(第三),达尔文(第四),13世纪意大利的阿奎那(第五),霍金(第六),康德(第七),笛卡尔(第八),麦克斯韦(第九),尼采(第十)。2005年6月,英国广播公司第四频道《在我们这个时代》栏目就"谁是现今英国人心目中最伟大的哲学家?"展开征询,一个月评选后的结果是,著有《共产党宣言》和《资本论》共产主义理论奠基人和杰出代表卡尔·马克思最终以27.93%的得票率脱颖而出,被评为世界上最伟大的哲学家，排在第二位的是苏格兰哲学家大卫·休谟，他的得票率为12.67%，当代哲学家路德维希·维特根斯坦以6.8%得票率位居第三位。

英国国家广播电台BBC曾经分别拍过三位货币大师和三位现代思想家的纪录片，三位货币大师是马克思、凯恩斯与哈耶克；三位思想家是马克思、弗洛伊德与尼采，既是货币大师又是思想家，马克思是唯一的一位。马克思所著《资本论》，是一部三卷本、约230万字的鸿篇巨著，是马克思用毕生的心血写成的一部光辉灿烂的科学巨著。这本巨著运用唯物史观的观点与方法、深刻分析了资本主义生产方式并对其进行了彻底的批判，深刻地剖析了资本主义社会产生、演变的过程及其社会结构和人与人的社会关系，揭示了资本主义社会发展规律，证明资本主义发展方向必然引导到社会主义革命和无产阶级专政的确立。2008年4月，美国《大西洋月报》发表了一篇题为"卡尔·马克思的复仇"的文章，认为全球性的金融危机证实了马克思对资本主义制度的预言。

思考讨论：

1. 《共产党宣言》和《资本论》是不断揭露资本主义发展的内在缺陷和矛盾，预言资本主义必将灭亡的学说，为什么受到了资本主义国家公众的广泛认可？

2. 2008年，由美国"次贷危机"引发的全球性金融危机对我们认识和理解《资本论》有什么重要意义？

案例点评：

当马克思在世纪之交被西方媒体评为千年思想家时，英国路透社曾评价说："马克思的《共产党宣言》和《资本论》对过去一个多世纪全球的政治和经济思想产生了深刻的影响。"1998年5月中旬，全世界1500多位马克思主义的追随者和研究者云集法国巴黎，参加纪念《共产党宣言》发表150周年国际大会。大会组委会主任、法共政治局委员、马克思主义研究所前所长弗·拉扎尔夫人在致开幕词时动情地说道："《共产党宣言》不是一般的书。它不是冰，而是炭，放在锅里能使水沸腾起来。我们为什么不使历史重新沸腾起来呢？"

在《共产党宣言》发表170年后的今天，尽管世界形势风云变幻，发生了翻天覆地的变化，但仍然可以说，《共产党宣言》中的思想和观点不仅没有过时，而且在历经历史和实践的检验之后愈加放射出真理的光芒。《共产党宣言》第一次系统、全面地阐释了科学社会主义理论，它的核心思想是"每个人的自由发展"，其主线为"生产力的发展是人类历史发展的最终动因"。这些基本原理对我们认识当今世界仍然具有重要的指导意义。

《资本论》是马克思最具有代表性的科学巨著，是马克思研究资本主义社会经济形态的巅峰之作。著作以唯物史观的基本思想为指导，通过深刻分析资本主义生产方式，揭示了资本主义社会发展的规律，指出了资本主义社会经济形态的历史性和暂时性。可以说，《资本论》实际上是给资本主义作出的死刑判决书。虽然资本主义的丧钟至今未敲响，但不等于马克思在《资本论》中对资本主义的历史趋势和未来走向的预言是错误的。恰恰相反，实际上，资本主义一个半世纪以来的发展变化，彰显了《资本论》关于资本主义的基本理论的科学价值和时代意义。由美国"次贷危机"引发的资本主义世界的金融危机的爆发，使资本主义国家的社会各界掀起了研讨《资本论》热，《资本论》的大量出版和脱销，证明马克思在《资本论》中所展开的对资本主义的分析批判对当代资本主义具有充分的解释力。

案例2

习近平在纪念马克思诞辰200周年大会上的讲话（节选）[①]

马克思给我们留下的最有价值、最具影响力的精神财富，就是以他名字命名的科学理论——马克思主义。这一理论犹如壮丽的日出，照亮了人类探索历史规律和寻求自身解放的道路。

马克思有一句名言："批判的武器当然不能代替武器的批判，物质力量只能用物质力量来摧毁；但是理论一经掌握群众，也会变成物质力量。"马克思主义主要由哲学、政治经济学、科学社会主义三大组成部分构成。这三大组成部分分别来源于德国古典哲学、英国古典政治经济学、法国空想社会主义，然而，最终升华为马克思主义的根本原因，是马克思对所处的时代和世界的深入考察，是马克思对人类社会发展规律的深刻把握。马克思说："共产党人的理论原理，决不是以这个或那个世界改革家所发明或发现的思想、原则为根据的。""这些原理不过是现存的阶级斗争、我们眼前的历史运动的真实关系的一般表述。"

只有在整个人类发展的历史长河中，才能透视出历史运动的本质和时代发展的方向。马克思的科学研究，就像列宁所说的那样，"凡是人类社会所创造的一切，他都有批判地重新加以探讨，任何一点也没有忽略过去。凡是人类思想所建树的一切，他都放在工人运动中检验过，重新加以探讨，加以批判，从而得出了那些被资产阶级狭隘性所限制或被资产阶级偏见束缚住的人所不能得出的结论"。马克思的思想理论源于那个时代又超越了那个时代，既是那个时代精

[①] 习近平. 在纪念马克思诞辰200周年大会上的讲话[EB/OL]. 人民网, 2018-05-05.

神的精华又是整个人类精神的精华。

——马克思主义是科学的理论，创造性地揭示了人类社会发展规律。在马克思提出科学社会主义之前，空想社会主义者早已存在，他们怀着悲天悯人的情感，对理想社会有很多美好的设想，但由于没有揭示社会发展规律，没有找到实现理想的有效途径，因而也就难以真正对社会发展发生作用。马克思创建了唯物史观和剩余价值学说，揭示了人类社会发展的一般规律，揭示了资本主义运行的特殊规律，为人类指明了从必然王国向自由王国飞跃的途径，为人民指明了实现自由和解放的道路。

——马克思主义是人民的理论，第一次创立了人民实现自身解放的思想体系。马克思主义博大精深，归根到底就是一句话，为人类求解放。在马克思之前，社会上占统治地位的理论都是为统治阶级服务的。马克思主义第一次站在人民的立场探求人类自由解放的道路，以科学的理论为最终建立一个没有压迫、没有剥削、人人平等、人人自由的理想社会指明了方向。马克思主义之所以具有跨越国度、跨越时代的影响力，就是因为它植根人民之中，指明了依靠人民推动历史前进的人间正道。

——马克思主义是实践的理论，指引着人民改造世界的行动。马克思说，"全部社会生活在本质上是实践的"，"哲学家们只是用不同的方式解释世界，问题在于改变世界"。实践的观点、生活的观点是马克思主义认识论的基本观点，实践性是马克思主义理论区别于其他理论的显著特征。马克思主义不是书斋里的学问，而是为了改变人民历史命运而创立的，是在人民求解放的实践中形成的，也是在人民求解放的实践中丰富和发展的，为人民认识世界、改造世界提供了强大精神力量。

——马克思主义是不断发展的开放的理论，始终站在时代前沿。马克思一再告诫人们，马克思主义理论不是教条，而是行动指南，必须随着实践的变化而发展。一部马克思主义发展史就是马克思、恩格斯以及他们的后继者们不断根据时代、实践、认识发展而发展的历史，是不断吸收人类历史上一切优秀思想文化成果丰富自己的历史。因此，马克思主义能够永葆其美妙之青春，不断探索时代发展提出的新课题、回应人类社会面临的新挑战。

同志们！

《共产党宣言》发表170年来，马克思主义在世界上得到广泛传播。在人类思想史上，没有一种思想理论像马克思主义那样对人类产生了如此广泛而深刻的影响。

在马克思亲自领导下，在马克思主义指导下，"第一国际"等国际工人组织相继创立和发展，在不同时期指导和推动了国际工人运动的联合和斗争。在马克思主义影响下，马克思主义政党在世界范围内如雨后春笋般建立和发展起来，人民第一次成为自己命运的主人，成为实现自身解放和全人类解放的根本政治力量。

列宁领导的十月革命取得胜利，社会主义从理论变为现实，打破了资本主义一统天下的世界格局。第二次世界大战结束后，一大批社会主义国家诞生，特别是中华人民共和国成立，极大壮大了世界社会主义力量。尽管世界社会主义在发展中也会出现曲折，但人类社会发展的总趋势没有改变，也不会改变。

马克思、恩格斯积极支持被压迫民族和人民的解放斗争。进入20世纪后，以列宁为代表的马克思主义者继承和发展马克思主义民族理论，指导和支持殖民地半殖民地国家民族解放运动。第二次世界大战结束后，一大批获得独立和解放的民族国家建立起来，彻底瓦解了帝国主义的殖民体系，世界各民族平等交往、共同发展，展现出光明前景。

今天，马克思主义极大推进了人类文明进程，至今依然是具有重大国际影响的思想体系和话语体系，马克思至今依然被公认为"千年第一思想家"。

同志们！

马克思主义不仅深刻改变了世界，也深刻改变了中国。中华民族在几千年的历史进程中创造了灿烂的中华文明，为人类文明进步做出了重大贡献。1840年鸦片战争以后，西方列强凭着坚船利炮野蛮轰开了中国的大门，中华民族陷入内忧外患的悲惨境地。

帝国主义的野蛮侵略和中国人民的深重苦难引起了马克思高度关注。第二次鸦片战争期间，马克思撰写了十几篇关于中国的通讯，向世界揭露西方列强侵略中国的真相，为中国人民伸张正义。马克思、恩格斯高度肯定中华文明对人类文明进步的贡献，科学预见了"中国社会主义"的出现，甚至为他们心中的新中国取了靓丽的名字——"中华共和国"。

近代以后，争取民族独立、人民解放和实现国家富强、人民幸福就成为中国人民的历史任务。在旧式的农民战争走到尽头，不触动封建根基的自强运动和改良主义屡屡碰壁，资产阶级革命派领导的革命和西方资本主义的其他种种方案纷纷破产的情况下，十月革命一声炮响，为中国送来了马克思列宁主义，给苦苦探寻救亡图存出路的中国人民指明了前进方向、提供了全新选择。

在这个历史大潮中，一个以马克思主义为指导、一个勇担民族复兴历史大任、一个必将带领中国人民创造人间奇迹的马克思主义政党——中国共产党应运而生。

中国共产党诞生后，中国共产党人把马克思主义基本原理同中国革命和建设的具体实际结合起来，团结带领人民经过长期奋斗，完成新民主主义革命和社会主义革命，建立起中华人民共和国和社会主义基本制度，进行了社会主义建设的艰辛探索，实现了中华民族从东亚病夫到站起来的伟大飞跃。这一伟大飞跃以铁一般的事实证明，只有社会主义才能救中国！

改革开放以来，中国共产党人把马克思主义基本原理同中国改革开放的具体实际结合起来，团结带领人民进行建设中国特色社会主义新的伟大实践，使中国大踏步赶上了时代，实现了中华民族从站起来到富起来的伟大飞跃。这一伟大飞跃以铁一般的事实证明，只有中国特色社会主义才能发展中国！

在新时代，中国共产党人把马克思主义基本原理同新时代中国具体实际结合起来，团结带领人民进行伟大斗争、建设伟大工程、推进伟大事业、实现伟大梦想，推动党和国家事业取得全方位、开创性历史成就，发生深层次、根本性历史变革，中华民族迎来了从富起来到强起来的伟大飞跃。这一伟大飞跃以铁一般的事实证明，只有坚持和发展中国特色社会主义才能实现中华民族伟大复兴！

实践证明，马克思主义的命运早已同中国共产党的命运、中国人民的命运、中华民族的命运紧紧连在一起，它的科学性和真理性在中国得到了充分检验，它的人民性和实践性在中国得到了充分贯彻，它的开放性和时代性在中国得到了充分彰显！

实践还证明，马克思主义为中国革命、建设、改革提供了强大思想武器，使中国这个古老的东方大国创造了人类历史上前所未有的发展奇迹。历史和人民选择马克思主义是完全正确的，中国共产党把马克思主义写在自己的旗帜上是完全正确的，坚持马克思主义基本原理同中国具体实际相结合、不断推进马克思主义中国化时代化是完全正确的！

可以告慰马克思的是，马克思主义指引中国成功走上了全面建设社会主义现代化强国的康庄大道，中国共产党人作为马克思主义的忠诚信奉者、坚定实践者，正在为坚持和发展马克思主义而执着努力！

思考讨论：

"中国共产党为什么能，中国特色社会主义为什么好，归根到底是因为马克思主义行！"如何理解？

案例点评：

"中国共产党为什么能，中国特色社会主义为什么好，归根到底是因为马克思主义行！"这是习近平总书记在庆祝中国共产党成立100周年大会上的重要讲话中的新概括与新表述。马克思主义的产生是人类思想史上一次最壮丽的日出，是那个时代精神的精华，又是整个人类精神的精华。首先，我们要把握马克思主义是由马克思主义哲学，即辩证唯物主义与历史唯物主义，政治经济学与科学社会主义三个主体部分构成的，还包含着其他许多知识领域，如历史学、政治学、法学、文化学、新闻学、军事学等；其次，我们要掌握马克思主义几个鲜明的特征，即科学性、实践性、人民性、发展性；再次，我们需要掌握马克思主义在实践中不断发展，特别是马克思主义中国化的成果。我们在认真学习与领会习近平在纪念马克思诞辰200周年大会上的讲话中，增强学习马克思主义的自觉性。

四、知识拓展

（一）背景知识

《马克思恩格斯全集》历史考证版第二版（MEGA2）

《马克思恩格斯全集》历史考证版第二版，是国际马克思恩格斯基金会支持编辑出版的马克思恩格斯文献、手稿和往来书信等原始手稿的文献发掘整理的完整的、历史考证性的版本，最为忠实、全面地反映了马克思恩格斯著作的原貌。

《马克思恩格斯全集》历史考证版起源于20世纪20—30年代的苏联，由梁赞诺夫领导的马克思恩格斯研究院主持编纂，原本预计出版30余卷，但是出版12卷13册后便宣告中断。20世纪70年代，苏共中央马列研究院和民主德国马列研究院开启合作编辑新的历史考证版性质的《马克思恩格斯全集》。东欧剧变后，该项编辑工程由柏林-勃兰登堡科学院接手。为了表示与梁赞诺夫的版本的区别和传承关系，学界称前者为MEGA1，而称后来的《马克思恩格斯全集》为MEGA2。MEGA2预计出版114卷，目前已出版70余卷。MEGA2的出版，为当今世界马克思主义理论界的研究奠定了文献基础并不断拓宽新的理论边界。

2018年，北京大学国际马克思主义文献中心通过国际知名马克思主义文献学家、德国柏林MEGA编辑促进会主席、MEGA2编者罗尔夫·黑克尔教授（Prof. Rolf Hecker），从德国引进了2套完整的MEGA2（已出版卷次），含研究性材料共142卷485分册，其中也包含了举世瞩目的、2017年底柏林出版的MEGA第I部门第5卷即《德意志意识形态》卷，体现了当今世界马克思主义文献编辑领域的最新成果。

(二) 经典文论

1. 列宁：卡尔·马克思①

1818年公历5月5日生于特里尔城（莱茵普鲁士）。他的父亲是一位律师，犹太人，1824年加入新教。这个家庭是富裕的，有教养的，但不是革命的。马克思在特里尔中学毕业后，先后入波恩和柏林的大学攻读法学，但他研究得最多的是历史和哲学。1841年大学毕业时提交了一篇论伊壁鸠鲁哲学的学位论文。马克思就其当时的观点来说，还是一个黑格尔唯心主义者。在柏林，他加入过"左派黑格尔派"（布洛诺·鲍威尔）的圈子，这派人想从黑格尔哲学中做出无神论的和革命的结论。

大学毕业后，马克思迁居波恩，打算当教授。但是当时政府实行反动政策，1832年撤销路德维希·费尔巴哈的教授职务，1836年又拒绝让费尔巴哈进大学讲课，1841年又剥夺青年教授布鲁诺·鲍威尔在波恩的讲学资格，这样就迫使马克思放弃了当学者的前程。当时左派黑格尔派的观点在德国发展很快。路德维希·费尔巴哈，特别是从1836年起，开始批判神学，转向唯物主义，到1841年，唯物主义在他的思想中已经完全占了上风（《基督教的本质》）；他的另一著作《未来哲学原理》于1843年问世。后来，恩格斯在谈到费尔巴哈的这些著作时写道：这些书的"解放作用，只有亲身体验过的人才能想象得到"。"我们〈即左派黑格尔派，包括马克思〉一时都成为费尔巴哈派了。"这时，一些同左派黑格尔派接近的莱茵激进派资产者，在科隆创办了一个反对派的报纸《莱茵报》（1842年1月1日创刊）。马克思和布鲁诺·鲍威尔被聘为主要撰稿人。1842年10月，马克思担任该报主编，并从波恩迁居科隆。该报在马克思的编辑下，革命民主倾向愈来愈明确。所以政府起初对该报进行双重的，甚至是三重的检查，后来，在1843年1月1日决定干脆将其查封。马克思被迫在查封之前辞职，但该报并没有因此而得救，终于在1843年3月被查封。马克思在《莱茵报》上发表的主要文章，除后面列举的（见书目）以外，恩格斯还曾提到论摩泽尔河谷酿造葡萄酒的农民的状况一文。办报工作使马克思感到自己的政治经济学知识不够，于是他发奋研究这门科学。

1843年，马克思在克罗伊茨纳赫同童年时代的女友燕妮·冯·威斯特华伦结婚。马克思还在大学读书时就同她订了婚。燕妮出身于一个反动的普鲁士贵族家庭。她的哥哥曾在1850—1858年这个最反动的时期任普鲁士内务大臣。

---

① 列宁. 列宁选集：第2卷 [M]. 北京：人民出版社，2012：414-418.

1843年秋，马克思赴巴黎，此行的目的是和阿尔诺德·卢格（1802—1880年；左派黑格尔派，1825—1830年被监禁，1848年以后流亡国外；1866—1870年以后成为俾斯麦主义者）一起在国外创办一种激进的杂志。这个《德法年鉴》杂志只出了第1期。其所以停刊，是因为在德国秘密发行困难，加上马克思同卢格意见不合。马克思在这个杂志上发表的文章表明他已经是一个革命家。他主张"对现存的一切进行无情的批判"，尤其是"武器的批判"；他诉诸群众，诉诸无产阶级。

1844年9月，弗里德里希·恩格斯曾到巴黎小住数日，他从这时起便成为马克思最亲密的朋友。他们两人一起极其热情地投入当时巴黎各革命团体的沸腾生活（蒲鲁东的学说当时特别有影响，马克思于1847年在《哲学的贫困》中对它进行了彻底的清算），并在同各种小资产阶级的社会主义学说进行的尖锐斗争中创立了革命的无产阶级社会主义或者说共产主义（马克思主义）的理论和策略（见后面的书目所载的马克思在1844—1848年这一时期的著作）。1845年，在普鲁士政府的坚决要求下，马克思作为一个危险的革命分子而被驱逐出巴黎。此后他迁居布鲁塞尔。1847年春，马克思和恩格斯加入秘密宣传团体"共产主义者同盟"，参加了该同盟的第二次代表大会（1847年11月在伦敦举行）并起了突出的作用，他们受大会委托起草了1848年2月发表的著名的《共产党宣言》。这部著作以天才的透彻而鲜明的语言描述了新的世界观，即把社会生活领域也包括在内的彻底的唯物主义、作为最全面最深刻的发展学说的辩证法，以及关于阶级斗争和共产主义新社会创造者无产阶级肩负的世界历史性的革命使命的理论。

1848年二月革命爆发时，马克思被驱逐出比利时。他重返巴黎，并于三月革命后，又从巴黎回到德国科隆。1848年6月1日至1849年5月19日，在科隆出版了《新莱茵报》，马克思任该报主编。1848—1849年的革命事态的发展极好地证实了新的理论，后来世界各国所有的无产阶级运动和民主运动也同样证实了这一理论。得胜的反革命势力起初将马克思提交法庭审判（1849年2月9日宣告无罪），以后又把他驱逐出德国（1849年5月16日）。马克思先到巴黎，在1849年6月13日游行示威后又被驱逐出巴黎，此后他移居伦敦，直到去世。

流亡生活极端困苦，这一点从马克思同恩格斯的通信（1913年出版）中可以特别清楚地看出。马克思及其一家饱受贫困的折磨。如果不是恩格斯牺牲自己而不断给予资助，马克思不但无法写成《资本论》，而且势必会死于贫困。此外，当时占优势的小资产阶级和所有非无产阶级的社会主义学说和思潮，迫使马克思经常进行无情的斗争，有时还要反驳各种穷凶极恶的人身攻击（《福格特

15

先生》）。马克思竭力避开流亡者的圈子，写了一些历史著作（见书目）来详细阐述自己的唯物主义理论，并主要致力于政治经济学的研究。马克思通过《政治经济学批判》（1859年出版）和《资本论》（1867年出版第1卷）这两部著作，使这门科学发生了一场革命（见后面马克思的学说）。

50年代末和60年代民主运动复兴时期，马克思又投入实际活动。1864年（9月28日），在伦敦成立了有名的第一国际，即"国际工人协会"。马克思是这个协会的灵魂，协会的第一个《宣言》以及许多决议、声明和公告都出自他的手笔。马克思把各个国家的工人运动统一起来，竭力把各种非无产阶级的即马克思主义以前的社会主义（马志尼、蒲鲁东、巴枯宁、英国的自由派工联主义、德国拉萨尔右倾分子等）纳入共同行动的轨道，并同所有这些派别和学派的理论进行斗争，从而为各个国家的工人阶级制订了统一的无产阶级斗争策略。在1871年巴黎公社——马克思对它曾经做过极其深刻、准确、出色而有影响的、革命的分析（1871年的《法兰西内战》）——失败之后，在巴枯宁分子使第一国际分裂之后，第一国际已无法在欧洲继续存在。在海牙国际代表大会（1872年）以后，马克思把国际总委员会移至纽约。第一国际完成了自己的历史使命，随之而来的是世界各国工人运动空前大发展的时代，即工人运动向广度发展，以各个民族国家为基地建立群众性的社会主义工人政党的时代。

在第一国际中的紧张工作和更为紧张的理论研究活动，完全损坏了马克思的健康。他继续进行改造政治经济学和完成《资本论》的工作，为此大量收集新的资料，学习好几种语言（例如俄语），可是疾病使他没有能够写完《资本论》。

1881年12月2日，马克思的妻子去世。1883年3月14日，马克思静静地长眠于他的安乐椅中。他被安葬于伦敦的海格特公墓，安息在妻子的身边。马克思的子女，由于当时家境十分贫困，有几个在童年时便死于伦敦。三个女儿爱琳娜、劳拉、燕妮，分别嫁给了英国和法国的社会主义者艾威林、拉法格、龙格。燕妮的儿子是法国社会党党员。

2. 列宁：马克思主义的三个来源和三个组成部分[①]

马克思学说在整个文明世界中引起全部资产阶级科学（官方科学和自由派科学）极大的仇视和憎恨，这种科学把马克思主义看作某种"有害的宗派"。也不能期望有别的态度，因为建筑在阶级斗争上的社会是不可能有"公正的"社会科学的。全部官方的和自由派的科学都这样或那样地为雇佣奴隶制辩护，而

[①] 列宁. 列宁选集：第2卷［M］. 北京：人民出版社，2012：309-314.

马克思主义则对这种奴隶制宣布了无情的战争。期望在雇佣奴隶制的社会里有公正的科学，正像期望在应不应该减少资本利润来增加工人工资的问题上会采取公正态度一样，是愚蠢可笑的。

不仅如此，哲学史和社会科学史都十分清楚地表明：马克思主义同"宗派主义"毫无相似之处，它绝不是离开世界文明发展大道而产生的一种故步自封、僵化不变的学说。恰恰相反，马克思的全部天才正是在于他回答了人类先进思想已经提出的种种问题。他的学说的产生正是哲学、政治经济学和社会主义极伟大的代表人物的学说的直接继续。

马克思学说具有无限力量，就是因为它正确。它完备而严密，它给人们提供了一个决不同任何迷信、任何反动势力、任何为资产阶级压迫所做的辩护相妥协的完整的世界观。马克思学说是人类在19世纪所创造的优秀成果——德国的哲学、英国的政治经济学和法国的社会主义的当然继承者。

现在我们就来简短地说明一下马克思主义的这三个来源以及它的三个组成部分。

一

马克思主义的哲学就是唯物主义。在欧洲全部近代史中，特别是18世纪末叶，在同一切中世纪废物，同农奴制和农奴制思想展开决战的法国，唯物主义成了唯一彻底的哲学，它忠于一切自然科学学说，仇视迷信、伪善行为及其他，等等。因此，民主的敌人便竭尽全力来"驳倒"、败坏和诋毁唯物主义，维护那些不管怎样总是为宗教辩护或支持宗教的各种哲学唯心主义。

马克思和恩格斯最坚决地捍卫了哲学唯物主义，并且多次说明，一切离开这个基础的倾向都是极端错误的。在恩格斯的著作《路德维希·费尔巴哈》和《反杜林论》里最明确、最详尽地叙述了他们的观点，这两部著作也同《共产党宣言》一样，都是每个觉悟工人必读的书籍。

但是，马克思并没有停止在18世纪的唯物主义上，而是把哲学向前推进了。他用德国古典哲学的成果，特别是用黑格尔体系（它又导致了费尔巴哈的唯物主义）的成果丰富了哲学。这些成果中主要的就是辩证法，即最完备最深刻最无片面性的关于发展的学说，这种学说认为反映永恒发展的物质的人类认识是相对的。不管那些"重新"回到陈腐的唯心主义那里去的资产阶级哲学家的学说怎样说，自然科学的最新发现，如镭、电子、元素转化，都出色地证实了马克思的辩证唯物主义。

马克思加深和发展了哲学唯物主义，而且把它贯彻到底，把它对自然界的认识推广到对人类社会的认识。马克思的历史唯物主义是科学思想中的最大成果。在历史观和政治观方面占支配地位的那种混乱和随意性，被过去一种极其完整严密的科学理论所代替，这种科学理论说明，由于生产力的发展，如何从一种社会生活结构中发展出另一种更高级的结构，例如从农奴制度中生长出资本主义。

正如人的认识反映不依赖于它而存在的自然界即发展着的物质那样，人的社会认识（即哲学、宗教、政治等的不同观点和学说）反映社会的经济制度。政治设施是经济基础的上层建筑。我们看到，例如现代欧洲各国的各种政治形式，都是为巩固资产阶级对无产阶级的统治服务的。

马克思的哲学是完备的哲学唯物主义，它把伟大的认识工具给了人类，特别是给了工人阶级。

二

马克思认为经济制度是政治上层建筑借以树立起来的基础，所以他特别注意研究这个经济制度。马克思的主要著作《资本论》就是专门研究现代社会即资本主义社会的经济制度的。

马克思以前的古典政治经济学是在最发达的资本主义国家英国形成的。亚当·斯密和大卫·李嘉图通过对经济制度的研究奠定了劳动价值论的基础。马克思继续了他们的事业。他严密地论证了并且彻底地发展了这个理论。他证明：任何一个商品的价值，都是由生产这个商品所消耗的社会必要劳动时间的数量决定的。

凡是资产阶级经济学家看到物与物之间的关系（商品交换商品）的地方，马克思都揭示了人与人之间的关系。商品交换表现着各个生产者之间通过市场发生的联系。货币意味着这一联系愈来愈密切，把各个生产者的全部经济生活不可分割地联结成一个整体。资本意味着这一联系进一步发展：人的劳动力变成了商品。雇佣工人把自己的劳动力出卖给土地、工厂和劳动工具的占有者。工人用工作日的一部分来抵偿维持本人及其家庭生活的开支（工资），工作日的另一部分则是无报酬地劳动，为资本家创造剩余价值，这也就是利润的来源，资本家阶级财富的来源。

剩余价值学说是马克思经济理论的基石。工人的劳动所创造的资本压迫工人，使小业主破产，造成失业大军。大生产在工业中的胜利是一眼就能看到的，但是在农业中我们也可以看到同样的现象：资本主义大农业的优势日益扩大，采用机器愈来愈广泛，农民经济纷纷落入货币资本的绞索，由于技术落后而日益衰败和破产。在农业方面，小生产的衰败的形式虽然不同，但是它的衰败是无可争辩的事实。

资本打击小生产，同时使劳动生产率不断提高，并且造成大资本家同盟的垄断地位。生产本身日益社会化，使几十万以至几百万工人联结成一个有条不紊的经济机体，而共同劳动的产品却被一小撮资本家所占有。生产的无政府状态愈来愈严重，危机日益加深，争夺市场的斗争愈来愈疯狂，人民群众的生活愈来愈没有保障。

资本主义制度在使工人愈来愈依赖资本的同时，也造成联合劳动的伟大力量。

马克思考察了资本主义的发展过程，从商品经济的萌芽，从简单的交换一直到资本主义的高级形式，到大生产。

一切资本主义国家（无论老的或新的）的经验，使工人中一年比一年多的人清楚地看到了马克思这一学说的正确性。

资本主义在全世界获得了胜利，但是这一胜利不过是劳动对资本的胜利的前阶。

三

当农奴制被推翻，"自由"资本主义社会出现的时候，一下子就暴露出这种自由意味着压迫和剥削劳动者的一种新制度。于是反映这种压迫和反对这种压迫的各种社会主义学说就立刻产生了。但是最初的社会主义是空想社会主义。这种社会主义批判资本主义社会，谴责它，咒骂它，幻想消灭它，臆想较好的制度，劝富人相信剥削是不道德的。

但是空想社会主义没有能够指出真正的出路。它既不会阐明资本主义制度下雇佣奴隶制的本质，又不会发现资本主义发展的规律，也不会找到能够成为新社会的创造者的社会力量。

然而，在欧洲各国，特别是在法国，导致封建制度即农奴制崩溃的汹涌澎湃的革命，却日益明显地提示了阶级斗争是整个发展的基础和动力。

战胜农奴在阶级而赢得政治自由，没有一次不遇到拼命的反抗。没有一个资本主义国家，不是经过资本主义社会各阶级间你死我活的斗争，才在比较自由和民主的基础上建立起来。

马克思的天才就在于他最先从这里得出了全世界历史所提示的结论，并且彻底地贯彻了这个结论。这个结论就是阶级斗争学说。

只要人们还没有学会透过任何有关道德、宗教、政治和社会的言论、声明和诺言，揭示出这些或那些阶级的利益，那他们始终是而且会永远是政治上受人欺骗和自己欺骗自己的愚蠢的牺牲品的。只要那些主张改良和改善的人还不懂得，任何一个旧设施，不管它怎样荒谬和腐败，都由某些统治阶级的势力在支撑着,那他们总是会受旧事物拥护者的愚弄。要粉碎这些阶级的反抗,只有一个办法,就是必须在我们所处的社会中找出一种力量,教育它和组织它去进行斗争,这种力量可以(而且按它的社会地位来说应当)成为能够除旧立新的力量。

只有马克思的哲学唯物主义,才给无产阶级指明了如何摆脱一切被压迫阶级至今深受其害的精神奴役的出路。只有马克思的经济理论,才阐明了无产阶级在整个资本主义制度中的真正地位。

在全世界,从美洲到日本,从瑞典到南非,无产阶级的独立组织正在不断增加。无产阶级一面进行阶级斗争,一面受到启发和教育,他们逐渐摆脱资产阶级社会的偏见,日益紧密地团结起来并且学习怎样衡量自己的成绩,他们正在锻炼自己的力量并且在不可遏止地成长壮大。

(三) 学者新论

今天的马克思①

英国BBC的调查表明,英国广播电台的听众把马克思选为最伟大的哲学家。我从这个调查中没有想到太多的东西。但是,如果你把马克思的名字输入Google进行搜索,就会发现他仍然是搜索量最大的伟大思想家之一。只有达尔文和爱因斯坦超过他,但他却远远大于亚当·斯密和弗洛伊德。

在我看来,会出现这种状况,有两个原因。第一,苏联官方马克思主义的终结把马克思解放了出来。第二,20世纪90年代兴起的全球化的资本主义世界在一些关键的方面与马克思在《共产党宣言》中所预见的世界极为相似。1998年是这本惊人的小册子发表150周年,恰好也是全球经济剧烈动荡之年。公众的反应清楚地体现出马克思在《共产党宣言》中的预见。悖谬的是,这一次是资本家而不是社会主义者重新发现了马克思:社会主义者是如此地沮丧,竟然没有重视这个纪念日。我想起了我对美国航空公司飞行杂志编辑的采访所感到的惊讶之情,他们杂志的80%的读者是美国的商务旅客。我写了一篇关于《共产党宣言》的短文,他认为他的读者会对关于《共产党宣言》的辩论感兴趣,可他会采用我的短文吗?更令我惊讶的是,大约是在世纪之交的一次午餐会上,乔治·索罗斯问我怎么看马克思。我知道我们之间的观点没有什么共同之处,

---

① 埃里克·霍布斯鲍姆. 如何改变世界:马克思和马克思主义的传奇 [M]. 吕增奎,译. 北京:中央编译出版社,2014:7.

因而想避免争论,给出了一个含糊的回答。他说:"此人 150 年前发现了资本主义的一些事实,我们今天必须予以关注。"他的确是这样做的。此后不久,据我所知,那些从未成为共产主义者的著者开始认真对待马克思,就像雅克·阿塔利的马克思新传记和马克思研究那样。阿塔利也认为,对于那些想把当前世界改变得更美好的人来说,马克思留下了许多思想。应当记住的是,即使从这种观点来看,我们今天也需要重视马克思。

因此,我们今天如何看待马克思呢?是全人类的而不只是某一部分人的思想家?当然是。是一位哲学家?是一位经济分析家?是现代社会科学的创始人和认识人类社会的指南?是的。不过,就马克思而言,阿塔利正确地强调的一点是马克思思想的普遍全面性。这不是传统意义上的"跨学科性",而是对所有学科的整合。正如阿塔利所说的:"在他之前的哲学家们按照人的总体性思考了人,但他是第一个把世界作为政治、经济、科学和哲学的整体来理解的人。"

五、知识训练

(一) 单项选择题

1. 中国共产党坚持马克思主义基本原理,坚持实事求是,从中国实际出发,洞察时代大势,把握历史主动,进行艰辛探索,不断推进马克思主义中国化时代化,指导人民不断推进伟大社会革命。习近平总书记指出:"中国共产党为什么能,中国特色社会主义为什么好,归根到底是因为马克思主义行!"马克思主义行,根本原因在于( )

A. 马克思主义具有鲜明的政治立场

B. 马克思主义具有自觉的历史担当

C. 马克思主义是科学的世界观和方法论

D. 马克思主义是无产阶级政党自我革命的武器

2. 无产阶级的科学世界观和方法论是( )

A. 政治经济学 B. 科学社会主义

C. 辩证唯物主义和历史唯物主义 D. 唯物主义

3. 首次系统阐述历史唯物主义基本观点的著作是( )

A.《共产党宣言》 B.《德意志意识形态》

C.《资本论》 D.《神圣家族》

4. 恩格斯( )著作全面阐述马克思主义理论体系。

A.《反杜林论》

B.《家庭、私有制和国家的起源》

C. 《路德维希·费尔巴哈和德国古典哲学的终结》

D. 《法兰西内战》

5. （　　）发表，标志着马克思主义的公开问世。

A. 《共产党宣言》　　　　　　B. 《德意志意识形态》

C. 《资本论》　　　　　　　　D. 《神圣家族》

6. 在（　　）这个包含新世界观天才萌芽的第一个文件中，马克思系统论述了实践的观点，揭示了科学实践观的基本内容。

A. 《共产党宣言》　　　　　　B. 《神圣家族》

C. 《法兰西内战》　　　　　　D. 《关于费尔巴哈的提纲》

（二）多项选择题

1. 马克思主义理论是（　　）

A. 马克思和恩格斯创立并为后继者所不断发展的科学理论体系

B. 关于社会主义必然代替资本主义、最终实现共产主义的学说

C. 是关于无产阶级解放、全人类解放和每个人自由而全面发展的学说

D. 是无产阶级政党和社会主义国家的指导思想，是指引人民创造美好生活的行动指南

2. 马克思一生的两个伟大理论发现是（　　）

A. 政治经济学　　　　　　　　B. 唯物史观

C. 唯物主义　　　　　　　　　D. 剩余价值学说

3. 1871年3月，巴黎工人起义并成立巴黎公社，马克思代表第一国际写了一本著名的作品，高度赞扬了巴黎工人的伟大创举；该书与几年后写的另一部作品一起，进一步丰富了科学社会主义学说。这两部作品是（　　）

A. 《共产党宣言》　　　　　　B. 《法兰西内战》

C. 《德意志意识形态》　　　　D. 《哥达纲领批判》

[单项选择题答案]

1. C　2. C　3. B　4. A　5. A　6. D

[多项选择题答案]

1. ABCD　2. BD　3. BD

第一章

世界的物质性及发展规律

一、教学目的和要求

知识框架

世界的物质统一性原理
主观能动性与客观规律性的辩证统一
联系和发展的基本规律
联系和发展的基本环节
唯物辩证法是科学的认识方法

教学目的

本章内容为辩证唯物论与唯物辩证法的统一，要求从整体上掌握辩证唯物主义世界观的基本要求，掌握唯物辩证法的基本原理及方法论，在实践中不断增强思维能力。

知识层面：掌握辩证唯物论的基本概念——物质概念、意识概念等。掌握唯物辩证法的基本概念——联系，发展，矛盾，哲学上的质、量、度概念，辩证的否定观，主观辩证法。掌握主观能动性与客观规律性的辩证关系，现象与本质的关系，必然性与偶然性的辩证关系，量变与质变的辩证关系，矛盾同一性与斗争性的辩证关系，矛盾普遍性与特殊性的辩证关系，主观辩证法与客观辩证法的辩证关系。掌握世界的物质统一性原理，主观能动性基本原理。

能力层面：本章的教学与学习侧重于方法论能力方面的培养。掌握马克思主义的辩证唯物论与马克思主义的唯物辩证法，是掌握马克思主义方法论的基本要求。（1）世界的物质统一性原理是马克思主义哲学的基石，是一切从实际出发的根本依据。（2）矛盾分析法是我们认识事物的根本方法，矛盾分析法实质是具体问题具体分析；矛盾普遍性与特殊性关系的原理是中国特色社会主义理论的哲学依据。

价值层面：（1）运动、变化、发展是唯物辩证法的关键词，从运动中看到变化，从变化中看到发展，这是马克思主义辩证思想的深邃目光。用这样的目光来观察当今世界，就会将世界的变化和发展尽收眼底，从中发现其运行和演化的趋势与方向。（2）唯物辩证的科学方法，善于透过现象看本质，能从扑朔迷离的复杂现象中把握住问题的实质，从局部的变幻中把握住总体和大局。面对复杂多变的世界形势，要学会善于运用矛盾分析的方法，既能看到众多矛盾相互交织的复杂局势，又能从中找出具有决定性作用的主要矛盾，紧紧抓住问题的症结，掌握事物矛盾斗争转化的根本所在。要善于运用利益分析的方法，从国家间纷纭的说辞中看到国家间的利益博弈，在变幻莫测的国际风云中坚持正确的义利原则，坚定维护我国的主权和发展利益。

教学要求

本章围绕"世界的物质性及发展规律"这一核心问题，侧重于世界观与方法论教育。要求讲清楚哲学的基本问题及理论意义；厘清物质、运动、静止、规律的含义；正确辨别马克思主义的物质观与古代、近代的物质观，物质与具体的物质形态之间的区别与联系；理解物质和运动、运动和静止的关系；理解规律的客观性。结合案例讲清楚唯物辩证法的两大基本特征、三个基本规律（对立统一规律、量变质变规律和否定之否定规律）以及现象与本质、原因与结果、必然与偶然、可能与现实、形式与内容等一系列基本范畴，突出对立统一规律为辩证法的核心。

二、重点难点导学

重点导学

1. 物质概念。物质是标志客观实在的哲学范畴。物质最本质的属性是客观实在性。马克思主义的物质观和实践观是统一的。马克思主义在物质观上的重大变革是通过实践的发现揭示了社会存在，克服了旧唯物主义将物质概念局限于自然领域的缺陷，把唯心主义从社会历史领域的庇护所中彻底清除出去。在理解物质概念的同时，需要将物质与运动、运动与时空联系起来。运动是物质的根本属性和存在方式，时间和空间是运动着的物质的基本存在形式。最后，还需要将物质概念与意识概念联系起来。意识是自然界长期发展的产物和社会历史发展的产物。意识是人脑的机能和属性，是客观世界的主观映象，是客观内容与主观形式的统一。

2. 辩证法的基本特征。联系的观点和发展的观点是唯物辩证法的总特征。联系具有客观性、普遍性、统一性、多样性与条件性等特点。发展的实质是运动的本质，是指新事物产生和旧事物灭亡。事物的发展是一个过程。

3. 辩证法的三个规律。对立统一规律是唯物辩证法的实质与核心，它揭示了事物发展的源泉和动力。矛盾分析方法是认识事物的根本方法。具体问题具体分析是马克思主义的活的灵魂。量变质变规律揭示了事物发展的渐进性和飞跃性的统一。否定之否定规律揭示了事物发展的前进性与曲折性的统一。

4. 唯物辩证法基本范畴。内容与形式、本质与现象、原因与结果、必然与偶然、现实与可能是事物联系和发展的基本环节，它们是进行辩证思维所不可或缺的重要范畴。

5. 辩证思维方法。学习和掌握唯物辩证法的科学思维方法，要求我们在实践中不断增强辩证思维能力。重点要提高历史思维、战略思维、底线思维和创新思维能力。

难点导学

1. 正确理解物质与具体的物质形态的关系。作为哲学范畴的物质，是指不依赖于人类的意识而存在，并能为人类的意识所反映的客观存在。具体的物质形态是看得见摸得着的、暂时的和可以消失的东西。物质是对物质具体形态的共同属性的抽象和概括，没有物质的具体形态，就没有物质。物质只能存在于物质的具体形态之中，物质的具体形态是物质的具体表现。对物质的本质属性——客观实在性的分析；如何正确理解物质与意识的辩证关系：物质决定意识，主要表现在意识的起源、本质和作用上。意识是自然界长期发展的产物，是客观世界的主观映象。意识对物质具有反作用，主要体现在意识活动具有目的性和计划性；具有创造性；具有指导实践改造客观世界的作用；具有调控人的行为和生理活动的作用。方法论要求是要坚持主观能动性和客观规律性的辩证统一。

2. 世界的物质统一性原理。物质是世界的本原，世界统一于物质。首先，世界的物质统一性体现在意识统一于物质。其次，世界的物质统一性体现在人类社会也统一于物质。人类社会的物质性主要表现在：人类社会是物质世界的组成部分；人类获取生活资料的活动是物质性的活动；人类社会存在和发展的基础是物质资料的生产方式。

3. 把握唯物论中的物质与意识关系，唯物史观中的社会存在与社会意识关系。这两种关系在结构上有一致性,在基本原则上也有一致性。在教学与学习中,不能将两者关系看作是一个简单的推理。社会存在的核心是社会生产方式,需要将新唯物主义与旧唯物主义区别开来。

4. 规律及其基本特征。规律是指事物发展过程中本身所固有的、本质的、必然的、稳定的联系。规律总是体现、贯穿于事物发展的现实过程之中,是事物的本质联系和必然趋势在发展中的生动表现和抽象概括。规律具有客观性、重复性和稳定性。

5. 唯物辩证法的三大规律,其中涉及的概念较多。在这一部分的教学过程中,需要厘清每一种规律的基本内涵、实质及其在辩证法中的地位,在此基础上厘清三大规律之间的区别与联系。

6. 在讲述客观辩证法与主观辩证法的关系时,学生极易将主观辩证法与唯心主义相混淆,难以摆脱唯心主义的误导与笼罩,因而要及时回顾之前的相关知识,提高学生的辨析能力,正确区别主观辩证法与唯心主义,进而加深对"客观辩证法与主观辩证法相统一"的了解。

知识融会

第一章主要内容为马克思主义哲学关于世界观方面的基本原理,世界的物质统一性原理,物质世界变化发展的基本规律,为人类认识世界和改造世界提供了科学的世界观和方法论。本章在马克思主义基本原理中具有基础性的地位,是马克思主义基本原理的理论内核和学理支撑,是马克思主义唯物史观、政治经济学和科学社会主义理论的理论基石和主要研究方法。

第一,马克思主义哲学是新唯物主义,区别于旧唯物主义,是彻底的唯物主义一元论。世界的物质统一性原理在唯物史观中表现为,人类社会发展是客观的,要把社会形态的发展看作一种自然历史过程,不能看作人类思想史的运动,而是要从人们活动的动机背后,即动机的动机中去寻找人类社会发展变化的原因。人类社会发展的客观性主要表现为:社会存在决定社会意识,生产力和生产关系矛盾运动规律,经济基础和上层建筑矛盾运动规律。马克思主义的政治经济学、科学社会主义基本原理是建立在社会发展的自然历史过程基础之上。在理解资本主义社会历史地位中,必须贯彻马克思主义的唯物辩证法观点,资本主义社会同历史上有过的一切其他社会制度一样,其产生、发展以及最终为另一种更高级的社会制度所代替,都是由人类社会发展的一般规律决定的,是客观的不以人的意志为转移的自然历史过程。在科学社会主义中,需要从唯物史观角度将科学社会主义理论与空想社会主义理论区别开来,即使在预测未来共产主义社会基本特征方法论上，也要坚持人类社会发展客观规律角度。马克思主义哲学的唯物主义也体现在马克思主义的认识论中。唯物论中的物质决定意识和实事求是观点，认识论中的实践客观物质性、真理的客观性、价值的客观性、党的实事求是思想路线，两者具有一致性。

第二，辩证法中的基本规律和范畴贯穿于全书的其他原理中。列宁指出，马克思主义的认识论就是马克思主义的辩证法。马克思主义认识论中包含实践与认识的矛盾关系及运动，真理绝对性与相对性的两重属性，实践检验标准的确定性与不确定性等。在唯物史观中，社会基本矛盾是社会发展的动力；在政治经济学中，资本主义基本矛盾运动导致资本主义由自由竞争发展到垄断阶段，资本主义具有历史过渡性等。科学社会主义关于社会主义发展道路需要从矛盾普遍性与特殊性关系上去理解。在对马克思主义辩证法进行理解中，可以从辩证法的基本特征特别是发展观点上去理解唯物史观、政治经济学等概念内涵，如唯物史观强调阶级、人民群众、人的本质、社会形态、国家、民主，政治经济学中的资本、货币等概念是一个历史范畴。在质变与量变关系中，部分质变仍然是量变，从这一角度来理解，政治经济学关于国家垄断资本主义仍然是资本主义部分质变，即本质上仍然是量变，国家垄断资本主义仍然是资本主义，其本质没有变化。从辩证法基本特征联系观点出发，可以较好地理解唯物史观、政治经济学关于世界历史、交往、经济全球化等概念内涵。

三、案例解析

案例

粒子物理学——发现 X1835 粒子

1932 年，科学家提出了一个原子核是由质子和中子组成的原子核结构理论，这个理论指出原子核里质子的数目等于核所带的正电荷数，同时也等于元素在门捷列夫周期表里的原子序数，又等于核外电子数；其中一个质子的质量是一个单位、电量是一个单位的正电荷；一个中子的质量是一个单位，电量是零，中子数目在其中等于原子质量数与原子序数之差。自此以后，人类迈出了在研究物质组成的道路上具有重要意义的一步，而以研究基本粒子的组成和结构及其运动的粒子物理学也据此建立了起来。人们以更加踏实和坚定的步伐在物质的世界里探求自身的奥秘。

粒子物理学研究的是在很高的能量下，比原子核更深层次的微观世界中物质的结构性质和这些物质相互转化的现象，以及产生这些现象的原因和规律。它的目标是探索物质的基本组元和它们之间相互作用的规律。粒子物理学发展的第一阶段是在20世纪30年代科学家们陆续发现中子、质子这一时期。通过对基本粒子的研究，使得人类不光是对物质的组成有了更进一步的认识，更使得我们对物质之间的相互作用有了更进一步的了解。随着粒子物理学的发展，人们逐渐发现了所谓的"强相互作用"和"弱相互作用"。这两种除了已知的引力相互作用和电磁相互作用以外的两种新的相互作用。

1934年，日本科学家提出一种由质子和（或）中子之间交换的一种具有质量（电子质量的200-300倍）的基本粒子——介子引起的力，这种力的提出是为了解释核子之间的强作用短程力，基于同电磁作用的对比，而在1936年，又有一种被后来人们称为μ子的粒子被两位科学家安德森和尼德迈耶在实验的基础上予以确认。1937年，在宇宙线中人类终于又发现了μ子。紧接着，人们又陆续发现了介子和奇异粒子等粒子。20世纪50年代，随着高能加速器的诞生，一大批新粒子又陆续被发现。当然，这里所说的"粒子"是一种微小颗粒，它甚至比原子核更要小一个层次。而现实是，当前所发现的这些足有几百多种类的粒子，其中绝大多数都是在高能实验室中产生的，而在自然界中是不存在的。科学家们将这些粒子根据作用力的特点，分为强子、轻子和传播子三大类。其中强子是由夸克组成的参与强力作用的粒子的总称，其中已经发现：上夸克、下夸克、奇异夸克、桀夸克、底夸克和顶夸克（顶夸克被称为"最后的夸克"，是由美国研究人员于1995年新近被发现的）这六种夸克。而在现有的粒子中，例如质子、中子、π介子等绝大多数都属于强子。至于轻子则不参与强相互作用，只参与弱力、电磁力和引力作用。电子、电子中微子、μ子、μ子中微子等均属轻子。值得注意的是，所有的中微子都不带电，而电子、μ子、τ子都是带电的。当然，传播子也属于基本粒子。最后，还有一种至今尚未被直接发现，只在1979年的某一现象中被间接发现的粒子，这便是传递强作用的胶子，共有8种。

由于这些基本粒子的大量发现，基本粒子的概念，面临着一个突变。因为人们开始怀疑这些基本粒子的基本性。而夸克模型的提出更让人们对微观世界认识的尺度分别缩小到原来的相对于原子的十亿分之一和相对于原子核的万分之一。可是，由此又产生了一些新的疑问，比如，夸克和轻子有没有结构？它们是不是最基本的？基本粒子是否还能再分下去？

2006年1月6日，由来自中、美、日等国的二十多所大学和研究机构（其中包括国内的18所大学和研究单位）的一百多位研究人员组成的科研组织在北京正负电子对撞机上进行的旨在分析J4粒子衰变到一个光子和三个介子的实验过程中被发现了一个被暂定名为X1835的新粒子。这个新粒子的质量值略低于二倍的质子质量值，约为835兆电子伏特，即3.3×10^{27}千克。而早在1974年，丁肇中教授和里克特教授分别因独立地发现了J4粒子而获得诺贝尔奖。

粒子物理学家一直猜测应该存在一种包括由多于3个夸克组成的多夸克态粒子、由胶子和夸克混合组成的混杂态粒子以及由胶子组成的胶子球等形态的新型粒子。但是实验一直没有突破性进展，新型强子至今也尚未确认一个。在粒子物理理论中，已证明夸克是自然界物质的最小组成单元之一，但自然界已确认的参加强相互作用的粒子均由2个或3个夸克组成。

因此，粒子物理学家认为X1835粒子有可能是在高能物理实验中寻找了几十年的新型粒子，并对其基本结构进行了各种猜测。但要最终确定X1835粒子的基本性质，还需要在不断的进行深入实验研究的同时获取大量能够予以佐证的数据。2005年7月1日，在瑞典举行的国际规模最大高能物理大会上，大会主席评价这一新发现为"2005年最重要的成果"，赞誉到"这可能是首次观测到物质和反物质可以通过强作用力形成束缚态的证据，因而非常重要"。

思考讨论：
用马克思主义哲学中关于物质概念、世界物质统一性原理分析：
1. 马克思主义中的"物质"范畴与物理学中的物质概念之间是什么关系？
2. 物理学中X1835粒子的发现对于哲学上关于物质概念的理解有什么意义？

案例点评：

本案例主要呈现了人类对于物质基本结构的探索过程，适用于第一章第一节"物质及其存在方式"部分的辅助教学。X1835粒子的发现打破了原子不可再分的陈旧观念，这也表明人类对于宇宙本质及其变化发展的认识是一个不断深入的过程。物理学对物质结构认识的不断发展与哲学上对物质概念的理解密切相关。近代物理学曾一度将原子视为不可再分的物质的微观结构层次，这也有力地支撑了唯物主义关于"世界是物质的"这一核心要义。但随着物理学的发展，尤其是关于电子、粒子等的发现，传统意义上的物质、运动等观念遭受巨大冲击，许多科学家和哲学家认为物质不是客观存在，而是人的感觉复合，这也使得唯心主义喧嚣一时。20世纪初，列宁曾专门写了一部哲学著作《唯物主义与经验批判主义》系统阐释了唯物主义的物质观，批判了唯心主义世界观，明确了不管物质的具体形态、属性、结构多么特殊、复杂和多变，它们都永远保持着"客观实在性"这一共同的根本属性。物理学对于物质基本结构的探索成果说明了具体的物质形态是无限可分的，但这并不会改变物质的根本属性，即"客观实在性",肯定了哲学上的物质范畴同自然科学的物质概念之间共性与个性的关系,从而克服了形而上学唯物主义的缺陷,又同唯心主义划清了界限。

四、知识拓展

(一) 背景知识

1. 人类对世界本原的不懈探索

人们要生存和发展,就要时刻同周围世界打交道。在与周围世界打交道的过程中,人们总是会提出各种各样的问题,并尝试做出形形色色的回答和解释。人们对现实世界中某一具体问题的思考,构成生活经验和常识;对现实世界某一领域、某一类别事物的认识,构成具体科学;对世界的本质及其发展规律的思考和认识,则形成世界观。所谓世界观,是人们对生活在其中的现实世界以及人与现实世界关系的总体看法和根本观点。它隐而不显地影响、制约以至决定人们对各种具体事物的判断、态度和选择,以及对各种具体问题的求解和回答。当人们以一定的世界观为指导去观察和思考各种现象及问题时,它就转化成了认识世界和改造世界的根本原则和根本方法,即方法论。一般来说,世界观和方法论是一致的,有什么样的世界观,就有什么样的方法论。世界观人皆有之,但哲学世界观不同于人们在日常生活和社会实践的过程中自发形成的世界观,后一种世界观往往是不自觉、不系统的,具有朴素自发的性质。

人与现实世界的关系是非常丰富的。这既是因为现实世界本身的无限丰富性,也是因为人有多种多样把握世界的方式,诸如哲学、科学、宗教、艺术等。哲学总是生长在文化的土壤上,与一定时代的科学、宗教、艺术等紧密相连。哲学是系统化、理论化的世界观,以整体的、理性的方式把握人与现实世界的关系。这里所说的"系统化",是指人们对现实世界以及人与现实世界关系的看法要前后一致,不自相矛盾;这里所说的"理论化",是指人们对现实世界以及人与现实世界关系的看法要经过理论论证和逻辑分析,并通过一系列概念、范畴,按照一定的逻辑原则建构起来。

中国古代先哲追求究天人之际、通古今之变,致力于为天地立心、为生民立命。古希腊哲学家追问世间万物的本质或本原,探求"最高原因的基本原理",都表现了一种从整体上把握现实世界以及人与现实世界关系的不懈追求。从世界观的演变轨迹来看,可大体分为三个不同阶段:神话世界观—宗教世界观—哲学世界观。

唯物主义和唯心主义是哲学世界观的两个基本派别,它们的产生和理论分野源自人们对世界本质或本原是什么以及世界的统一性的不同理解。面对无始无终、无边无际的世界，面对丰富多彩、变动不居的自然现象和社会现象，古代先哲们总想探寻它们背后更深层次的本原或本质，从而揭示世界的统一性。

唯物主义从人类的自然意识出发去理解世界的本原或本质，认为物质是世界的本原。这是自古希腊哲学家泰勒斯到近代费尔巴哈的唯物主义的共同特征，代表了人类从现实世界自身中去探求其本质的不懈努力。唯物主义形态各异，其共同特点是按照事物的本来面貌来理解世界，这为人们一切生活常识和经验所认同。

唯物主义世界观经历了长期的历史发展过程，随着时代变迁，呈现出不同的形态。古代朴素唯物主义认为，作为世界本原或本质的是某一种或几种具体的物质形态。古希腊的水成说、火成说和德谟克利特的"原子论"等，中国古代的乾坤说、五行说、元气说、气一元论等，都用某种自然的、具体的物质形态来说明世界的本质，试图从自然界自身而不是借助于某种超自然的力量来说明世界。难能可贵的是，古代朴素唯物主义的许多观点是和辩证法天然结合在一起的，但这些学说多是通过经验观察加上直观猜测而形成的，因而缺乏科学依据。

作为唯物主义对立面的唯心主义，则到现实世界之外寻求世界的本质和统一性。诸如古希腊柏拉图的"理念论"、中国宋代朱熹的"理在气先"说等唯心主义世界观在本质上与宗教创世说相类似，只是采取了更为精致的形式。

经过中世纪的漫漫长夜和文艺复兴运动的助推，伴随着资本主义的经济发展和科学进步，近代唯物主义虽然力图运用、概括自然科学的最新成果，这是其超越古代朴素唯物主义之处，但它在发展中变得片面了。更为重要的是，以原子论为基础建构起来的世界的统一性大厦，把人类社会和人的活动排斥在了"世界"之外，因而，只能是一种抽象的唯物主义。一旦进入社会历史领域就陷入了唯心主义。同一时期，唯心主义则突出强调人的主体性和思维的能动性，这种倾向在德国古典哲学特别是黑格尔哲学那里得到了充分的体现。

马克思多次表明自己的唯物主义立场。马克思说："当我们真正观察和思考的时候，我们永远也不能脱离唯物主义。"马克思虽然高度评价黑格尔辩证法的意义，并自称是这位思想大师的学生，但他从未忘记划清与黑格尔哲学的界限。"我的阐述方法不是黑格尔的阐述方法，因为我是唯物主义者。而黑格尔是唯心主义者。"马克思在批判吸收德国古典哲学思想资源的基础上，创立了一种崭新的哲学，即辩证唯物主义。这种哲学立足于一种既不同于唯心主义又不同于旧唯物主义的立场，来思考和探寻世界的本质及其统一性问题。

2. 物质概念的历史流变

唯物主义者都认为，世界本质上是物质的世界，那么，物质是什么？实际上，对物质概念的困惑古已有之，只不过20世纪以来，自然科学的一系列重大新发现所带来的问题，使"物质"比以前更难以理解了，因而更需要辩证的哲学思维。

古代朴素唯物主义由世界的"本原""始基""统一性"问题出发，引出物质范畴。从泰勒斯的"水"、赫拉克利特的"火"到德谟克利特的"原子论"，从中国古代的"五行说""元气说"到古印度的"四大元素"，无一不是用某一种或几种具体的物质形态来说明世界的本原或统一性。

近代形而上学唯物主义虽然试图借由科学来说明物质，但把物质结构的某一层次当作物质本身。经受不住现代自然科学的考验。19世纪末20世纪初，物理学发生了一系列重大变革。X射线、放射性的发现，电子流的证实，元素嬗变理论的建立等，把一向认为"不可再分"的原子打碎了，剥开了原子的"表皮"，雄辩地证明原子内部还有复杂的结构，根本不是什么"最小的物质单位"。这样就动摇了关于原子和元素不可分、是组成物质最小单元的观念。于是，"原子非物质化了""物质消灭了""唯物主义被驳倒了"等一些错误观念相继出现，一些深受形而上学唯物主义物质观影响的物理学家也无法从世界观层面对这些新发现做出解释，用今天的眼光看，物理学上的这些新发现只是表明以前人们认识自然物质结构所达到的界限正在消失，被驳倒的不是唯物主义，而恰恰是近代形而上学唯物主义的物质观。

那么，究竟该如何理解物质概念呢？掌握正确的方法至关重要。

马克思在《关于费尔巴哈的提纲》中对旧唯物主义的批判告诉我们：从人的实践活动出发是理解物质概念的重要方法论原则。列宁坚持了这一原则，他指出"对象、物、物体是在我们之外，不依赖于我们而存在着的，我们的感觉是外部世界的映象，这个结论是由一切人在生动的人类实践中作出来的"。

19世纪80年代，恩格斯在《自然辩证法》中指出："物、物质无非是各种物的总和。而这个概念就是从这一总和中抽象出来的，运动本身无非是一切感官可感知的运动形式的总和；'物质'和'运动'这样的词无非是简称，我们就用这种简称把感官可感知的许多不同的事物依照其共同的属性概括起来。"在这里，恩格斯从一般与个别的关系、从世界的统一性角度来界定物质范畴。按照恩格斯的观点，物质本身并不是感性存在物，它是对各种实物的共同属性的抽象概括。把握物质概念，应该用理性思维的方法加以概括认识，而不能用感性直观的猜测或机械照搬的方法。

19世纪末20世纪初，列宁从马克思、恩格斯的基本思想出发，吸取了20世纪初自然科学的最新成果，对物质概念做了新的概括："物质是标志客观实在的哲学范畴，这种客观实在是人通过感觉感知的，它不依赖于我们的感觉而存在，为我们的感觉所复写、摄影、反映。"列宁的物质定义在方法上是科学的，它从人类认识和实践中所遇到的最广泛、最普遍、最基本的矛盾——物质和意识的相互关系中把握物质，指出了物质对于意识的独立性及其根源性。这体现了唯物主义基本立场，从物质实体到关系实在，这是唯物主义物质观的深化和发展。

列宁的物质定义包含以下丰富的内容：首先，物质是标志客观实在的哲学范畴，什么是客观实在呢？可以从两个维度来把握。其一，所谓"客观"，是指它的产生存在与意识无关。这体现了唯物主义一元论立场。其二，所谓的"实在"是指它一定是实存的。一定要把存在和实在两个概念区别开来，存在（existence）不同于实在（reality），通过实践把握到的存在才能称之为实在，人们只有在实践活动中才能认识和把握客观实在，才能确证和改变客观实在。不管当代自然科学对物质结构及其性能的研究深入到何种地步，取得什么重大新发现，只要它是不以人的意识为转移的客观存在，同时又能被人通过实践所把握或确证，都归属于物质范畴。这充分体现了唯物论和辩证法的统一、马克思主义的物质观是与其实践观相统一的。

其次，物质最本质的属性是它的客观实在性。宇宙间的事物千差万别，其具体特性也迥然相异，但它们具有共同的本质属性。列宁把物质的特性归结为"客观实在性"，正是把握住了一切物质共同的本质属性。这种本质属性虽然不是感性地存在着的东西，但却寓于一切感性存在物之中。列宁的物质概念把握住了具有无限多样性的物质世界的共性。

再次，物质是"人通过感觉感知"的客观实在。从与人的感知关系的层面规定物质，这为坚持唯物主义反映论、反对不可知论奠定了基础。由于实践是人感知物质的基础，物质可知性的结论是"在生动的人类实践中作出来的"，所以实践的能动性赋予了人的感知以能动性，这样就实现了能动反映论和可知论的统一。

最后，物质是包括人的实践活动在内的客观实在。客观实在性不仅是自然界物质的本质属性，而且是社会领域内物质的本质属性。社会生活在本质上是实践的。把实践和在实践中形成的社会关系理解为不以人的意志为转移的客观实在，找到了社会历史发展的真正出发点。把客观实在性原则贯彻到了历史领域，建立起能统一说明自然过程和历史过程的唯物主义原则，实现了唯物主义自然观和历史观的统一。

20世纪以来，自然科学上的种种新发现也引起了哲学上的争鸣。20世纪20—30年代就有人用量子力学及其"测不准原理"来否定物质及其客观实在性。量子力学的哥本哈根学派认为，人们不能单凭自己的感官直接观察、感知微观世界，尤其是处在量子水平的微观粒子，必须借助于电子显微镜及其他实验装置，这样就存在着电子显微镜及其他实验装置对被观察对象存在状态的干扰，结果就造成了微观粒子的位置及其动量（速度）不可能被同时确定。越是精确地知道位置，则越不能精确地知道速度，反之亦然。有些人利用基本粒子这一特性的发现，宣称基本粒子的客观实在性消失了，辩证唯物主义物质观"站不住脚了"。那么，微观世界的粒子行为具有不确定性是不是意味着它不具有客观实在性呢？实际量子力学及其"测不准原理"并没有否定物质的客观实在性，而是表明微观客体具有与宏观客体不同的特性。同时它又启示我们，在认识事物时，不应忽略观察活动对观察客体可能产生的干扰，无论电子显微镜及其他实验装置与微观粒子之间发生了什么样的相互作用，这种相互作用都是一种客观实在的过程。实际上，确定与不确定都是实在的，不能由此否定物质的客观实在性。

3. 辩证法与形而上学

辩证法观念的产生可以追溯到人类古代。当时，人们从经验直观出发，已经认识到客观世界的联系和发展，以及事物间的辩证关系。中国先秦时期提出的"一阴一阳之谓道""一尺之棰，日取其半，万世不竭""反者道之动"等观点，古希腊哲学家主张的"一切皆流，无物常驻""人不能两次踏入同一条河流"等论断，都是辩证法观念的朴素表达。随着实践发展和自然科学的进步，辩证法思想在与形而上学的斗争中得到进一步丰富和发展。

马克思、恩格斯批判地继承了黑格尔的辩证法思想，阐述了形而上学思维方式的本质和特征："在绝对不相容的对立中思维""非此即彼""是就是，不是就不是：除此以外，都是鬼话"。形而上学用孤立的、静止的、片面的观点看世界，与辩证法相对立。

1755年，德国古典哲学家康德提出"星云说"，生动地揭示了宇宙天体的起源和演化过程。把永恒发展的思想写进自然科学，打开了形而上学世界观第一个缺口。能量守恒与转化定律、细胞学说等一系列自然科学新发现相继提出，进一步深刻地揭示了自然界普遍联系和永恒发展的辩证性质。

黑格尔把这一辩证性质加以系统化、理论化。晦涩难懂的《精神现象学》一书是黑格尔辩证法天才的见证。但是，黑格尔的辩证法是建立在唯心主义基础之上的概念辩证法。在黑格尔辩证法体系中，一切真实的联系都是颠倒的、头脚倒置的。

19世纪40年代，马克思、恩格斯以科学德国古典哲学集大成者黑格尔和他的《精神现象学》实践观为依托，批判地吸收了黑格尔唯心辩证法的"合理内核"，并把它和新唯物主义有机地结合起来，揭示了物质世界的普遍联系和永恒发展的客观状况、辩证性质和世界图景，创立了科学形态的唯物辩证法。一方面，马克思、恩格斯对黑格尔的辩证法做了深入批判，将颠倒了的关系重新颠倒过来，在唯物主义基础上恢复了辩证法的本来面目，深刻揭示了主观辩证法和客观辩证法的统一。恩格斯指出："辩证法的规律是从自然界的历史和人类社会的历史中抽象出来的，辩证法的规律无非是历史发展的这两个方面和思维本身的最一般的规律。"客观辩证法是第一性的，它支配着整个自然界和人类社会的矛盾运动。而主观辩证法是第二性的，它是自然界和人类社会中普遍存在的矛盾运动的反映。思维的辩证性应当从客观世界本身的辩证性来说明，而不是相反。进一步地，马克思、恩格斯把唯物辩证的观点贯彻到社会历史领域，发现物质资料的生产方式及其物质运动是社会历史存在和发展的基础，宣告了唯心主义的彻底破产。马克思、恩格斯不仅把自然辩证法和历史辩证法统一起来，奠定了辩证法的客观基础，而且全面揭示了主观辩证法和客观辩证法的统一使唯物辩证法真正成为关于自然、社会和人类思维发展一般规律的科学。

另一方面，马克思、恩格斯揭示了唯物辩证法批判的、革命的本质，马克思认为："辩证法在对现存事物的肯定的理解中同时包含对现存事物的否定的理解，即对现存事物的必然灭亡的理解……辩证法不崇拜任何东西。按其本质来说，它是批判的和革命的。"恩格斯指出，在辩证法面前，"不存在任何最终的东西、绝对的东西、神圣的东西；它指出所有一切事物的暂时性；在它面前，除了生成和灭亡的不断过程、无止境地由低级上升到高级的不断过程，什么都不存在。它本身就是这个过程在思维着的头脑中的反映"。按照马克思的论述，唯物辩证法的批判本质主要表现在两个方面：批判的理解和革命的改造。所谓批判的理解，是指对现存事物（主要指资本主义社会现实）进行肯定理解的同时进行否定理解，即从生成和灭亡的统一上理解和对待资本主义社会现实。这一理解彻底粉碎了资本主义社会永恒存在的谎言。所谓革命的改造，对一个真正的共产主义者来说，就是实际反对并改变现存事物、使现存世界革命化。马克思提出共产主义学说，旨在对现存世界进行革命的改造。"在批判旧世界中发现新世界""对现存的一切进行无情的批判""推翻使人成为被侮辱、被奴役、被遗弃和被蔑视的东西的一切关系""哲学家们只是用不同的方式解释世界，而问题在于改变世界"等思想观点进一步表达了唯物辩证法批判的、革命的本质。

这一具有批判的、革命精神的科学理论,后来在列宁的科学研究和革命实践中得到进一步确立和检验,在中国革命、建设、改革的各个时期始终为中国共产党人所掌握和运用,成为中国共产党人长期练就的看家本领。

(二) 经典文论

1. 列宁：辩证法的要素[①]

(1) 考察的客观性（不是实例，不是枝节之论，而是自在之物本身）。

(2) 这个事物对其他事物的多种多样的关系的全部总和。

(3) 这个事物（或现象）的发展、它自身的运动、它自身的生命。

(4) 这个事物中的内在矛盾的倾向（和#方面）。

(5) 事物（现象等等）是对立面的总和与统一。

(6) 这些对立面、矛盾的趋向等等的斗争或展开。

(7) 分析和综合的结合，——各个部分的分解和所有这些部分的总和、总计。

(8) 每个事物（现象等等）的关系不仅是多种多样的，并且是一般的、普遍的。每个事物（现象、过程等等）是和其他的每个事物联系着的。

(9) 不仅是对立面的统一，而且是每个规定、质、特征、方面、特性向每个他者［向自己的对立面？］的过渡。

(10) 揭示新的方面、关系等等的无限过程。

(11) 人对事物、现象、过程等等的认识深化的无限过程，从现象到本质、从不甚深刻的本质到更深刻的本质；

(12) 从并存到因果性以及从联系和相互依存的一个形式到另一个更深刻更一般的形式。

(13) 在高级阶段重复低级阶段的某些特征、特性等等，并且

(14) 仿佛是向旧东西的复归（否定的否定）。

(15) 内容对形式以及形式对内容的斗争。抛弃形式、改造内容。

(16) 从量到质和从质到量的过渡。（（15和16是9的实例））

可以把辩证法简要地规定为关于对立面的统一的学说。这样就会抓住辩证法的核心，可是这需要说明和发挥。

[①] 列宁. 列宁选集：第2卷 [M]. 北京：人民出版社，2012：411-412.

2. 列宁：谈谈辩证法问题①

统一物之分为两个部分以及对它的矛盾着的部分的认识（参看拉萨尔的《赫拉克利特》一书第3篇（《论认识》）开头所引的斐洛关于赫拉克利特的一段话），是辩证法的实质（是辩证法的"本质"之一，是它的基本的特点或特征之一，甚至可说是它的基本的特点或特征）。黑格尔也正是这样提问题的（亚里士多德在其著作《形而上学》中经常为此绞尽脑汁，并跟赫拉克利特即跟赫拉克利特的思想作斗争）。

辩证法内容的这一方面的正确性必须由科学史来检验。对于辩证法的这一方面，通常（例如在普列汉诺夫那里）没有予以足够的注意：对立面的同一被当作实例的总和"例如种子"，"例如原始共产主义"。恩格斯也这样做过。但这是"为了通俗化"……，而不是当作认识的规律（以及客观世界的规律）。

在数学中，+和-，微分和积分。

在力学中，作用和反作用。

在物理学中，正电和负电。

在化学中，原子的化合和分解。

在社会科学中，阶级斗争。

对立面的同一（它们的"统一"，也许这样说更正确些？虽然同一和统一这两个术语的差别在这里并不特别重要。在一定意义上二者都是正确的），就是承认（发现）自然界的（也包括精神的和社会的）一切现象和过程具有矛盾着的、相互排斥的、对立的倾向。要认识在"自己运动"中、自生发展中和蓬勃生活中的世界一切过程，就要把这些过程当作对立面的统一来认识。发展是对立面的"斗争"。有两种基本的（或两种可能的？或两种在历中上常见的？）发展（进化）观点：认为发展是减少和增加，是重复；以及认为发展是对立面的统一（统一物之分为两个互相排斥的对立面以及它们之间的相互关系）。

按第一种运动观点，自己运动，它的动力、它的泉源、它的动因都被忽视了（或者这个泉源被移到外部——移到上帝、主体等等那里去了）；按第二种观点，主要的注意力正是放在认识"自己"运动的泉源上。

第一种观点是僵死的、平庸的、枯燥的。第二种观点是活生生的。只有第二种观点才提供理解一切现存事物的"自己运动"的钥匙，才提供理解"飞跃"、"渐进过程的中断"、"向对立面的转化"、旧东西的消灭和新东西的产生的钥匙。

---

① 列宁．列宁选集：第2卷［M］．北京：人民出版社，2012：556-560.

对立面的统一（一致、同一、均势）是有条件的、暂时的、易逝的、相对的。相互排斥的对立面的斗争是绝对的，正如发展、运动是绝对的一样。

注意：顺便说一下，主观主义（怀疑论和诡辩论等）和辩证法的区别在于：在（客观）辩证法中，相对和绝对的差别也是相对的。对于客观辩证法说来，相对中有绝对。对于主观主义和诡辩论说来，相对只是相对，因而排斥绝对。

马克思在《资本论》中首先分析资产阶级社会（商品社会）里最简单、最普通、最基本、最常见、最平凡、碰到过亿万次的关系——商品交换。这一分析从这个最简单的现象中（从资产阶级社会的这个"细胞"中）揭示出现代社会的一切矛盾（或一切矛盾的萌芽）。往后的叙述向我们表明这些矛盾和这个社会——在这个社会的各个部分的总和中、从这个社会的开始到终结——的发展（既是生长又是运动）。

一般辩证法的阐述（以及研究）方法也应当如此（因为资产阶级社会的辩证法在马克思看来只是辩证法的局部情况）。从最简单、最普通、最常见的等等东西开始；从任何一个命题开始，如树叶是绿的，伊万是人，茹奇卡是狗，等等。在这里（正如黑格尔天才地指出过的）就已经有辩证法：个别就是一般（参看亚里士多德《形而上学》，施韦格勒译，第2卷第40页，第3篇第4章第8—9节："因为当然不能设想：在个别的房屋之外还存在着一般房屋。"）这就是说，对立面（个别跟一般相对立）是同一的：个别一定与一般相联系而存在。一般只能在个别中存在，只能通过个别而存在。任何个别（不论怎样）都是一般。任何一般都是个别的（一部分，或一方面，或本质）。任何一般只是大致地包括一切个别事物。任何个别都不能完全地包括在一般之中，如此等等。任何个别经过千万次的过渡而与另一类的个别（事物、现象、过程）相联系，如此等等。这里已经有自然界的必然性、客观联系等概念的因素、胚芽了。这里已经有偶然和必然、现象和本质，因为我们在说伊万是人，茹奇卡是狗，这是树叶，等等时，就把许多特征作为偶然的东西抛掉，把本质和现象分开，并把二者对立起来。

可见，在任何一个命题中，很像在一个"单位"（"细胞"）中一样，都可以（而且应当）发现辩证法一切要素的胚芽，这就表明辩证法本来是人类的全部认识所固有的。而自然科学则向我们揭明（这又是要用任何极简单的实例来揭明）客观自然界也具有同样的性质，揭明个别向一般的转变，偶然向必然的转变，对立面的过渡、转化、相互联系。辩证法也就是（黑格尔和）马克思主义的认识论：正是问题的这一"方面"（这不是问题的一个"方面"，而是问题的实质）普列汉诺夫没有注意到，至于其他的马克思主义者就更不用说了。

3. 毛泽东：矛盾论（节选）①

在矛盾特殊性的问题中，还有两种情形必须特别地提出来加以分析，这就是主要的矛盾和主要的矛盾方面。

在复杂的事物的发展过程中，有许多的矛盾存在，其中必有一种是主要的矛盾，由于它的存在和发展规定或影响着其他矛盾的存在和发展。

例如在资本主义社会中，无产阶级和资产阶级这两个矛盾着的力量是主要的矛盾；其他的矛盾力量，例如，残存的封建阶级和资产阶级的矛盾，农民小资产者和资产阶级的矛盾，无产阶级和农民小资产者的矛盾，自由资产阶级和垄断资产阶级的矛盾，资产阶级的民主主义和资产阶级的法西斯主义的矛盾，资本主义国家相互间的矛盾，帝国主义和殖民地的矛盾，以及其他的矛盾，都为这个主要的矛盾力量所规定、所影响。

半殖民地的国家如中国，其主要矛盾和非主要矛盾的关系呈现着复杂的情况。

当着帝国主义向这种国家举行侵略战争的时候，这种国家的内部各阶级，除开一些叛国分子以外，能够暂时地团结起来举行民族战争去反对帝国主义。这时，帝国主义和这种国家之间的矛盾成为主要的矛盾，而这种国家内部各阶级的一切矛盾（包括封建制度和人民大众之间这个主要矛盾在内），便都暂时地降到次要和服从的地位。中国一八四〇年的鸦片战争，一八九四年的中日战争，一九〇〇年的义和团战争和目前的中日战争，都有这种情形。

然而在另一种情形之下，则矛盾的地位起了变化。当着帝国主义不是用战争压迫而是用政治、经济、文化等比较温和的形式进行压迫的时候，半殖民地国家的统治阶级就会向帝国主义投降，二者结成同盟，共同压迫人民大众。这种时候，人民大众往往采取国内战争的形式，去反对帝国主义和封建阶级的同盟，而帝国主义则往往采取间接的方式去援助半殖民地国家的反动派压迫人民，而不采取直接行动，显出了内部矛盾的特别尖锐性。中国的辛亥革命战争，一九二四年至一九二七年的革命战争，一九二七年以后的十年土地革命战争，都有这种情形。还有半殖民地国家各个反动的统治集团之间的内战，例如在中国的军阀战争，也属于这一类。

……

不能把过程中所有的矛盾平均看待，必须把它们区别为主要的和次要的两类，着重于捉住主要的矛盾，已如上述。但是在各种矛盾之中，不论是主要的

---

① 毛泽东．毛泽东选集：第1卷［M］．北京：人民出版社，1991：320-327.

或次要的，矛盾着的两个方面，又是否可以平均看待呢？也是不可以的。无论什么矛盾，矛盾的诸方面，其发展是不平衡的。有时候似乎势均力敌，然而这只是暂时的和相对的情形。基本的形态则是不平衡。矛盾着的两方面中，必有一方面是主要的，他方面是次要的。其主要的方面，即所谓矛盾起主导作用的方面。事物的性质，主要地是由取得支配地位的矛盾的主要方面所规定的。

然而这种情形不是固定的，矛盾的主要和非主要的方面互相转化着，事物的性质也就随着起变化。在矛盾发展的一定过程或一定阶段上，主要方面属于甲方，非主要方面属于乙方；到了另一发展阶段或另一发展过程时，就互易其位置，这是依靠事物发展中矛盾双方斗争的力量的增减程度来决定的。

……

在研究矛盾特殊性的问题中，如果不研究过程中主要的矛盾和非主要的矛盾以及矛盾之主要的方面和非主要的方面这两种情形，也就是说不研究这两种矛盾情况的差别性，那就将陷入抽象的研究，不能具体地懂得矛盾的情况，因而也就不能找出解决矛盾的正确的方法。这两种矛盾情况的差别性或特殊性，都是矛盾力量的不平衡性。世界上没有绝对地平衡发展的东西，我们必须反对平衡论，或均衡论。同时，这种具体的矛盾状况，以及矛盾的主要方面和非主要方面在发展过程中的变化，正是表现出新事物代替旧事物的力量。对于矛盾的各种不平衡情况的研究，对于主要的矛盾和非主要的矛盾、主要的矛盾方面和非主要的矛盾方面的研究，成为革命政党正确地决定其政治上和军事上的战略战术方针的重要方法之一，是一切共产党人都应当注意的。

（三）学者新论

1. 孙正聿谈哲学观与哲学理论[①]

以追问和回答"哲学究竟是什么"为标志的"哲学观"问题，这不是哲学中的"一个问题"，而是全部哲学的根本问题，是决定如何理解和解释其他所有哲学问题的根本问题。或者说，人们对哲学的其他所有问题的理解与解释，都取决于对"哲学究竟是什么"这个哲学观问题的回答。黑格尔曾经提出，体系化的哲学理论，"作为一个体系，需要有一个原理被提出并且贯串在特殊的东西里面"，"全部被认识的东西必须作为一种统一性、作为概念的一种有机组织而出现"；他还针对人们经常发生误解的哲学的"理念"，做出这样的解释："要这样来理解那个理念，使得多种多样的现实，能被引导到这个作为共相的理念

---

① 孙正聿. 哲学通论［M］. 北京：人民出版社，2010：26-28.

上面，并且通过它而被规定，在这个统一性里面被认识。"

在体系化的各种各样的哲学理论中，黑格尔这里所说的"原理""统一性""理念"，最重要的就是构成该种哲学理论的独特的哲学观，也就是对"哲学究竟是什么"的独特理解与回答。各种哲学观以"哲学理念"的方式而贯穿于体系化的哲学理论之中，并以各自的"哲学理念"去解释和回答全部的（该种哲学理论所涉及的）哲学问题。因此，掌握任何一种哲学理论，首要的是掌握它的哲学观即它的"哲学理念"。

古今中外的哲学家所创造的哲学观或"哲学理念"是多种多样的；但是，这些各种各样的哲学观或"哲学理念"，并不是哲学家主观任意的创造，恰恰相反，任何一种产生重要影响的哲学观或"哲学理念"，都是形成于哲学的人类性、民族性、时代性和个体性的某种统一之中。按照我们的理解，任何一种哲学观或"哲学理念"，都是形成于哲学家以时代性的内容、民族性的形式和个体性的风格去求索人类性问题的某种"聚焦点"上。这就是说：（1）哲学观或"哲学理念"从来不是，而且永远也不会是单一的。因为人们在对哲学的不同理解中，必然会形成多种多样的哲学观或"哲学理念"，并从而在哲学观的相互批判中推进哲学的发展；（2）哲学观或"哲学理念"从来不是，而且永远也不是主观任意的产物，任何一种哲学观或"哲学理念"都具有人类的、时代的和民族的内容与形式，在人类历史的发展中实现哲学观的变革，并从而变革人类的世界观、历史观和人生观等；（3）哲学理论的重大的或根本性的变革，总是集中地体现为哲学观的变革，体现为"哲学理念"的更新，因此，人们必须从哲学观或"哲学理念"的变革出发，去看待和评价各种不同的哲学理论，去理解和解释哲学的发展史。

在哲学的发展史上，哲学家们的哲学观，曾经发生过历史性的重大变革。以具有划时代意义的古希腊哲学、西方近代哲学、马克思主义哲学以及现代西方哲学为标志，我们对"哲学观"的重大变革，可以做出这样的概括：被黑格尔称作"一切哲学家的老师"的古希腊哲人亚里士多德，把哲学定义为"寻取最高原因的基本原理"的学术。被恩格斯称作"以最宏伟的形式概括了以往哲学全部发展"的黑格尔，则把亚里士多德以来的全部哲学归结为这样一句话："真理的王国是哲学所最熟悉的领域，也是哲学所缔造的，通过哲学的研究，我们是可以分享的。"恩格斯在总结包括黑格尔哲学在内的整个哲学史的基础上，则明确地提出："全部哲学，特别是近代哲学的重大的基本问题，是思维和存在的关系问题。"与此同时，马克思在被恩格斯称作"包含着新世界观的天才萌芽的第一个文件"的《关于费尔巴哈的提纲》一文中，则在哲学史上第一次提出，

"人的思维是否具有客观的真理性,这不是一个理论的问题,而是一个实践的问题","哲学家们只是用不同的方式解释世界,而问题在于改变世界"。20世纪的西方现代哲学,在对哲学的多元理解中,出现了"分析"运动和"解释"理论,形成了人们通常所说的"科学主义"与"人本主义"的对峙与融合,并在对现代化的反思中蔓延起一种被人们称为"后现代主义"的哲学思潮。

2. 马克思对物质本体论的扬弃①

凡是深入地研究过马克思著作及其思想发展史的人都会发现,马克思本人从青年时期起就是对"抽象物质观",从而也是对物质本体论的坚定不移的批判者。早在1843年的《黑格尔法哲学批判》中,马克思就已指出:"抽象的唯灵论是抽象的唯物主义;抽象的唯物主义是物质的抽象的唯灵论。"在他看来,只要人们脱离一切具体的历史条件,笼统地谈论"灵魂""物质""唯物主义""唯灵论"这些概念,这些概念就没有什么实质性的差异;在它们之间只存在着字面上的差别,而作为抽象观念,它们完全是相同的。在《1844年经济学哲学手稿》中,马克思发现:"工业是自然界同人之间,因而也是自然科学同人之间的现实的历史关系。因此,如果把工业看成人的本质力量的公开的展示,那么,自然界的人的本质,或者人的自然的本质,也就可以理解了;因此,自然科学将失去它的抽象物质的或者不如说是唯心主义的方向,并且将成为人的科学的基础,正像它现在已经——尽管以异化的形式——成了真正人的生活的基础一样。"众所周知,在正统的阐释者们那里,"物质"和"自然界"是两个可以互换的概念,因而马克思在这里提到"自然界的人的本质"或"人的自然的本质",就是主张以人的活动为媒介来考察物质或自然界。马克思启示我们,工业及其发展史就是人同物质或自然界打交道的"现实的历史关系"。

马克思认为,如果哲学家们撇开人的活动,尤其是撇开工业发展史来孤立地考察物质或自然界,这种考察就会陷入"抽象物质的或者不如说是唯心主义的方向"。正是在这个意义上,马克思强调:"在人类历史中即在人类社会的产生过程中形成的自然界是人的现实的自然界;因此,通过工业——尽管以异化的形式——形成的自然界,是真正的、人类学的自然界。"在这里,马克思以十分明确的口吻告诉我们,决不能撇开人的活动,尤其是工业的发展,孤立地考察物质或自然界,否则我们就会与现实的物质世界或自然界失之交臂。

有人也许会提出如下的问题:《黑格尔法哲学批判》和《1844年经济学哲学手稿》是马克思青年时期的著作,成熟时期的马克思是否也坚持了对"抽象

---

① 俞吾金. 马克思对物质本体论的扬弃 [J]. 哲学研究, 2008 (03): 3-11, 128.

物质观"的批判呢？本文的回答是肯定的。在《资本论》第一卷第十三章的一个注中，马克思留下了一段很少为人们注意的、极为重要的文字："工艺学会揭示人对自然的能动关系，人的生活的直接生产过程，以及人的社会生活条件和由此产生的精神观念的直接生产过程。甚至所有抽掉这个物质基础的宗教史，都是非批判的。事实上，通过分析来寻找宗教幻象的世俗核心，比反过来从当时的现实生活关系中引出它的天国形式要容易得多。后面这种方法是唯一的唯物主义的方法，因而也是唯一科学的方法。那种排除历史过程的、抽象的自然科学的唯物主义的缺点，每当它的代表越出自己的专业范围时，就在他们的抽象的和唯心主义的观念中立刻显露出来。"

从这段话可以看出，马克思坚决反对"那种排除历史过程的、抽象的自然科学的唯物主义"。其实，这种唯物主义也就是传统的物质本体论；它只满足于撇开人的活动、撇开历史过程，抽象地谈论"物质"概念或"自然"概念。在马克思看来，重要的是通过对工艺学或技术发展史的研究，揭示出"人对自然的能动关系"，阐明"每一个特殊社会组织的物质基础的形成史"；因为人类史不同于自然史，人类是通过实践活动的媒介而与自然或物质世界打交道，从而创造自己的生活，延续自己的历史的。所有这些论述都表明，马克思从来就是对物质本体论，尤其是抽象物质观的激烈批判者，从来就反对撇开具体社会历史条件，泛泛地谈论"物质""自然"或"存在"这样的概念。正如马克思所说的："只有当物按人的方式同人发生关系时，我才能在实践上按人的方式同物发生关系。"只要人们不停留在抽象物质观上，就会发现他们周围的"物"，作为"物质"的具体样态和现实的表现形式，无不打上了人的意识、意志和实践活动的烙印。

众所周知，在马克思那里，实践活动的基本形式乃是人们谋取物质生活资料的生产劳动。在谈到生产劳动时，马克思这样告诫我们："这种活动、这种连续不断的感性劳动和创造、这种生产，是整个现存感性世界的非常深刻的基础，只要它哪怕只停顿一年，费尔巴哈就会看到，不仅在自然界将发生巨大的变化，而且整个人类世界以及他（费尔巴哈）的直观能力，甚至他本身的存在也就没有了。"如果说正统的阐释者们不断地谈论着"世界统一于物质"这类语言，那么马克思则从来不愿意在抽象的物质概念上浪费时间。明眼人一看就知道，马克思始终是围绕着资本主义生产劳动的历史过程来考察物质的种种样态或要素的，如原料、工具、设备、产品（商品）、生产的排泄物、劳动者自然力的物化等。

与正统的阐释者们不同，海德格尔却敏锐地洞见了马克思的唯物主义和物质观的本质。在《关于人道主义的书信》中,当他强调应当加强与马克思的唯物主义进行对话时,写道:"为了进行这样的对话,摆脱关于这种唯物主义的天真的观念和对它采取的简单拒斥的态度是十分必要的。这种唯物主义的本质不在于一切只是物质的主张中,而是在于一种形而上学的规定中,按照这种规定,一切存在者都显现为劳动的材料。"在海德格尔看来,马克思的唯物主义与传统唯物主义之间存在着根本性的差别。传统的唯物主义即物质本体论,只是谈论抽象的物质,而马克思的唯物主义则是从生产劳动这一特殊的视角出发,探究在生产劳动中必定会遭遇到的物质的各种具体的样态。这样一来,在物质本体论那里表现为超越一切历史时代的抽象的物质,就转变为特定历史时期——资本主义时期的物质的具体样态,即商品。这就是海德格尔所说的"一切存在者都显现为劳动的材料"的含义之所在。

其实,马克思本人对上述见解的表述是更为明晰的。在《资本论》第一卷中,他开宗明义地指出:"资本主义生产方式占统治地位的社会的财富,表现为'庞大的商品堆积',单个的商品表现为这种商品的元素形式。因此,我们的研究就从分析商品开始。商品首先是一个外界的对象,一个靠自己的属性来满足人的某种需要的物。"正是基于这样的思索,马克思对正统的阐释者们讨论的抽象的物质毫无兴趣;他真正关注的是资本主义时期物质的具体样态,即作为"社会的物"的商品是如何在生产劳动的过程中形成起来的,又如何通过作为"一般等价物"的货币导致资本的产生和无限制的扩张的。

当然,考察这些东西也不是马克思的最终目的,作为西方人本主义传统的伟大的继承者和批判者,马克思的最终目的是通过政治革命和社会革命,改变现存世界,解放全人类,使每个人都能得到自由而全面的发展。也正是出于这样的目的,马克思不仅探讨了物质在资本主义生产方式中的具体样态——商品,而且也深刻地揭示出"商品拜物教"这一社会现象的实质:"商品形式和它借以得到表现的劳动产品的价值关系,是同劳动产品的物理性质以及由此产生的物的关系完全无关的。这只是人们自己的一定的社会关系,但它在人们面前采取了物与物的关系的虚幻形式。因此,要找一个比喻,我们就得逃到宗教世界的幻境中去。在那里,人脑的产物表现为赋有生命的、彼此发生关系并同人发生关系的独立存在的东西。在商品世界里,人手的产物也是这样。我把这叫做拜物教。劳动产品一旦作为商品来生产,就带上拜物教性质,因此拜物教是同商品生产分不开的。商品世界的这种拜物教性质,象以上分析已经表明的,是来源于生产商品的劳动所特有的社会性质。"

按照马克思的看法,商品拜物教这一普遍现象必定会伴随着资本主义社会的商品生产而发展起来，因为在资本主义生产方式中生产出来的商品完全是供市场交换用的，而在传统生产方式中生产出来的产品主要是供自己使用的。显而易见，这两种生产方式之间存在着根本性的差别。也就是说，只有当产品同时也是商品的时候，商品拜物教这一现象才可能普遍地显现出来。比如，人们普遍地崇拜由黄金制成的商品，并且自然而然地倾向于认为，黄金制品的价格十分昂贵，是黄金本身的物理性质使然。这种对商品（物）的自然属性的崇拜，在马克思看来就是商品拜物教，而商品拜物教掩盖了如下的真理，即人们对商品（物）的崇拜，尤其是对作为商品的黄金制品的普遍崇拜，实际上不是由商品（黄金）的自然属性引起的，而是由商品（黄金）的社会属性引起的。黄金就是黄金，只有在一定的历史条件和社会关系中，它才会成为商品并具有昂贵的价格。而马克思致力于对商品拜物教的批判，其目的正是要从资本主义生产方式中物与物之间的虚幻关系的外表中，揭示出人与人之间的真实的关系，从而通过革命去改变这种关系。这就是马克思的物质观的革命意义之所在。

因此，把马克思的物质观阐释为与物质本体论相一致的抽象物质观，阐释为"世界统一于物质"这类观念，其实也就消解了马克思哲学的革命性，把它歪曲为学院化的高头讲章和经院哲学式的空谈。总之，马克思正是通过对传统的物质本体论所蕴含的抽象物质观的批判，才确立起自己的历史唯物主义理论的。这一理论教导我们，不要像传统的唯物主义哲学家那样，抽去一切历史条件，抽象地谈论物质；重要的是探讨物质在一定历史条件尤其是资本主义条件下的样态即商品；并揭示出商品拜物教现象（只看到物与物之间的关系）掩盖下的人与人之间的真实关系。

3. 加快建设航天强国[①]

党的十八大以来，习近平总书记高度重视航天事业的发展，发表了一系列重要讲话，作出了一系列重要指示批示，从战略上亲自谋划，从实践上亲自部署，大力推动航天和国防领域重大项目和重大工程，为发展航天事业、建设航天强国指明了前进方向。习近平总书记围绕建设航天强国发表的一系列重要论述，高屋建瓴、内涵丰富、思想深邃，阐明了建设航天强国的重大意义，明确了建设航天强国的主要任务，是新时代加快发展航天事业、建设航天强国的根本遵循。

党对航天事业的坚强领导是建设航天强国的最大政治优势。习近平总书记强调，中国特色社会主义最本质的特征是中国共产党领导，中国特色社会主义

[①] 袁洁. 加快建设航天强国 [J]. 红旗文稿，2021（12）：7-10, 1.

制度的最大优势是中国共产党领导。中国航天事业是在党中央的直接决策、指挥和推动下建立起来的。实践证明，党的坚强领导是发展航天事业的制胜法宝，是建设航天强国的最大政治优势，也是实现中国梦、强军梦、航天梦的根本保证。进入新时代，习近平总书记对航天事业高度重视、特别关爱，明确提出建设航天强国的宏伟目标，提出加快建设航天强国的时代要求，每有重大飞行试验成功、每遇重大科技突破，都作出重要指示批示，多次亲切会见航天重大任务参研参试人员代表，多次深入航天科研生产发射基地一线考察视察，与航天科技工作者面对面交流、提出殷切期望。新时代航天人要全面贯彻落实党中央对航天事业发展的决策部署，站在实现中华民族伟大复兴中国梦这个伟大目标的战略高度，义无反顾地肩负起建设航天强国的历史使命。

履行强军首责是建设航天强国的核心要求。习近平总书记强调，强国必先强军，军强才能国安。武器装备是军队现代化的重要标志，是军事斗争准备的重要基础，是国家安全和民族复兴的重要支撑，是国际战略博弈的重要砝码。中国航天为国防而生，科技强军、航天报国是航天事业与生俱来的基因与使命。实践证明，航天强国首先要装备强，国防装备现代化是牵引中国航天自主发展和创新超越的最大动力，为国家安全提供先进航天防务装备和高科技产品是建设航天强国的核心要求。进入新时代，习近平总书记着眼于加快国防和军队现代化，实现富国和强军相统一，始终把国防科技发展作为基础性、引领性的战略工程，要求加快武器装备现代化，聚力国防科技自主创新、原始创新，加速武器装备升级换代和智能化武器装备发展，对建设航天强国提出了新的更高要求。新时代航天人要瞄准世界军事科技前沿，高质量地完成武器装备研制生产与保障任务，为军队"能打仗、打胜仗"提供有用、好用、管用的高科技装备，有力支撑世界一流军队建设，筑牢建设社会主义现代化国家的安全基石。

加强自主创新是建设航天强国的强大动力。习近平总书记强调，航天科技是科技进步和创新的重要领域，航天科技成就是国家科技水平和科技能力的重要标志。中国航天事业发展史，就是一部不断突破、不断超越的自主创新史。经过几代航天人的接续奋斗，中国航天事业在党中央的坚强领导下，从白手起家开创"两弹一星"的丰功伟绩，到成功开展载人航天、月球探测、北斗导航和重大武器装备建设工程，创造了一个又一个填补国内空白的"第一"，取得了彪炳史册的辉煌成就，走出了一条自力更生、艰苦奋斗、中国特色的自主创新之路。实践证明，航天技术是尖端核心技术，真正的核心关键技术是花钱买不来的，靠进口武器装备是靠不住的，走引进仿制的路子是走不远的。加快科技自立自强，不仅是一个科技和经济问题，更是一个重大的政治和战略问题。进入新时代，以习近平同志为核心的党中央把科技创新摆在国家发展全局的核心位置，深入实施创新驱动发展战略，以前所未有的力度强化国家战略科技力量。新时代航天人要把自主创新摆在建设航天强国更加重要的战略位置，以强大的科技实力和创新能力作为建设航天强国的战略支撑和发展航天事业的强大动力，掌握一批具有自主知识产权的技术和原创性成果，抢占未来科技发展先机，肩负起时代赋予的重任。

新型举国体制是建设航天强国的制度优势。习近平总书记指出，探月工程任务连续成功，凝结的是几代航天人的智慧和心血，依靠的是我们国家的综合实力，汇聚的是中国人民的整体力量。嫦娥五号任务作为我国复杂度最高、技术跨度最大的航天系统工程，首次实现了我国地外天体采样返回，这是发挥新型举国体制优势，攻坚克难，取得的又一重大成就。中国航天事业自创建以来，在钱学森系统工程思想指导下，科学构建协调高效的"两总"系统，形成了科学严谨的系统工程决策体系、以项目管理为抓手的组织体系、以工程总体设计部为龙头的技术体系、以质量管理为基础的产品保证体系，成为发挥社会主义集中力量办大事制度优势、组织全国大协作的成功典范。实践证明，航天工程具有系统复杂、技术密集、风险性大、研制周期长等特点，航天事业的成功都是全国大力协同、密切配合、攻坚克难的结果。进入新时代，新型举国体制既着眼于充分发挥社会主义国家集中力量办大事的制度优势，又注重发挥市场在资源配置中的决定性作用，将更加有利于继承和发扬航天事业传统优势，有利于合理配置科技创新资源集智攻关，有利于增强发展航天事业应对风险挑战的能力。

深厚博大的航天精神是建设航天强国的精神支撑。习近平总书记在首个"中国航天日"之际做出的重要指示中强调，经过几代航天人的接续奋斗，我国航天事业创造了以"两弹一星"、载人航天、月球探测为代表的辉煌成就，走出了一条自力更生、自主创新的发展道路，积淀了深厚博大的航天精神。中国航天事业自诞生之日起，就始终坚持党的领导、听从党的召唤、服从党的指挥，把自身发展熔铸到党和国家事业发展的伟大征程中，涌现出钱学森等一批英雄楷模，在不同时代铸就了航天传统精神、"两弹一星"精神、载人航天精神，与党的十八大以来铸就的新时代北斗精神、探月精神等一道，成为推动中国航天事业创新发展最基本、最深沉、最持久的精神力量。实践证明，航天精神是中国精神与红色基因的时代表达，是我们党和国家的宝贵精神财富，是中国航天事业持续发展的思想支撑、精神动力和文化源泉。进入新时代，中国航天事业肩负着新的更大使命、面临着新的更重考验。我们要把苦难辉煌的过去、日新月异的现在、光明锦绣的未来贯通起来，在鉴往知来中继往开来，在饮水思源中凝神聚魂,从航天精神中汲取经验启示、信心动力和智慧力量。

五、知识训练

(一) 单项选择题

1. "风定花犹落,鸟鸣山更幽"形象地表达了动和静的辩证关系是( )
   A. 静不是动,动不是静
   B. 静中有动,动中有静
   C. 动是必然的,静是偶然的
   D. 动是静的原因,静是动的结果

2. 有一则箴言:"在溪水和岩石的斗争中,胜利的总是溪水,不是因为力量,而是因为坚持。""坚持就是胜利"的哲理在于( )
   A. 必然性通过偶然性开辟道路
   B. 肯定中包含着否定的因素
   C. 量变必然引起质变
   D. 有其因必有其果

3. 恩格斯说:"鹰比人看得远得多,但是人的眼睛识别东西远胜于鹰。狗比人具有锐敏得多的嗅觉,但是它连被人当作各种物的特定标志的不同气味的百分之一也辨别不出来。"人的感官的识别能力高于动物,除了人脑及感官发育得更完美之外,还因为( )
   A. 人不仅有感觉还有思维
   B. 人不仅有理性还有非理性
   C. 人不仅有直觉还有想象
   D. 人不仅有生理机能还有心理活动

4. 中国古代佛教理论家惠能认为,"不是幡动,不是风动,仁者心动"。这是( )
   A. 客观唯心主义
   B. 主观唯心主义
   C. 形而上学观点
   D. 辩证法观点

5. 哲学的基本问题是( )
   A. 理论和实践的关系问题
   B. 世界观与方法论的关系问题
   C. 思维与存在的关系问题
   D. 时间和空间的关系问题

6. 运动和静止的关系是( )
   A. 具体和抽象的关系
   B. 内容和形式的关系
   C. 绝对和相对的关系
   D. 现象和本质的关系

7. 在社会主义现代化建设过程中,我们始终坚持以经济建设为中心,同时又注意抓好精神文明建设、民主法制建设和其他工作。这种做法体现了唯物辩证法的( )
   A. 矛盾的同一性和斗争性相统一的原理

B. 矛盾的普遍性和特殊性相统一的原理

C. 实践和认识相统一的原理

D. 两点论和重点论相统一的原理

8. 马克思主义哲学与唯心主义哲学、旧唯物主义哲学的根本区别在于（　　）

　　A. 坚持人的主体地位

　　B. 坚持用辩证发展的观点去认识世界

　　C. 坚持物质第一性、意识第二性

　　D. 坚持从客观的物质实践活动去理解现实世界

9. 面对消极腐败的东西，我们一定要提高警惕，做到见微知著，防微杜渐。这是因为（　　）

　　A. 矛盾双方在一定条件下相互转化

　　B. 原因的作用会引起结果

　　C. 外因通过内因而起作用

　　D. 量变积累到一定程度会引起质变

10. 在生活和工作中，凡事要掌握分寸，坚持适度原则，防止"过"和"不及"。这在哲学上符合（　　）

　　A. 质和量相统一的原理

　　B. 内因和外因辩证关系的原理

　　C. 理论和实践相统一的原理

　　D. 两点论和重点论相统一的原理

（二）多项选择题

1. 我国古代哲学家王夫之认为："动静者，乃阴阳之动静也。""皆本物之固然。""静者静动，非不动也。""静即含动，动不含静。""动、静，皆动也。"这在哲学上表达了（　　）

　　A. 运动和静止都是物质的固有属性

　　B. 静止是运动的特殊状态，是缓慢不显著的运动

　　C. 静止是相对的，运动是绝对的

　　D. 运动是静止的总和

2. 近一年多来，由美国次贷危机引发的金融危机迅速在全球蔓延，在危机面前，人们应该积极主动应对，化危为机，下列名言中符合意识能动性原理的是（　　）

　　A. 信心比黄金更重要

B. 我们唯一恐惧的就是恐惧本身

C. 问题与解决问题的方法是同时产生的

D. 事不必难，知难不难

3. 从20世纪70年代至今，商务印书馆先后出版了多个版本的《新华字典》，除了一些旧的词条，增加了一些新的词条，并对若干词条的词义做了修改。例如1971年版对"科举"这个词的解释是："从隋唐到清代的封建王朝为了维护其反动统治而设立分科考生文武官吏后备人员的制度。"1992年版删去"反动"二字，1998版又删去"为了维护其统治而设"，直到2008年版删去了这句话。一本小字典记载着词语的发展变化也记录了时代前进的印证，字典词条释义的变化表明人们的意识（　　）

A. 是客观世界的能动反映

B. 取决于词语含义的改变

C. 随着社会生活变化而变化

D. 需要借助语言这一物质外壳表达出来

4. 显微摄影是一门使用照相机拍摄显微镜下一般用肉眼无法看清的标本的技术。肉眼中千篇一律的细沙，在显微镜下却是"一沙一世界"。有的晶莹剔透像宝石，有的金黄酥脆像饼干。即使是司空见惯的柴米油盐，在显微镜下也会展现神奇而充满美丽的一面。显微镜下的"一沙一世界"表明（　　）

A. 任何事物都具有无限多样的属性

B. 事物的本质随着人们的认识的变化而改变

C. 人们可以通过制造和使用工具日益深化对客观世界的认识

D. 人们可以通过对个别事物的认识而达到对世界整体的把握

5. 据媒体报道，美国哥伦比亚大学的社会学家利用互联网技术做了一次实验，证明只要通过"电子邮件的6次信息接力"，一个人就可以同世界上任何一个陌生人联系上。这表明（　　）

A. 世界是相互联系的统一整体

B. 事物之间的联系都是人为的

C. 世界的普遍联系是通过"中介"实现的

D. 信息是世界普遍联系的基础

6. 唐朝诗人张若虚《春江花月夜》中的"人生代代无穷已，江月年年只相似"两句诗蕴含着时间一维性的哲理。下列诗句中蕴含相同哲理的是（　　）

A. 闲云潭影日悠悠，物换星移几度秋

B. 花开堪折直须折，莫待无花空折枝

C. 溪云初起日沉阁，山雨欲来风满楼

D. 黑发不知勤学早，白首方悔读书迟

7. 母质、气候、生物、地形、时间是土壤形成的五大关键成土因素。母质是土壤形成的物质基础和初始无机养分的最初来源。气候导致矿物的风化和合成、有机质的形成和积累、土壤中物质的迁移、分解和合成。生物包括植物、动物和微生物等，是促进土壤发生发展最活跃的因素。地形可以使物质在地表进行再分配，使土壤及母质在接受光、热、水等条件方面发生差异。时间是阐明土壤形成发展的历史动态过程，母质、气候、生物和地形等对成土过程的作用随着时间延续而加强。土壤生成过程说明（　　）

A. 事物总是作为过程而存在

B. 时间是物质运动的存在形式

C. 事物的发展总是呈现出线性上升的态势

D. 事物的产生总是多种因素相互作用的结果

8. 平衡是事物发展的一种状态，小到体操中人在平衡木上的行走，杂技中的骑车走钢丝、独轮车表演，直升机在空中的悬停等，大到人类的生存、地球的运转、天体的运行等，都是保持平衡的一种状态。世间的万事万物，能不停地运动、发展、前进，一个重要原因就在于保持了平衡。要使"平衡"成为人们的"大智慧"，就要（　　）

A. 精确把握事物的度

B. 准确掌握质变与量变的辩证关系

C. 善于协调事物内部各种因素的相互关系

D. 全面理解绝对运动和相对静止的辩证关系

9. 最近，科学家利用宇宙三维地图发现了迄今最大的宇宙结构之一，包含了数十万星系、长达14亿光年的"南极墙"，中国科学家表示由于万有引力，密度较高的区域会产生较弱的引力，将周围物质吸引进来形成了星系以及更大尺度的结构，现代宇宙学表明，宇宙是由暗物质、暗能量主导的，但暗物质究竟是什么，目前不得而知，在"南极墙"等宇宙大尺度结构中，很可能藏着大量的暗物质，这是宇宙演化历史的重要指针，"南极墙"的发展表明（　　）

A. 未知世界与已知世界是客观存在的

B. 整个物质世界的时间和空间是有限的

C. 世界本质是暗物质能量

D. 世界只有尚未认知之物，没有不可认识之物

10. 在深入推动黄河流域生态保护和高质量发展座谈会上，习近平总书记谈

及水资源和发展的关系时，以传统名吃"羊肉泡馍"作形象比喻，强调要全方位贯彻"四水四定"（以水定城、以水定地、以水定人、以水定产）原则，精打细算用好水资源，"有多少汤泡多少馍"，让水资源用在最该用的地方。"有多少汤泡多少馍"蕴含的哲学道理是（　　）

　　A. 创造条件，充分发挥意识能动性

　　B. 一切从实际出发，实事求是

　　C. 因地制宜，因时制宜

　　D. 尊重规律，把握适度原则

11. 人类历史上的每一次科技革命都与材料的发展息息相关，而新材料的研制却是颇为不易的。人工智能可以借助数据共享，对先进材料的物理化学性质进行预测筛选，从而加快新材料的合成和生产。作为人工智能的一个分支，机器学习算法在辅助新材料设计时尤为"得力"，其工作过程主要包括"描述符"生成、模型构建和验证、材料预测、实验验证等步骤。人工智能辅助新材料研发的过程表明（　　）

　　A. 科学研究能够任意改变物质的性质和结构

　　B. 人工智能能够取代人类对物质世界的认识

　　C. 人类对于物质的认识是一个不断深化的过程

　　D. 具体的物质结构和性质的变化并不改变世界的物质性

12. 时间是万事万物存在的刻度。1秒钟，电影放映24帧画面，猎豹在草原上飞奔28米，蜂鸟振动翅膀55次；1分钟，登山队员攀登珠峰顶峰58.3厘米，"复兴号"前进5833米。时间创造无限可能。有人努力奔跑，用全力以赴的冲刺突破极限；有人砥砺前行，以日复一日的坚守辛勤耕耘。原本匀速流动的时间，正是在生生不息的奋斗中，在昂扬奋发的进取中，确定意义、体现价值，进而定义生命的精彩、定格历史的脉动。人们在奋斗中"定义"时间，说明时间是（　　）

　　A. 测量事物运动的客观尺度　　B. 物质运动的存在形式

　　C. 事物运动的主观联想　　　　D. 与物质运动不可分割的

[单项选择题答案]

　　1. B　2. C　3. A　4. B　5. C　6. C　7. D　8. D　9. D　10. A

[多项选择题答案]

　　1. BC　2. ABD　3. ACD　4. ACD　5. AC　6. ABD　7. ABD　8. ACD　9. AD
　　10. BCD　11. CD　12. ABD

(三) 材料分析题

材料分析题一

党的十八大以来，习近平总书记在不同场合多次指出："伟大出自平凡，平凡造就伟大。"下面是习近平总书记关于这方面的论述。

伟大出自平凡，英雄来自人民。面对这次突如其来的疫情，从一线医务人员到各个方面参与防控的人员，从环卫工人、快递小哥到生产防疫物资的工人，千千万万劳动群众在各自岗位上埋头苦干、默默奉献，汇聚起了战胜疫情的强大力量。希望广大劳动群众坚定信心、保持干劲，弘扬劳动精神，克服艰难险阻，在平凡岗位上续写不平凡的故事，用自己的辛勤劳动为疫情防控和经济社会发展贡献更多力量。

——2020年4月30日，给郑州圆方集团全体职工的回信

英雄模范们用行动再次证明，伟大出自平凡，平凡造就伟大。只要有坚定的理想信念、不懈的奋斗精神，脚踏实地把每件平凡的事做好，一切平凡的人都可以获得不平凡的人生，一切平凡的工作都可以创造不平凡的成就。

——2019年9月29日，在国家勋章和国家荣誉称号颁授仪式上的讲话

崇尚英雄才会产生英雄，争做英雄才能英雄辈出。党和国家历来高度重视对英雄模范的表彰。今天我们以最高规格褒奖英雄模范，就是要弘扬他们身上展现的忠诚、执着、朴实的鲜明品格。

——2019年9月29日，在国家勋章和国家荣誉称号颁授仪式上的讲话

劳动模范是劳动群众的杰出代表，是最美的劳动者。劳动模范身上体现的"爱岗敬业、争创一流，艰苦奋斗、勇于创新，淡泊名利、甘于奉献"的劳模精神，是伟大时代精神的生动体现。

——2016年4月26日，在知识分子、劳动模范、青年代表座谈会上的讲话

伟大的事业需要伟大的精神，伟大的精神来自伟大的人民。我们一定要在全社会大力弘扬劳模精神、劳动精神，大力宣传劳动模范和其他典型的先进事迹，引导广大人民群众树立辛勤劳动、诚实劳动、创造性劳动的理念，让劳动光荣、创造伟大成为铿锵的时代强音，让劳动最光荣、劳动最崇高、劳动最伟大、劳动最美丽蔚然成风。

——2015年4月28日，在庆祝"五一"国际劳动节暨表彰全国劳动模范和先进工作者大会上的讲话

一代又一代的劳动模范和先进工作者、先进人物，是我国劳动人民的杰出代表，是祖国和人民的骄傲。你们大家以强烈的主人翁责任感，立足本职，争创一流，集中体现了伟大的时代精神、创业精神、奉献精神，为国家和民族增

添了绚丽光彩。

——2014年4月30日，在乌鲁木齐接见劳动模范和先进工作者、先进人物代表时的讲话

思考讨论：

结合材料，依据辩证法中有关矛盾同一性与斗争性原理分析平凡与伟大之间的辩证关系。

答案解析：矛盾的同一性，是指矛盾着的对立面之间的相互依存、相互吸引、相互贯通的性质和趋势。第一，矛盾着的对立面相互依存，共处于一个统一体中。第二，矛盾着的对立面相互贯通、相互渗透，并在一定条件下相互转化。平凡与伟大不可分离，相互贯通，伟大出自平凡，平凡造就伟大，平凡向伟大转化需要具备一定的条件，如要有坚定的理想信念、不懈的奋斗精神，脚踏实地把每件平凡的事做好。

材料分析题二

中国优秀传统文化博大精深并蕴含着丰富的哲学思想。习近平总书记善于引经据典，不仅弘扬了中华优秀传统文化，也彰显着马克思主义哲学的思辨魅力，为推进马克思主义与中华优秀传统文化相结合提供了依据。

材料1：图难于其易，为大于其细。天下难事，必作于易；天下大事，必作于细。老子这段话的意思是说，在容易之时谋求难事，在细微之处成就大事。天下的难事，必须从容易时做起；天下的大事，必须从细微处着手。告诉我们做大事、难事要从小事、易事做起。

习近平在讲话文章中6次引用了老子《道德经》的这句名言，体现了他的实干兴邦思想。习近平指出成功的背后永远是艰辛努力。大事全是由小事积累起来的，要把小事当作大事干，一步一个脚印往前走。滴水可以穿石，只要坚韧不拔、百折不挠，就一定能够成功。我们推进改革的原则是胆子要大、步子要稳。对改革进程中已经出现和可能出现的问题，困难要一个一个克服，问题要一个一个解决，既敢于出招又善于应招，做到"蹄疾而步稳"。"蹄疾而步稳"就是对老子"图难于其易，为大于其细"的另类表述。

材料2：物之不齐，物之情也。——（战国）孟子《孟子·滕文公上》

意思是说，天下万物各不相同，它们都有属于自己的独特个性，这是客观存在的。孟子这段话强调了事物的差异性。习近平在谈及国与国之间、不同文明之间的关系时，多次引用孟子"物之不齐，物之情也"的观点。习近平指出，和而不同是一切事物发生发展的规律，丰富多彩的人类文明都有自己存在的价

值，不同文明没有优劣之分，只有特色之别。每个民族不分强弱、不分大小，其思想文化都应该得到承认和尊重。要促进不同文明不同发展模式交流对话，在竞争比较中取长补短，在交流互鉴中共同发展，让文明交流互鉴成为增进各国人民友谊的桥梁、推动人类社会进步的动力、维护世界和平的纽带，这样世界文明之园才能万紫千红、生机盎然。

——两段材料选自习近平引用率最高的十大典故［EB/OL］．人民网，2018-06-02．

思考讨论：

（1）结合材料，依据辩证法中有关原理分析材料1和材料2的内容。

（2）结合材料，运用辩证否定观原理谈谈如何对待中国传统文化。

答案解析：（1）材料1主要体现了质变与量变辩证关系。量变是质变的必要准备，质变是量变的必然结果。两者相互渗透，在量变的过程中有着部分的质变，在质变的过程中有着旧质在量上的收缩和新质在量上的扩张。做大事、难事要从小事、易事开始，滴水可以穿石，只要坚韧不拔、百折不挠，就一定能够成功。我们推进改革的原则是胆子要大、步子要稳等体现质变与量变之间的辩证关系。材料2体现了矛盾普遍性与矛盾特殊性关系原理，两者是共性与个性的辩证统一关系。任何现实存在的事物都是共性和个性的有机统一，共性寓于个性之中，没有离开个性的共性，也没有离开共性的个性。矛盾的共性和个性、绝对和相对的道理，是关于事物矛盾问题的精髓，是正确理解矛盾学说的关键。矛盾的共性和个性相统一的关系，既是客观事物固有的辩证法，也是科学的认识方法。文中所说的"丰富多彩的人类文明都有自己存在的价值，不同文明没有优劣之分，只有特色之别"是指矛盾个性和而不同。矛盾分析法是我们认识事物的根本方法，其实质是分析矛盾特殊性。

（2）辩证的否定实质是扬弃，是自己发展自己，自己联系自己。吸收传统文化和民族文化中有益的成分，剔除消极部分。不唯上不唯书，只唯实。解放思想，立足于实践，与时俱进。对待中国的传统文化和民族文化应取其精华，去其糟粕，推陈出新，革故鼎新。吸收有益的传统文化和民族文化，以我为主，为我所用。反对历史虚无主义、民族虚无主义、守旧主义、封闭主义，辩证地继承和发展。

第二章

实践与认识及其发展规律

一、教学目的和要求

知识框架

科学实践观及其意义
主体与客体之间的辩证关系
马克思主义认识论基本特征
真理的客观性、绝对性和相对性
真理与价值的辩证统一
认识论与思想路线
实现理论创新和实践创新良性互动

教学目的

传统上将本章作为认识论来对待，这是有一定道理的。一般而言，哲学基本问题由本体论与认识论两个部分构成，第一章侧重于本体论，顺理成章，第二章则为认识论。从新版本教材看，本章吸取了当代哲学的一些新成果，本章实则为人与世界之间的关系，由实践观、认识论与价值论三个部分构成。内容含量大，学习有一定难度。学习马克思主义的实践观、认识论和价值论的基本观点，掌握实践、认识、真理、价值等概念，树立实践第一的观点，确立正确的价值观，在改造客观世界的同时改造主观世界，努力实现理论创新和实践创新的良性互动。

知识层面：1. 基本概念方面。掌握马克思主义关于实践、马克思主义认识论、感性认识、理性认识、真理、真理的两个基本属性、实践标准的确定性与不确定性、价值、思想路线、马克思主义自由观等基本概念。2. 基本原理方面。掌握马克思主义实践观的伟大意义，马克思主义认识论与唯心主义认识论，特别是旧唯物主义认识论的本质区别,实践决定认识,认识对实践的反作用,认识发展的基本规律,马克思主义真理观,理论创新与实践创新之间的辩证关系,认识世界与改造世界之间的关系。

能力层面:本章内容理论性较强。实践、认识与价值构成了人与世界关系的三个维度。每一点学深学透,讲深讲透并不容易。实践性是马克思主义理论区别于其他理论的显著特征,实践,生产实践是理解马克思主义新唯物主义世界观的关键点,这也是理解下一章唯物史观的出发点。掌握马克思主义的实践观,树立实践创新与理论创新之间的辩证关系,不仅有助于把握人类认识的一般规律与科学理论发展的一般规律,而且有助于深刻把握党的思想路线,有助于深刻领会马克思主义中国化的最新理论成果。文化的核心是价值观,对价值概念及其特征的把握,给理解唯物史观关于文化重要性提供基础。掌握真理与价值的辩证统一,有助于深刻领会以人民为中心的科学发展观实质。

价值层面:从我们这个时代看,价值问题,价值多元论问题成为哲学研究的中心问题,在价值问题上的相对主义、主观主义,以及最终导致文化虚无主义、历史虚无主义,这些问题值得警惕。从人类思想发展史来看,虚无主义被作为现代社会的基本特征,是与真理问题联系在一起的,真理的相对性属性在当代社会中比较突出,相对性往往走向相对主义,走向真理问题上的虚无主义。因此,在教学与学习中,需要从理论上将真理问题与价值问题关联起来,对价值问题上的虚无主义批判要与真理问题上的相对主义批判结合起来。反对文化虚无主义、历史虚无主义对学生健康成长具有重要意义。

教学要求

实践的观点是马克思主义的基本观点。以实践为基础,从整体上把握人与世界的关系,是马克思主义世界观的重要内容。人与世界的关系主要包括两个方面:一是认识世界,二是改造世界。从哲学上讲,这就是实践与认识及其相互关系问题,真理与价值及其相互关系问题,就是马克思主义的实践观、认识论和价值论要解决的问题。

二、重点难点导学

重点导学

1. 实践的本质。实践是人类能动地改造世界的社会性的物质活动,具有客观实在性、自觉能动性和社会历史性三个基本特征。第一,实践具有客观实在性。实践是人类改造世界的客观物质活动，它虽然是人类有目的、有意识的行为，但本质上是客观的、物质的活动。第二，实践具有自觉能动性。与动物本能的、被动的适应性活动不同，人的实践活动是一种有意识、有目的的活动。目的性是能动性的主要表现。在人的实践活动结束时得到的结果，在这个过程开始时就作为目的在实践者头脑中以观念的形式存在着，目的决定着实践者的行为。第三，实践具有社会历史性。实践是社会性的、历史性的活动。作为实践主体的人总是处在一定社会关系中，任何人的活动都离不开与社会的联系。实践的社会性决定了它的历史性。实践的内容、性质、范围、水平以及方式都受一定社会历史条件制约，随着一定社会历史条件的变化而变化。

2. 科学实践观的意义。科学实践观的创立和发展具有十分重要的意义，主要表现在以下几个方面。

第一，克服了旧唯物主义的根本缺陷，为辩证唯物主义奠定了科学的理论基础。科学实践观克服了旧唯物主义的缺陷，批判超越了唯心主义，实现了哲学史上的革命。它从实践出发理解现实世界及其与人的关系，在实践基础上把唯物论和辩证法有机统一起来，为形成现代崭新形态的唯物主义即辩证唯物主义理论奠定了坚实基础。

第二，建立了科学的、能动的、革命的反映论，实现了人类认识史上的变革。马克思坚持实践观点和辩证观点，深刻揭示了实践观点是辩证唯物主义认识论首要的和基本的观点。马克思主义以实践为基础，对人的认识活动做出了科学说明，认为认识的辩证运动是实践和认识对立统一关系的具体的、历史的展开，实践是人的认识产生和发展的基础、动力、目的，也是真理与价值统一的基础，更是检验认识真理性的唯一标准。科学的实践观，不仅驳倒了唯心主义先验论和不可知论，而且克服了旧唯物主义直观反映论的缺陷。

第三，在人类思想史上第一次揭示了社会生活的实践本质，为创建科学的历史观奠定了理论基础。旧唯物主义不理解人的实践活动是现实的、能动的活动，不理解物质生产实践在社会生活中的重要地位和作用，从而不能理解社会存在对社会意识的决定作用，成了不彻底的"半截子"唯物主义。马克思从实践出发理解和说明社会生活的本质，认为以物质生活资料生产为根本的社会实践活动是人类社会存在和发展的基础，人类历史的"真正发源地"和社会发展规律的"秘密"只能到物质生产实践中去寻找。马克思把实践的观点贯彻到社会历史领域，创立了历史唯物主义，实现了唯物辩证的自然观和历史观的统一。

第四，为人们能动地认识世界和改造世界提供了基本的思想方法和工作方法。科学实践观强调实践在认识世界和改造世界中的能动作用，强调理论要付诸实践、指导实践，变为群众的行动，化为改造世界的物质力量，是人们认识世界和改造世界的锐利武器。

3. 实践对认识的决定作用。辩证唯物主义认为，在实践和认识之间，实践是认识的基础，实践在认识活动中起着决定性的作用。实践的观点是辩证唯物论的认识论之第一的和基本的观点。具体表现为：实践是认识的来源；实践是认识发展的动力；实践是认识的目的；实践是检验认识真理性的唯一标准。

4. 认识的本质。在认识的本质问题上，存在着两条根本对立的认识路线：一条是坚持从物到感觉和思想的唯物主义认识路线，另一条是坚持从思想和感觉到物的唯心主义认识路线。旧唯物主义和辩证唯物主义都坚持反映论，但是两者之间有着本质的区别。辩证唯物主义认识论具有两个突出的特点：一是把实践的观点引入认识论。辩证唯物主义认识论把实践的观点作为整个认识论的基础，以实践的观点阐述人的认识活动及其规律，科学地规定了认识的主体和客体及其相互关系，对认识的产生和发展、认识的目的和作用、认识正确与否的检验标准等一系列重要的认识论问题，做出了同旧唯物主义认识论完全不同的科学解释。二是把辩证法应用于反映论考察认识的发展过程。它科学地揭示了认识过程中多方面的辩证关系，例如主观和客观、认识和实践、感性和理性、真理的绝对性和相对性、真理和价值等方面的关系，把认识看成一个由不知到知、由浅入深的充满矛盾的能动的认识过程，全面地揭示了认识过程的辩证性质。这种以实践观点和辩证观点为特征的能动反映论，不仅克服了旧唯物主义认识论的局限性，也彻底驳倒了不可知论所认为的人的认识能否正确反映客观事物是无法证明的这一观点。

辩证唯物主义认识论认为，认识的本质是主体在实践基础上对客体的能动反映。这种能动反映不但具有反映客体内容的反映性特征，而且具有实践所要求的主体能动的、创造性的特征。一方面，认识的反映特性是人类认识的基本规定性。另一方面，认识的能动反映具有创造性。在人的认识活动中，反映特性与能动的创造特性是不可分割的。

5. 感性认识和理性认识的辩证关系。第一，理性认识依赖于感性认识，这是认识论的唯物论。感性认识是认识过程的起点，是达到理性认识的必经阶段，没有感性认识，就没有理性认识。第二，感性认识有待于发展和深化为理性认识，这就是认识论的辩证法。感性认识是认识的初级阶段，是对事物外部联系的认识，还不能达到对事物的本质和规律的认识，因而还不是完全的认识。第三，感性认识和理性认识相互渗透、相互包含。一方面，感性中有理性；另一方面，理性中有感性。感性认识和理性认识的辩证统一关系是在实践的基础上形成的，也需要在实践中发展。

6. 认识运动的总规律。认识是一个反复循环和无限发展的过程。即实践、认识、再实践、再认识，循环往复以至无穷，而实践和认识之每一循环的内容，都比较地进到了高一级的程度。这是认识辩证运动发展的基本过程，是认识运动的总规律。

7. 真理含义。真理是标志主观与客观相符合的哲学范畴，是对客观事物及其规律的正确反映，是客观内容与主观形式的统一。真理的客观性指真理的内容是对客观事物及其规律的正确反映，真理中包含着不依赖于人和人的意识的客观内容。客观性是真理的本质属性，但是真理的形式又是主观的，真理主要通过概念、判断、推理等主观形式表达出来。

8. 真理的两重属性。真理是一个过程。就真理的发展过程以及人们对它的认识和掌握程度来说，真理既具有绝对性，又具有相对性，它们是同一客观真理的两种属性，这是真理问题上的辩证法。任何真理都是绝对性和相对性的统一，二者相互联系、不可分割。

9. 价值含义。价值与认识一样，都是建立在实践基础上的主体与客体之间的关系。认识是主体与客体之间的反映与被反映关系，所要求的是主观符合客观，认识问题是关于"是什么"的问题；价值是主体和客体之间的意义关系，所要求的是客体对主体的意义，价值问题是关于"应是什么"的问题。

从价值含义中，可以得出价值的四个基本特征：主体性（价值维度可以作为主体维度或内在维度），多维性，客观性与社会历史性。在价值的本质问题上，存在着客观主义价值论和主观主义价值论的对立。客观主义价值论认为价值是客体本身所固有的，而与主体无关。主观主义价值论认为价值就是主体的欲望、情感和兴趣，而与客体无关。价值离不开主体的需要，也离不开客体的特性，即客体的某种性质、结构和属性。价值既具有主体性特征，又具有客观基础。

10. 真理与价值问题的辩证统一。任何成功的实践都是真理尺度和价值尺度的统一，是合规律性和合目的性的统一。真理与价值问题指向不同，但都是主体与客体关系问题，两者在实践基础上是统一的。价值尺度必须以真理为前提，人类自身需要的内在尺度，推动着人们不断发现新的真理。真理尺度与价值尺度的统一也是具体的、历史的，二者的统一会随着实践的发展而不断发展到更高级的程度。

11. 改造客观世界和改造主观世界辩证关系。改造客观世界与改造主观世界是辩证统一的。只有认真改造主观世界，才能更好地改造客观世界。改造主观世界既包括提高人的认识能力,也包括丰富人的情感世界和提升人的意志品质,而核心是改造世界观,即观察和处理问题的立场、观点、方法。只有在改造客观世界的实践中,才能深入改造主观世界。二者相辅相成、相互促进、缺一不可。

12. 思想路线。思想路线就是人们在实践活动中用以指导行动的基本原则和方法,是一定的世界观和方法论在实际工作中的运用和贯彻。认识路线与思想路线在本质上是统一的。认识路线是思想路线的哲学基础,思想路线是化为指导思想用以支配行动的认识路线,是认识论的具体体现。

13. 理论创新和实践创新。创新是社会发展的不竭动力,人类发展进步的历史就是不断创新的历史。理论创新和实践创新不是孤立进行的,而是在与另一方的互动中完成的,二者相互促进、辩证统一。认识与实践辩证关系的原理,坚持实践第一的观点,不断推进实践基础上的理论创新,因此,实践创新为理论创新提供不竭的动力源泉;实践需要理论指导,理论创新为实践创新提供科学的行动指南。

难点导学

1. 科学实践观的创立与发展。马克思从主体和客体的统一中把握实践,科学阐明了人类实践的本质和作用,创立了科学的实践观。在《关于费尔巴哈的提纲》这个包含新世界观天才萌芽的第一个文件中,马克思系统论述了实践的观点,揭示了科学实践观的基本内容。他指出,"从前的一切唯物主义——包括费尔巴哈的唯物主义——的主要缺点是:对对象、现实、感性,只是从客体的或者直观的形式去理解,而不是把它们当做人的感性活动,当做实践去理解,不是从主体方面去理解"。在《德意志意识形态》中,马克思、恩格斯进一步指出,物质资料的生产是人类历史中首要的社会实践活动,是其他一切历史活动得以进行的前提。唯物史观和唯心史观的区别在于,"它不是在每个时代中寻找某种范畴,而是始终站在现实历史的基础上,不是从观念出发来解释实践,而是从物质实践出发来解释各种观念形态"。科学的实践观是不断丰富发展的。列宁主要从认识论中发展了马克思主义的实践含义,"生活、实践的观点,应该是认识论的首要的和基本的观点"。毛泽东从主观与客观统一中发展了马克思主义的实践含义,把实践表述为"主观见之于客观的东西"。邓小平坚定支持真理标准问题大讨论,强调实践是检验真理的唯一标准,强调思想和实际相符合,主观和客观相符合。习近平重视实践第一的观点,强调实践创新的重要意义,认为"实践没有止境,理论创新也没有止境",实现理论创新和实践创新良性互动、相互促进,推动知行统一不断达到新境界。总之,科学实践观从主观和客观、主体和客体的统一中把握实践,揭示了实践的本质,指明了实践是人类能动地改造世界的社会性的物质活动。

2. 实践客体与客观事物区别。在学习中,学习者往往将实践客体与客观事物等同。教学中需要强调两者区别,否则很难理解马克思主义新唯物主义与旧唯物主义的区别。从近代哲学开始,才出现了主体与客体的对立。对象性是客体的基本特征。实践客体是指实践活动所指向的对象,客观事物只有在被纳入主体实践活动的范围之内、为主体实践活动所指向并与主体相互作用时才成为现实的实践客体,实践客体与客观存在的事物不完全等同。实践客体也有不同的类型:从是否为实践所创造的角度看,可划分为天然客体和人工客体;从自然界与人类社会两个领域相区分的角度看,可划分为自然客体和社会客体;从物质性和精神性相区分的角度看,可划分为物质性客体和精神性客体;等等。

3. 实践的主体和客体相互作用的关系。可以从静态与动态两个角度分析。从静态看,实践的主体和客体相互作用的关系包括实践关系、认识关系和价值关系,其中实践关系是最根本的关系。实践的主体和客体与认识的主体和客体在本质上是一致的。认识的主体和客体的关系不仅是认识和被认识的关系,而且首先是改造和被改造的关系。主体认识客体的过程,也是主体改造客体的过程。主体对客体的认识和改造,说到底是为了满足自己的需要,因而又构成了价值关系。从动态看,主要表现为主体客体化与客体主体化的双向运动。主体客体化,是人通过实践使自己的本质力量作用于客体,使其按照主体的需要发生结构和功能上的变化,形成了世界上本来不存在的对象物。实际上,人类一切实践活动的结果都是主体客体化的结果。客体主体化,是客体从客观对象的存在形式转化为主体生命结构的因素或主体本质力量的因素,客体失去客体性的形式,变成主体的一部分。主体客体化与客体主体化的双向运动是人类实践活动两个不可分割的方面,它们互为前提、互为媒介。

4. 真理与谬误辩证关系。真理和谬误是人类认识中的一对永恒矛盾,它们之间既对立又统一。谬误是指对客观事物及其发展规律的歪曲反映,而真理是指对客观事物及其发展规律的正确反映,因此,在确定的对象和范围内,真理与谬误的对立是绝对的,两者之间存在着原则界限。另一方面,真理与谬误的对立只是在非常有限的范围内才具有绝对的意义,超出这个范围,二者的对立就是相对的。首先,真理在一定条件下会转化为谬误。真理是具体的,任何真理都是在一定范围内、一定条件下才能够成立,超出这个范围,失去特定条件,就会变成谬误。真理是全面的,把全面的真理性认识组成的科学体系中的某个原理孤立地抽取出来，切断同其他原理的联系，也会使其丧失自己的真理性而变为谬误。其次，谬误在一定条件下能够向真理转化。失败常常是成功之母，总结失败的教训，是获得真理、消除谬误的重要途径和方法。真理和谬误的对立统一关系表明，真理总是同谬误相比较而存在、相斗争而发展的。

5. 实践标准的确定性与不确定性。实践决定认识，真理是认识的最高成果。真理的绝对性与真理的相对性两重属性根源在于实践标准的确定性与不确定性。可以从实践的基本特征（客观实在性与社会历史性）去理解实践标准的确定性与不确定性。实践标准的确定性即绝对性，是指实践作为检验真理标准的唯一性、归根到底性、最终性。实践之所以能够作为检验真理的唯一标准，是由真理的本性和实践的特点决定的。从真理的本性看，真理的本性在于主观和客观相符合。检验真理就是检验人的主观认识同客观实际是否相符合以及符合的程度。只有那种能够把主观认识与客观事物联系和沟通起来，从而使人们能够把二者加以比较和对照的东西，才能充当检验真理的标准。从实践的特点看，实践具有直接现实性。实践的直接现实性是它的客观实在性的具体表现。实践的直接现实性的品格，是实践能够成为检验真理唯一标准的主要根据。

实践标准的不确定性即相对性，是指实践作为检验真理标准的条件性。一方面，任何实践都会受到主客观条件的制约，因而都具有不可能完全证实或驳倒一切认识的局限性；另一方面，实践是社会的、历史的实践，由于历史条件的种种限制，实践对真理的检验具有相对性、有限性，表现为具体的实践往往只是在总体上证实认识与它所反映的客观事物是否相符合，而不可能绝对地、永恒地、一劳永逸地予以确证。实践对真理的检验不可能一次完成，实践检验真理是一个永无止境的发展过程。

6. 必然与自由的关系。自由是表示人的活动状态的范畴，是指人在活动中通过认识和利用必然所表现出的一种自觉自主的状态。自由是对必然的认识和对客观世界的改造。任何实践都是一定历史阶段的具体实践，受主客观条件制约的自由也必然是具体的、历史的；超越社会实践发展水平，超越社会发展阶段的自由是不可能实现的。自由是有条件的。一是认识条件，对必然的认识越全面和深刻，对事物的判断就越准确，行动就越主动，自由的程度就越高。二是实践条件，即能够将获得的规律性认识运用于指导实践，实现改造世界的目的，才是真正自由。必然与自由的关系贯穿于人类存在和发展的始终，并成为人类存在和发展的永恒矛盾，因此也是人类存在和发展的永恒动力。

知识融会

实践性是马克思主义理论区别于其他理论的根本特征,即不仅与唯心主义哲学有本质区别,而且与旧唯物主义哲学有本质区别。本章集中阐述了马克思主义实践观,阐述马克思主义认识论与唯心主义认识论、与旧唯物主义认识论的本质区别。本章内容与下面一章唯物史观有密切联系。马克思主义哲学是彻底的唯物主义一元论,与"半截子"的旧唯物主义不同,不仅在自然观领域是唯物主义,在社会历史领域也是唯物主义。文化核心是价值观,在实践基础上的真理尺度与价值尺度的统一,是理解唯物史观关于意识形态理论、文化自信、文化认同等的哲学依据。

马克思主义认识论是党的思想路线的理论基础;认识论中的辩证法——从实践到认识,再从认识到实践,是唯物史观群众路线的哲学依据。自由与必然关系是理解共产主义社会基本特征的人的自由全面发展理论依据之一。

在方法论上,充分把握科学实践的意义,科学实践观的最基本形式是生产劳动,有助于对马克思主义基本原理的理解,如唯物史观关于劳动是人的存在方式,生产劳动是社会存在方式等。实践具有社会历史性,是具体的历史的,不仅仅真理是具体的,价值与真理统一是具体的,社会意识也是具体的,人的本质不是抽象的存在物,是具体的历史的,对社会形态、人民群众、民主、阶级等概念,都需要从具体的历史的角度把握。

坚持理论与实践的统一,强调实践观点是马克思主义认识论的首要与基本观点,坚持在实践基础上不断进行理论创新等,是我们理解列宁对马克思主义理论发展的哲学基础,包括政治经济学中的帝国主义理论与科学社会主义中的"一国胜利论"等。

三、案例解析

案例 1

霍金:哥德尔和物理学的终结[①]

本次演讲中,我(霍金)想问的是,我们在追求理解和知识方面能走多远:我们是否能最终发现一套完备形式的自然规律?我所说的完备形式是指一套规

---

① 霍金. 哥德尔和物理学的终结 [EB/OL]. 今日头条,2016-02-05.

则，这些规则至少原则上可使我们任意精确地预测未来，了解任一时刻的宇宙状态。

决定论流传久远。从亚里士多德往后，哲学家和科学家都一直只是定性地认识规律。牛顿在1687年发表了包含其万有引力理论的《自然哲学的数学原理》，正是牛顿的这一著作使人们开始来定量和精确地认识规律。这导致了"科学决定论"思想，这种思想大概是由拉普拉斯最先表达的。如果在某一时刻，一个人知道宇宙中所有粒子的位置和速度，那么根据科学规律我们就能计算得出它们在任何其他时刻的位置和速度，无论是过去还是未来。

爱因斯坦认为上帝不会掷骰子。20世纪初期，一系列的科学发现诸如放射性原子的衰减似乎是随机发生的，使决定论思想濒于破产，用爱因斯坦的语言来说，似乎是"上帝在掷骰子"。不过，科学界通过重新定义什么是对宇宙的完整理解及更改目标，重新挽救了决定论。这主要是狄拉克的贡献。狄拉克表明，薛定谔和海森堡的工作可以整合到对实在进行描述的新图景——量子理论中。在量子理论中，一个粒子不是像在经典牛顿理论中那样用位置和速度两个量来描述，而是用单一量——波函数来描述。

打了折的决定论。波函数给出粒子可能在某一点出现的概率和从一个点到另一个点之间运动速度变化的概率，人们可以在波函数中求解到精确的位置或者精确的速度，但不能同时确定两者。乍看这似乎是使完整的决定论变得不可能。因为人们不能同时精确地知道粒子在某一时刻的位置和速度，怎么能预测其未来状况呢？但是在量子理论中，人们不需要同时知道位置和速度两个量。如果一个人知道物理规律及某一时刻的波函数，那他就可用薛定谔方程计算出该波函数随时间变化有多快，进而计算出任何其他时刻的波函数。

人们因此可以宣称这还是一种决定论，不过这种决定论是一种打了折的决定论。因为人们不能精确地预测位置和速度这两个量，而只能预测波函数一个量。我们得到的是一种被重新定义的决定论，刚好是拉普拉斯所设想的决定论的一半。为了计算出波函数如何随时间变化，人们需要了解在整个宇宙都成立的量子规律。因此问题是，我们对这样的规律知道多少？

没有理论能预测未来。尽管量子理论以及涉及电磁力的麦克斯韦方程的确适用于绝大部分领域，但还有两个重要的领域在其适用范围之外，一个是核力，一个是引力。核力决定了太阳发光、元素的形成，而引力导致了恒星和行星乃至宇宙本身的形成。所以，为了完整地理解宇宙，至少能够原则上精确地预测各种事物，需要把这些方面都统一起来。弱核力已与麦克斯韦方程统一起来，形成电弱统一理论。对强核力，则由另一种不同的理论——称为QCD（量子色动力学）——加以描述。电弱统一理论和 QCD 理论加在一起就组成粒子物理学的所谓"标准模型"，其目标是描述除引力外的所有事物。

尽管标准模型对于一切实际用途中都已够用，但科学家们仍然在孜孜寻求，试图阐发出可以适用于整个宇宙的完备理论。这种追求的动力不在于经济原因。从伽利略以来，没有任何一个科学家是为了金钱而进行基本理论研究的。我们寻求一个完备理论的真正原因是我们想理解宇宙，我们觉得我们不只是黑暗而神秘力量的牺牲品。如果我们认识了宇宙，那么我们就可在某种意义上控制它。而现在的标准模型很显然不能满足这个要求。如果我们要理解宇宙的话，就必须有一个完全协调一致的量子引力理论。在过去 30 多年间，构建量子引力理论成了理论物理学界的最重大问题。但是这非常困难。

M 理论中的空间结构。从 1985 年以来，我们就认识到超引力和超弦理论都属于一个更大结构，即 M 理论，而 M 理论不是一种通常意义上的理论，而是一系列理论的集合。该集合中的每一理论在限制条件如低能量或低辐射情况下都成立，但是超出这限制条件就不适用了。这意味着它们中没有任何一个理论能够精确地预测宇宙的未来。

我们不是天使。直至目前，大多数人都含蓄地假定存在一种终极理论，我们最终能够发现它。事实上，我本人就曾说过我们会很快找到这个理论。但是 M 理论让我怀疑这是否是真的。也许要以有限数量的命题来阐述宇宙终极理论是不可能的。这和哥德尔不完备性定理非常相似，该定理说任何有限公理系统都不足以证明其中的每一个数学命题。

哥德尔。哥德尔定理和我们是否能以有限数量的原理构建宇宙终极理论有什么关系呢？一个联系是明显的。根据实证论科学哲学，一个物理理论乃是一数学模型。因此如果有数学命题不能证明的话，那就有物理问题不能预测。在标准的实证论科学哲学看来，物理理论无偿居住于柏拉图式理想数学模型的天国中。也就是说，一个模型可以任意程度地构建详细，可以包含任意多量的信息，而不会影响它们所描述的宇宙本身。但我们不是天使，可以从外面观察宇宙。相反，我们和我们的模型两者都是我们所描述的宇宙中的组成部分，因此一个物理理论是自指的，就像哥德尔定理所说的那样。人们因此可以认为它或者是不一致的，或者是不完备的。我们迄今所有的各种物理理论既是不一致的，也是不完备的。

如果不存在一种可从有限条数原理推导出来的终极理论，一些人将非常失望。我过去就属于这个阵营。但是我已改变了我的看法。现在我很高兴我们寻求知识的努力永远都不会到达终点，我们始终都有获得新发现的挑战。没有这种挑战，我们就会停滞。哥德尔定理保证了数学家们总有事情要做，我想 M 理论也将为物理学家们做同样的事情。

思考讨论：

霍金这个演讲表面上谈的是物理学的终结，但其内容恰恰是物理学没有终结。请问，从真理角度看，霍金这个演讲的主旨是什么？

案例点评： 霍金这个演讲主要谈的是，是否有永恒真理、终极真理。马克思主义认识论认为，人的认识是一个无限发展的过程，其根本原因是，认识本身不是自足的，需要将认识与人类的实践联系起来。人类的实践是没有终极的，人类对世界的改造活动随着时代的发展而发展。

在真理问题上，马克思主义坚持认识中的辩证法，强调真理的两重属性：真理的绝对性与相对性的辩证统一。所谓终极真理是指，夸大真理的绝对性忽视真理的相对性，夸大了人的认识能力的至上性，否定了人的认识能力的非至上性，夸大了认识能力的无限性，忽视了认识能力的有限性。其根本原因在于没有看到实践本身受历史条件的制约，将人类认识之旅中的"里程碑"当成"终点站"，堵塞了人类认识进一步发展的道路。

作为当代卓越科学家，霍金没有从实践角度对物理学发展进行分析，而是从物理学发展自身角度考虑。他说的"打了折的决定论"，是指物理学发展有其相对性的一面，即真理的相对性。"我们不是天使"，意思是人的认识能力有其限制，有非至上性、有限性的一面。

案例 2

物理两朵乌云①

物理学发展到 19 世纪末期，可以说是达到相当完美、相当成熟的程度。一切物理现象似乎都能够从相应的理论中得到满意的回答。例如，一切力学现象原则上都能够从经典力学上得到解释，牛顿力学以及分析力学已成为解决力学问题的有效的工具。对于电磁现象的分析，已形成麦克斯韦电磁场理论，这是电磁场统一理论，这种理论还可用来阐述波动光学的基本问题。至于热现象，也已经有了唯象热力学和统计力学的理论，它们对于物质热运动的宏观规律和分子热运动的微观统计规律，几乎都能够做出合理的说明。总之，以经典力学、经典电磁场理论和经典统计力学为三大支柱的经典物理大厦已经建成，而且基

---

① 张成岗. 物理两朵乌云 [EB/OL]. 科学网，2022-02-19.

础牢固，宏伟壮观！在这种形势下，难怪物理学家会感到陶醉，会感到物理学已大功告成，因而断言往后难有作为了。这种思想当时在物理界不但普遍存在，而且由来已久。

普朗克曾在1924年做过一次演讲。在演讲中，他回忆1875年在慕尼黑大学学物理时，物理老师P. 约里（1809—1884）曾劝他不要学纯理论，因为物理学"是一门高度发展的、几乎是臻善臻美的科学"，现在这门科学看来很接近于采取最稳定的形式。也许，在某个角落里还有一粒尘屑或一个小气泡，对它们可以去进行研究和分类，但是，作为一个完整的体系，那是建立得足够牢固的。而理论物理学正在明显地接近于几何学在数百年中所已具有的那样完美的程度。柏林大学的G. 基尔霍夫（1824—1887）也说过类似的话，他说"物理学已经无所作为，往后无非在已知规律的小数点后面加上几个数字而已"。

19世纪的最后一天，欧洲著名的科学家欢聚一堂。会上，英国著名物理学家威廉·汤姆生（即开尔文男爵）发表了新年祝词。他在回顾物理学所取得的伟大成就时说，物理大厦已经落成，所剩只是一些修饰工作。同时，他在展望20世纪物理学前景时，却若有所思地讲道："动力理论肯定了热和光是运动的两种方式，现在，它的美丽而晴朗的天空却被两朵乌云笼罩了。"物理学发展的历史表明，正是这两朵小小的乌云，终于酿成了一场大风暴。

第一朵乌云，迈克耳逊-莫雷实验与"以太"说破灭。

人们知道，水波的传播要有水做媒介，声波的传播要有空气做媒介，它们离开了介质都不能传播。太阳光穿过真空传到地球上，几十亿光年以外的星系发出的光，也穿过宇宙空间传到地球上。光波为什么能在真空中传播？它的传播介质是什么？物理学家给光找了个传播介质——"以太"。

最早提出"以太"的是古希腊哲学家亚里士多德。亚里士多德认为下界由火、水、土、气四元素组成，上界加第五元素"以太"。牛顿在发现了万有引力之后，碰上了难题：在宇宙真空中，引力由什么介质传播呢？为了求得完整的解决，牛顿复活了亚里士多德的"以太"说，认为"以太"是宇宙真空中引力的传播介质。后来，物理学家又发展了"以太"说，认为"以太"也是光波的传播介质。光和引力一样，是由"以太"传播的。他们还假定整个宇宙空间都充满了"以太"，"以太"是一种由非常小的弹性球组成的稀薄的、感觉不到的媒介。19世纪时，麦克斯韦电磁理论也把传播光和电磁波的介质说成是一种没有重量，可以绝对渗透的"以太"。"以太"既具有电磁的性质，又是电磁作用的传递者，又具有机械力学的性质，它是绝对静止的参考系，一切运动都相对于它进行。这样，电磁理论因牛顿力学取得协调一致。"以太"是光、电、磁的共同载体的概念为人们所普遍接受,形成了一门"以太学"。

但是,肯定了"以太"的存在,新的问题又产生了:地球以每秒30公里的速度绕太阳运动,就必须会遇到每秒30公里的"以太风"迎面吹来,同时,它也必须对光的传播产生影响。这个问题的产生,引起人们去探讨"以太风"存在与否。

为了观测"以太风"是否存在,1887年,迈克耳逊(1852—1931)与美国化学家、物理学家莫雷(1838—1923)合作,在克利夫兰进行了一个著名的实验:"迈克耳逊-莫雷实验",即"以太漂移"实验。实验结果证明,不论地球运动的方向同光的射向一致或相反,测出的光速都相同,在地球同设想的"以太"之间没有相对运动。因而,根本找不到"以太"或"绝对静止的空间"。由于这个实验在理论上简单易懂,方法上精确可靠,所以,实验结果否定"以太"之存在是毋庸置疑的。

迈克耳逊-莫雷实验使科学家处于左右为难的境地。他们或者须放弃曾经说明电磁及光的许多现象的以太理论。如果他们不敢放弃"以太",那么,他们必须放弃比"以太学"更古老的哥白尼的地动说。经典物理学在这个著名实验面前,真是一筹莫展。

第二朵乌云:黑体辐射与"紫外灾难"。

在同样的温度下,不同物体的发光亮度和颜色(波长)不同。颜色深的物体吸收辐射的本领比较强,比如煤炭对电磁波的吸收率可达到80%左右。所谓"黑体",是指能够全部吸收外来的辐射而毫无任何反射和透射,吸收率是100%的理想物体。真正的黑体并不存在,但是,一个表面开有一个小孔的空腔,则可以看作是一个近似的黑体。因为通过小孔进入空腔的辐射,在腔里经过多次反射和吸收以后,不会再从小孔透出。

19世纪末,卢梅尔(1860—1925)等人的著名实验——黑体辐射实验,发现黑体辐射的能量不是连续的,它按波长的分布仅与黑体的温度有关。从经典物理学的角度看来,这个实验的结果是不可思议的。

怎样解释黑体辐射实验的结果呢?当时,人们都从经典物理学出发寻找实验的规律。前提和出发点不正确,最后都导致了失败的结果。例如,德国物理学家维恩建立起黑体辐射能量按波长分布的公式,但这个公式只在波长比较短、温度比较低的时候才和实验事实符合。英国物理学家瑞利和物理学家、天文学家金斯认为,能量是一种连续变化的物理量,建立起在波长比较长、温度比较高的时候和实验事实比较符合的黑体辐射公式。但是,从瑞利-金斯公式推出,在短波区(紫外光区)随着波长的变短,辐射强度可以无止境地增加,这和实

69

验数据相差十万八千里，是根本不可能的。所以这个失败被埃伦菲斯特称为"紫外灾难"。它的失败无可怀疑地表明经典物理学理论在黑体辐射问题上的失败，所以这也是整个经典物理学的"灾难"。

思考讨论：

从马克思主义认识论角度，如何思考19世纪末与20世纪初出现的物理学两朵乌云？

案例点评：这个案例重点是强调人的认识的无限发展。19世纪末，以经典力学、经典电磁场理论和经典统计力学为三大支柱的经典物理大厦已经建成，而且基础牢固。大部分物理学家感到物理学已大功告成，人类已经认识到了终极真理、永恒真理，以至于认为，物理学已经无所作为，往后无非在已知规律的小数点后面加上几个数字而已。然而，这时出现的物理学两朵小小的乌云预示着物理学需要继续发展，20世纪出现的现代物理学就是明证。

就真理发展而言，真理的绝对性与相对性两者不能分割，真理的绝对性是指人类的认识能力，具体到每一个时代，人们的认识会受到历史条件的制约，其真理性的认识有其相对性的一面，无论是在认识的深度，还是在认识的广度上都是相对的。

本案例还说明，实践对理论的检验作用。迈克耳逊-莫雷实验与黑体辐射实验否定了经典物理学的一些假设。

四、知识拓展

（一）背景知识

1. 新唯物主义

新唯物主义，又称现代唯物主义，相对于旧唯物主义而言。

历史唯物主义是人类社会发展一般规律的科学，是马克思主义哲学的重要组成部分，是科学的社会历史观和认识、改造社会的一般方法论，亦称唯物史观。

辩证唯物主义（辩证唯物论）是马克思主义的一种哲学理论，它是把唯物主义和辩证法有机地统一起来的科学世界观。产生于19世纪40年代，它是唯物主义的高级形式。辩证唯物主义认为世界在本质上是物质的，物质世界是按照它本身所固有的规律运动、变化和发展的，事物发展的根本原因在于事物内部的矛盾性。事物矛盾双方统一又斗争，促使事物不断地由低级向高级发展。因此，事物的矛盾规律，即对立统一的规律，是物质世界运动、变化和发展的最根本的规律。

2. 认识论

认识论是哲学的一个组成部分，指研究人类认识的本质及其发展过程的哲学理论，亦称知识论。其研究的主要内容包括认识的本质、结构，认识与客观实在的关系，认识的前提和基础，认识发生、发展的过程及其规律，认识的真理性标准，等等。Epistemology 一词则是由苏格兰哲学家费利尔在《形而上学原理》（1854 年）一书中首先使用的，他把哲学区分为本体论和认识论两个部分。

在中国传统哲学中，认识与实践的关系表述为"知"与"行"的关系。从孔子到孙中山，都十分重视知行问题的探讨，提出许多深刻的思想。中国古代先贤在研究知行关系时，有的强调知先行后，认为行就是知，知就是行，展开了人的主观能动性对于行的意义，提出了带有唯心论色彩的以知为基础的知行统一论；有的强调"行"对于"知"的重要性，认为知是行的主意，行是知的功夫，知是行之始，行是知之成，提出了以"行"为基础的知行统一论。认识与实践的关系、行和知的关系问题，是哲学认识论的一个基本问题。

人类从它形成开始，一天也没有停止过认识。但是，对认识本身进行认识和研究，并形成作为哲学组成部分的认识论，则是同哲学的产生相联系的。认识论的任务是揭示认识的本质，揭示认识发生、发展的一般规律，力求使人们的认识成为符合客观实际的认识。因此，认识论必然以思维和存在、精神和物质何者是本原这个哲学基本问题为出发点，而且将其贯穿于全部认识论的内容之中，由此引出不同的认识论结论。历史上和当代的许多认识论并不是按照认识本身的实际情况来研究认识的，往往用不同的方式对认识的本质和规律做出歪曲的解释。只有马克思主义哲学的认识论从彻底的唯物主义出发，辩证地、历史地按照认识本身的过程考察认识，才真正科学地揭示了认识发生、发展的一般规律，因而也才真正能使认识的自觉性建立在科学的基础之上。

（二）经典文论

1. 马克思：马克思论费尔巴哈[①]

一

从前的一切唯物主义——包括费尔巴哈的唯物主义——的主要缺点是：对对象、现实、感性，只是从客体的或者直观的形式去理解，而不是把它们当做

---

① 马克思，恩格斯. 马克思恩格斯选集：第 1 卷 [M]. 北京：人民出版社，2012：137-140.

人的感性活动，当做实践去理解，不是从主体方面去理解。因此，结果竟是这样，和唯物主义相反，唯心主义却把能动的方面发展了，但只是抽象地发展了，因为唯心主义当然是不知道现实的、感性的活动本身的。费尔巴哈想要研究跟思想客体确实不同的感性客体，但是他没有把人的活动本身理解为对象性的 [gegenständliche] 活动。因此，他在《基督教的本质》中仅仅把理论的活动看做是真正人的活动，而对于实践则只是从它的卑污的犹太人的表现形式去理解和确定。因此，他不了解"革命的"、"实践批判的"活动的意义。

二

人的思维是否具有客观的 [gegenständliche] 真理性，这不是一个理论的问题，而是一个实践的问题。人应该在实践中证明自己思维的真理性，即自己思维的现实性和力量，自己思维的此岸性。关于离开实践的思维的现实性或非现实性的争论，是一个纯粹经院哲学的问题。

三

有一种唯物主义学说，认为人是环境和教育的产物，因而认为改变了的人是另一种环境和改变了的教育的产物，——这种学说忘记了：环境正是由人来改变的，而教育者本人一定是受教育的。因此，这种学说必然会把社会分成两部分，其中一部分凌驾于社会之上。（例如，在罗伯特·欧文那里就是如此。）

环境的改变和人的活动的一致，只能被看做是并合理地理解为变革的实践。

四

费尔巴哈是从宗教上的自我异化，从世界被二重化为宗教的、想象的世界和现实的世界这一事实出发的。他做的工作是把宗教世界归结于它的世俗基础。他没有注意到，在做完这一工作之后，主要的事情还没有做。因为，世俗基础使自己从自身中分离出去，并在云霄中固定为一个独立王国，这一事实，只能用这个世俗基础的自我分裂和自我矛盾来说明。因此，对于这个世俗基础本身首先应当从它的矛盾中去理解，然后用消除矛盾的方法在实践中使之发生革命。因此，例如，自从发现神圣家族的秘密在于世俗家庭之后，对于世俗家庭本身就应当从理论上进行批判，并在实践中加以变革。

五

费尔巴哈不满意抽象的思维而诉诸感性的直观；但是他把感性不是看作实践的、人的感性的活动。

六

费尔巴哈把宗教的本质归结于人的本质。但是，人的本质不是单个人所固有的抽象物，在其现实性上，它是一切社会关系的总和。

费尔巴哈没有对这种现实的本质进行批判,因此他不得不:

(1) 撇开历史的进程,把宗教感情固定为独立的东西,并假定有一种抽象的——孤立的——人的个体;

(2) 因此,他只能把人的本质理解为"类",理解为一种内在的、无声的、把许多个人纯粹自然地联系起来的普遍性。

七

因此,费尔巴哈没有看到,"宗教感情"本身是社会的产物,而他所分析的抽象的个人,实际上是属于一定的社会形式的。

八

社会生活在本质上是实践的。凡是把理论诱入神秘主义的神秘东西,都能在人的实践中以及对这种实践的理解中得到合理的解决。

九

直观的唯物主义,即不是把感性理解为实践活动的唯物主义,至多也只能做到对"市民社会"中的单个人的直观。

十

旧唯物主义的立脚点是"市民"社会;新唯物主义的立脚点则是人类社会或社会化的人类。

十一

哲学家们只是用不同的方式解释世界,而问题在于改变世界。

2. 毛泽东:实践论(节选)①

马克思主义者认为人类社会的生产活动,是一步又一步地由低级向高级发展,因此,人们的认识,不论对于自然界方面,对于社会方面,也都是一步又一步地由低级向高级发展,即由浅入深,由片面到更多的方面。在很长的历史时期内,大家对于社会的历史只能限于片面的了解,这一方面是由于剥削阶级的偏见经常歪曲社会的历史,另方面,则由于生产规模的狭小,限制了人们的眼界。人们能够对于社会历史的发展作全面的历史的了解,把对于社会的认识变成了科学,这只是到了伴随巨大生产力——大工业而出现近代无产阶级的时候,这就是马克思主义的科学。

马克思主义者认为,只有人们的社会实践,才是人们对于外界认识的真理性的标准。实际的情形是这样的,只有在社会实践过程中(物质生产过程中,阶级斗争过程中,科学实验过程中),人们达到了思想中所预想的结果时,人们

---

① 毛泽东. 毛泽东选集:第1卷 [M]. 北京:人民出版社,1991:283-297.

的认识才被证实了。人们要想得到工作的胜利即得到预想的结果,一定要使自己的思想合于客观外界的规律性,如果不合,就会在实践中失败。人们经过失败之后,也就从失败取得教训,改正自己的思想使之适合于外界的规律性,人们就能变失败为胜利,所谓"失败者成功之母""吃一堑长一智",就是这个道理。辩证唯物论的认识论把实践提到第一的地位,认为人的认识一点也不能离开实践,排斥一切否认实践重要性、使认识离开实践的错误理论。列宁这样说过:"实践高于(理论的)认识,因为它不但有普遍性的品格,而且还有直接现实性的品格。"马克思主义的哲学辩证唯物论有两个最显著的特点:一个是它的阶级性,公然申明辩证唯物论是为无产阶级服务的;再一个是它的实践性,强调理论对于实践的依赖关系,理论的基础是实践,又转过来为实践服务。判定认识或理论之是否真理,不是依主观上觉得如何而定,而是依客观上社会实践的结果如何而定。真理的标准只能是社会的实践。实践的观点是辩证唯物论的认识论之第一的和基本的观点。

……

这种基于实践的由浅入深的辩证唯物论的关于认识发展过程的理论,在马克思主义以前,是没有一个人这样解决过的。马克思主义的唯物论,第一次正确地解决了这个问题,唯物地而且辩证地指出了认识的深化的运动,指出了社会的人在他们的生产和阶级斗争的复杂的、经常反复的实践中,由感性认识到论理认识的推移的运动。列宁说过:"物质的抽象,自然规律的抽象,价值的抽象以及其他等等,一句话,一切科学的(正确的、郑重的、非瞎说的)抽象,都更深刻、更正确、更完全地反映着自然。"马克思列宁主义认为:认识过程中两个阶段的特性,在低级阶段,认识表现为感性的,在高级阶段,认识表现为论理的,但任何阶段,都是统一的认识过程中的阶段。感性和理性二者的性质不同,但又不是互相分离的,它们在实践的基础上统一起来了。我们的实践证明:感觉到了的东西,我们不能立刻理解它,只有理解了的东西才更深刻地感觉它。感觉只解决现象问题,理论才解决本质问题。这些问题的解决,一点也不能离开实践。无论何人要认识什么事物,除了同那个事物接触,即生活于(实践于)那个事物的环境中,是没有法子解决的。不能在封建社会就预先认识资本主义社会的规律,因为资本主义还未出现,还无这种实践。马克思主义只能是资本主义社会的产物。马克思不能在自由资本主义时代就预先具体地认识帝国主义时代的某些特异的规律,因为帝国主义这个资本主义最后阶段还未到来,还无这种实践,只有列宁和斯大林才能担当此项任务。马克思、恩格斯、列宁、斯大林之所以能够做出他们的理论,除了他们的天才条件之外,主要地是他们亲自参加了当时的阶级斗争和科学实验的实践，没有这后一个条件，任何天才也是不能成功的。"秀才不出门，全知天下事"，在技术不发达的古代只是一句空话，在技术发达的现代虽然可以实现这句话，然而真正亲知的是天下实践着的人，那些人在他们的实践中间取得了"知"，经过文字和技术的传达而到达于"秀才"之手，秀才乃能间接地"知天下事"。如果要直接地认识某种或某些事物，便只有亲身参加于变革现实、变革某种或某些事物的实践的斗争中，才能触到那种或那些事物的现象，也只有在亲身参加变革现实的实践的斗争中，才能暴露那种或那些事物的本质而理解它们。这是任何人实际上走着的认识路程，不过有些人故意歪曲地说些反对的话罢了。世上最可笑的是那些"知识里手"，有了道听途说的一知半解，便自封为"天下第一"，适足见其不自量而已。知识的问题是一个科学问题，来不得半点的虚伪和骄傲，决定地需要的倒是其反面——诚实和谦逊的态度。你要有知识，你就得参加变革现实的实践。你要知道梨子的滋味，你就得变革梨子，亲口吃一吃。你要知道原子的组织同性质，你就得实行物理学和化学的实验，变革原子的情况。你要知道革命的理论和方法，你就得参加革命。一切真知都是从直接经验发源的。但人不能事事直接经验，事实上多数的知识都是间接经验的东西，这就是一切古代的和外域的知识。这些知识在古人在外人是直接经验的东西，如果在古人外人直接经验时是符合于列宁所说的条件"科学的抽象"，是科学地反映了客观的事物，那么这些知识是可靠的，否则就是不可靠的。所以，一个人的知识，不外直接经验的和间接经验的两部分。而且在我为间接经验者，在人则仍为直接经验。因此，就知识的总体说来，无论何种知识都是不能离开直接经验的。任何知识的来源，在于人的肉体感官对客观外界的感觉，否认了这个感觉，否认了直接经验，否认亲自参加变革现实的实践，他就不是唯物论者。"知识里手"之所以可笑，原因就是在这个地方。中国人有一句老话："不入虎穴，焉得虎子。"这句话对于人们的实践是真理，对于认识论也是真理。离开实践的认识是不可能的。

……

由此看来，认识的过程，第一步，是开始接触外界事情，属于感觉的阶段。第二步，是综合感觉的材料加以整理和改造，属于概念、判断和推理的阶段。只有感觉的材料十分丰富（不是零碎不全）和合于实际（不是错觉），才能根据这样的材料造出正确的概念和论理来。

这里有两个要点必须着重指明。第一个，在前面已经说过的，这里再重复说一说，就是理性认识依赖于感性认识的问题。如果以为理性认识可以不从感性认识得来，他就是一个唯心论者。哲学史上有所谓"唯理论"一派，就是只承认理性的实在性，不承认经验的实在性，以为只有理性靠得住，而感觉的经验是靠不住的，这一派的错误在于颠倒了事实。理性的东西所以靠得住，正是由于它来源于感性，否则理性的东西就成了无源之水，无本之木，而只是主观自生的靠不住的东西了。从认识过程的秩序说来，感觉经验是第一的东西，我们强调社会实践在认识过程中的意义，就在于只有社会实践才能使人的认识开始发生，开始从客观外界得到感觉经验。一个闭目塞听、同客观外界根本绝缘的人，是无所谓认识的。认识开始于经验——这就是认识论的唯物论。

第二是认识有待于深化，认识的感性阶段有待于发展到理性阶段——这就是认识论的辩证法。如果以为认识可以停顿在低级的感性阶段，以为只有感性认识可靠，而理性认识是靠不住的，这便是重复了历史上的"经验论"的错误。这种理论的错误，在于不知道感觉材料固然是客观外界某些真实性的反映（我这里不来说经验只是所谓内省体验的那种唯心的经验论），但它们仅是片面的和表面的东西，这种反映是不完全的，是没有反映事物本质的。要完全地反映整个的事物，反映事物的本质，反映事物的内部规律性，就必须经过思考作用，将丰富的感觉材料加以去粗取精、去伪存真、由此及彼、由表及里的改造制作工夫，造成概念和理论的系统，就必须从感性认识跃进到理性认识。这种改造过的认识，不是更空虚更不可靠了的认识，相反，只要是在认识过程中根据于实践基础而科学地改造过的东西，正如列宁所说乃是更深刻、更正确、更完全地反映客观事物的东西。庸俗的事务主义家不是这样，他们尊重经验而看轻理论，因而不能通观客观过程的全体，缺乏明确的方针，没有远大的前途，沾沾自喜于一得之功和一孔之见。这种人如果指导革命，就会引导革命走上碰壁的地步。

理性认识依赖于感性认识，感性认识有待于发展到理性认识，这就是辩证唯物论的认识论。哲学上的"唯理论"和"经验论"都不懂得认识的历史性或辩证性，虽然各有片面的真理（对于唯物的唯理论和经验论而言，非指唯心的唯理论和经验论），但在认识论的全体上则都是错误的。由感性到理性之辩证唯物论的认识运动，对于一个小的认识过程（例如对于一个事物或一件工作的认识）是如此，对于一个大的认识过程（例如对于一个社会或一个革命的认识）也是如此。

然而认识运动至此还没有完结。辩证唯物论的认识运动，如果只到理性认识为止，那末还只说到问题的一半。而且对于马克思主义的哲学说来，还只说到非十分重要的那一半。马克思主义的哲学认为十分重要的问题，不在于懂得了客观世界的规律性，因而能够解释世界，而在于拿了这种对于客观规律性的认识去能动地改造世界。在马克思主义看来，理论是重要的，它的重要性充分地表现在列宁说过的一句话："没有革命的理论，就不会有革命的运动。"然而马克思主义看重理论，正是，也仅仅是，因为它能够指导行动。如果有了正确的理论，只是把它空谈一阵，束之高阁，并不实行，那末，这种理论再好也是没有意义的。认识从实践始，经过实践得到了理论的认识，还须再回到实践去。认识的能动作用，不但表现于从感性的认识到理性的认识之能动的飞跃，更重要的还须表现于从理性的认识到革命的实践这一个飞跃。抓着了世界的规律性的认识，必须把它再回到改造世界的实践中去，再用到生产的实践、革命的阶级斗争和民族斗争的实践以及科学实验的实践中去。这就是检验理论和发展理论的过程，是整个认识过程的继续。理论的东西之是否符合于客观真理性这个问题，在前面说的由感性到理性之认识运动中是没有完全解决的，也不能完全解决的。要完全地解决这个问题，只有把理性的认识再回到社会实践中去，应用理论于实践，看它是否能够达到预想的目的。许多自然科学理论之所以被称为真理，不但在于自然科学家们创立这些学说的时候，而且在于为尔后的科学实践所证实的时候。马克思列宁主义之所以被称为真理，也不但在于马克思、恩格斯、列宁、斯大林等人科学地构成这些学说的时候，而且在于为尔后革命的阶级斗争和民族斗争的实践所证实的时候。辩证唯物论之所以为普遍真理，在于经过无论什么人的实践都不能逃出它的范围。人类认识的历史告诉我们，许多理论的真理性是不完全的，经过实践的检验而纠正了它们的不完全性。许多理论是错误的，经过实践的检验而纠正其错误。所谓实践是真理的标准，所谓"生活、实践底观点，应该是认识论的首先的和基本的观点"，理由就在这个地方。斯大林说得好："理论若不和革命实践联系起来，就会变成无对象的理论，同样，实践若不以革命理论为指南，就会变成盲目的实践。"

说到这里，认识运动就算完成了吗？我们的答复是完成了，又没有完成。社会的人们投身于变革在某一发展阶段内的某一客观过程的实践中（不论是关于变革某一自然过程的实践，或变革某一社会过程的实践），由于客观过程的反映和主观能动性的作用，使得人们的认识由感性的推移到了理性的，造成了大体上相应于该客观过程的法则性的思想、理论、计划或方案，然后再应用这种思想、理论、计划或方案于该同一客观过程的实践，如果能够实现预想的目的，即将预定的思想、理论、计划、方案在该同一过程的实践中变为事实，或者大体上变为事实，那末，对于这一具体过程的认识运动算是完成了。例如，在变革自然的过程中，某一工程计划的实现，某一科学假想的证实，某一器物的制成，某一农产的收获，在变革社会过程中某一罢工的胜利，某一战争的胜利，某一教育计划的实现，都算实现了预想的目的。然而一般地说来，不论在变革自然或变革社会的实践中，人们原定的思想、理论、计划、方案，毫无改变地实现出来的事，是很少的。这是因为从事变革现实的人们，常常受着许多的限制，不但常常受着科学条件和技术条件的限制，而且也受着客观过程的发展及其表现程度的限制（客观过程的方面及本质尚未充分暴露）。在这种情形之下，由于实践中发现前所未料的情况，因而部分地改变思想、理论、计划、方案的事是常有的，全部地改变的事也是有的。即是说，原定的思想、理论、计划、方案，部分地或全部地不合于实际，部分错了或全部错了的事，都是有的。许多时候须反复失败过多次，才能纠正错误的认识，才能到达于和客观过程的规律性相符合，因而才能够变主观的东西为客观的东西，即在实践中得到预想的结果。但是不管怎样，到了这种时候，人们对于在某一发展阶段内的某一客观过程的认识运动，算是完成了。

然而对于过程的推移而言，人们的认识运动是没有完成的。任何过程，不论是属于自然界的和属于社会的，由于内部的矛盾和斗争，都是向前推移向前发展的，人们的认识运动也应跟着推移和发展。依社会运动来说，真正的革命的指导者，不但在于当自己的思想、理论、计划、方案有错误时须得善于改正，如同上面已经说到的，而且在于当某一客观过程已经从某一发展阶段向另一发展阶段推移转变的时候，须得善于使自己和参加革命的一切人员在主观认识上也跟着推移转变，即是要使新的革命任务和新的工作方案的提出，适合于新的情况的变化。革命时期情况的变化是很急速的，如果革命党人的认识不能随之而急速变化，就不能引导革命走向胜利。

然而思想落后于实际的事是常有的，这是因为人的认识受了许多社会条件的限制的缘故。我们反对革命队伍中的顽固派，他们的思想不能随变化了的客观情况而前进，在历史上表现为右倾机会主义。这些人看不出矛盾的斗争已将客观过程推向前进了，而他们的认识仍然停止在旧阶段。一切顽固党的思想都有这样的特征。他们的思想离开了社会的实践，他们不能站在社会车轮的前头充任向导的工作，他们只知跟在车子后面怨恨车子走得太快了，企图把它向后拉，开倒车。

……

唯心论和机械唯物论，机会主义和冒险主义，都是以主观和客观相分裂，以认识和实践相脱离为特征的。以科学的社会实践为特征的马克思列宁主义的认识论，不能不坚决反对这些错误思想。马克思主义者承认，在绝对的总的宇宙发展过程中，各个具体过程的发展都是相对的，因而在绝对真理的长河中，人们对于在各个一定发展阶段上的具体过程的认识只具有相对的真理性。无数相对的真理之总和，就是绝对的真理。客观过程的发展是充满着矛盾和斗争的发展，人的认识运动的发展也是充满着矛盾和斗争的发展。一切客观世界的辩证法的运动，都或先或后地能够反映到人的认识中来。社会实践中的发生、发展和消灭的过程是无穷的，人的认识的发生、发展和消灭的过程也是无穷的。根据于一定的思想、理论、计划、方案以从事于变革客观现实的实践，一次又一次地向前，人们对于客观现实的认识也就一次又一次地深化。客观现实世界的变化运动永远没有完结，人们在实践中对于真理的认识也就永远没有完结。马克思列宁主义并没有结束真理，而是在实践中不断地开辟认识真理的道路。我们的结论是主观和客观、理论和实践、知和行的具体的历史的统一，反对一切离开具体历史的"左"的或右的错误思想。

……

通过实践而发现真理，又通过实践而证实真理和发展真理。从感性认识而能动地发展到理性认识，又从理性认识而能动地指导革命实践，改造主观世界和客观世界。实践、认识、再实践、再认识，这种形式，循环往复以至无穷，而实践和认识之每一循环的内容，都比较地进到了高一级的程度。这就是辩证唯物论的全部认识论，这就是辩证唯物论的知行统一观。

3. 恩格斯：反杜林论 第一编 哲学（节选）①

九、道德和法。永恒真理

……

人的思维是至上的吗？在我们回答"是"或"不是"以前，我们必须先研究一下：什么是人的思维。它是单个人的思维吗？不是。但是，它只是作为无数亿过去、现在和未来的人的个人思维而存在。如果我现在说，这种概括于我的观念中的所有这些人（包括未来的人）的思维是至上的，是能够认识现存世界的，只要人类足够长久地延续下去，只要在认识器官和认识对象中没有给这种认识规定界限，那么，我只是说了些相当陈腐而又相当无聊的空话。因为最可贵的结果就是使得我们对我们现在的认识极不信任，因为很可能我们还差不多处在人类历史的开端，而将来会纠正我们的错误的后代，大概比我们有可能经常以十分轻蔑的态度纠正其认识错误的前代要多得多。

---

① 马克思，恩格斯. 马克思恩格斯选集：第3卷［M］. 北京：人民出版社，2012：462-492.

……

换句话说，思维的至上性是在一系列非常不至上地思维着的人中实现的；拥有无条件的真理权的认识是在一系列相对的谬误中实现的；二者都只有通过人类生活的无限延续才能完全实现。

在这里，我们又遇到了在上面已经遇到过的矛盾：一方面，人的思维的性质必然被看作是绝对的；另一方面，人的思维又是在完全有限地思维着的个人中实现的。这个矛盾只有在无限的前进过程中，在至少对我们来说实际上是无止境的人类世代更迭中才能得到解决。从这个意义来说，人的思维是至上的，同样又是不至上的，它的认识能力是无限的，同样又是有限的。按它的本性、使命、可能和历史的终极目的来说，是至上的和无限的；按它的个别实现情况和每次的现实来说，又是不至上的和有限的。

永恒真理的情况也是一样。如果人类在某个时候达到了只运用永恒真理，只运用具有至上意义和无条件真理权的思维成果的地步，那么人类或许就到达了这样的一点，在那里，知识世界的无限性就现实和可能而言都穷尽了，从而就实现了数清无限数这一著名的奇迹。

……

但是，值得注意的是：正是在这一领域，我们最常遇到所谓永恒真理，最后的终极的真理，等等。宣布二乘二等于四，鸟有喙，或诸如此类的东西为永恒真理的，只是这样的人，他企图从永恒真理的存在得出结论：在人类历史的领域内也存在着永恒真理、永恒道德、永恒正义等，它们要求具有同数学的认识和应用相似的适用性和有效范围。……

十一、道德和法。自由和必然

……

如果不谈所谓自由意志、人的责任能力、必然和自由的关系等问题，就不能很好地议论道德和法的问题。现实哲学对这一问题的解答，不仅有一个，而且甚至有两个。

"人们用来代替一切伪自由学说的，是这样一种关系的合乎经验的特性。在这种关系中，一方面是理性的认识，另方面是本能的冲动，双方似乎联成一个合力。动力学的这种基本事实应当从观察中取得，而且为了对尚未发生的事情进行预测，要按照性质和大小尽可能地做出一般的估计。这样，几千年来人们为之费尽心机的关于内在自由的愚蠢幻想不仅被彻底扫除，而且还被生活的实际安排所需要的某种积极的东西所代替。"

根据这种看法，自由是在于：理性的认识把人拉向右边，非理性的冲动把人拉向左边，而在这样的力的平行四边形中，真正的运动就按对角线的方向进行。这样说来，自由就是认识和冲动、知性和非知性之间的平均值，而在每一个人身上，这种自由的程度，用天文学的术语来说，可以根据经验用"人差"来确定。但是在几页以后，杜林先生又说：

"我们把道德责任建立在自由上面，但是这种自由在我们看来，只不过是按照先天的和后天的知性对自觉动机的感受。所有这样的动机，尽管会觉察到行动中可能出现对立，总是以不可回避的自然规律性起着作用；但是，当我们应用道德杠杆时，我们正是估计到了这种不可回避的强制。"

这第二个关于自由的定义随随便便地就给了第一个定义一记耳光，它又只是对黑格尔观念的极端庸俗化。黑格尔第一个正确地叙述了自由和必然之间的关系。在他看来，自由是对必然的认识。"必然只有在它没有被了解的时候才是盲目的。"自由不在于幻想中摆脱自然规律而独立，而在于认识这些规律，从而能够有计划地使自然规律为一定的目的服务。这无论对外部自然的规律，或对支配人本身的肉体存在和精神存在的规律来说，都是一样的。这两类规律，我们最多只能在观念中而不能在现实中把它们互相分开。因此，意志自由只是借助于对事物的认识来作出决定的能力。因此，人对一定问题的判断越是自由，这个判断的内容所具有的必然性就越大；而犹豫不决是以不知为基础的，它看来好像是在许多不同的和相互矛盾的可能的决定中任意进行选择，但恰好由此证明它的不自由，证明它被正好应该由它支配的对象所支配。因此，自由就在于根据对自然界的必然性的认识来支配我们自己和外部自然；因此它必然是历史发展的产物。最初的、从动物界分离出来的人，在一切本质方面是和动物本身一样不自由的；但是文化上的每一个进步，都是迈向自由的一步。在人类历史的初期，发现了从机械运动到热的转化，即摩擦生火；在到目前为止的发展的末期，发现了从热到机械运动的转化，即蒸汽机。而尽管蒸汽机在社会领域中实现了巨大的解放性的变革——这一变革还没有完成一半——但是毫无疑问，就世界性的解放作用而言，摩擦生火还是超过了蒸汽机，因为摩擦生火第一次使人支配了一种自然力，从而最终把人同动物界分开。蒸汽机永远不能在人类的发展中引起如此巨大的飞跃，尽管在我们看来，蒸汽机确实是所有那些以它为依靠的巨大生产力的代表，唯有借助于这些生产力，才有可能实现这样一种社会状态，在这里不再有任何阶级差别，不再有任何对个人生活资料的忧虑，并且第一次能够谈到真正的人的自由，谈到那种同已被认识的自然规律和谐一致的生活。但是，整个人类历史还多么年轻，硬说我们现在的观点具有某种绝对的意义，那是多么可笑，这一点从下述的简单的事实中就可以看到：到目前为止的全部历史,可以称为从实际发现机械运动转化为热到发现热转化为机械运动这样一段时间的历史。

(三)学者新论

1. 马克思主义认识论的理论内涵与实践旨向①

自20世纪以来,传统马克思主义认识论在当代西方认知科学话语下遭遇了一定的挑战。对此,马克思主义认识论研究有必要在夯实马克思主义哲学基本原理的同时,坚持将"一切从实际出发"作为马克思主义认识论的根本要求,关注认知主体与认知对象之间的具体历史关系,为讲好中国经验与中国故事提供认识论基础。诚如恩格斯指出的,马克思主义"提供的不是现成的教条,而是进一步研究的出发点和供这种研究使用的方法",在认识论方面亦是如此;在当前时代背景下,发展马克思主义认识论需要在三个方面进一步深入理解和研究其理论内涵与实践旨向。

马克思主义"能动的反映论"的理论内涵

无论是当代英美认知科学还是法国结构主义认识论,它们都将认识论研究的焦点放在个体主体的认识结构和中介系统上,从而强调个体主体认识结构的选择性和建构性,甚至走向主体建构论。诚然,马克思主义认识论作为能动的反映论在批判旧唯物主义"直观反映论"的同时,肯定了作为认识前提的主体认识结构的重要性。然而,能动的反映论在确证认知能动性的同时,更强调了认识的中介系统具有社会历史属性,是社会历史不断发展的产物。

首先,能动的认识论认为,作为认知中介的个人感知器官同时也是"社会的器官"。人的认知与感知的发展离不开人的感性活动的发展,"五官感觉的形成是迄今为止全部世界历史的产物"。由此,马克思从感性活动出发展开的研究,为认识论问题的解答提供了一条崭新的路径。在马克思看来,工业实践活动及其生成的对象性存在,"是一本打开了的关于人的本质力量的书,是感性地摆在我们面前的人的心理学"。人的感知中介恰恰不是固定不变的体系,而是随着感性对象化活动即实践不断生成的社会器官。

其次,能动的认识论强调,作为认知中介的抽象范畴和语言系统同样具有社会历史属性。主体借以认识感性世界的抽象范畴和语言系统一直是西方认识论研究的重点。马克思并不否认抽象范畴的认识中介作用,但他也同时确证了

---

① 黄玮杰. 马克思主义认识论的理论内涵与实践旨向 [EB/OL]. 中国社会科学网, 2022-03-31.

人借以认识外部世界的抽象范畴恰恰是社会历史的产物；正如马克思在《1857—1858年经济学手稿》中所指出的，"哪怕是最抽象的范畴，虽然正是由于它们的抽象而适用于一切时代，但是就这个抽象的规定性本身来说，同样是历史条件的产物"。同时，马克思强调，抽象范畴的形成离不开语言的作用，而语言恰恰是社会实践的产物："语言和意识具有同样长久的历史；语言是一种实践的、既为别人存在因而也为我自身而存在的、现实的意识。"可见，马克思主义能动的反映论在肯定主体认识的能动性的同时，科学指认了主体认知中介的社会历史属性，这恰恰为当前认识论的深入发展提供了一条有效的路径。

"实践是认识的来源"的理论价值

伴随着唯物史观的确立，马克思以实践为支点，从认知对象（客体）和认知主体两方面推进认识论的研究，着重强调了"实践是认识的来源"，这一点对于当下认识论研究具有重要价值。

就认知对象而言，马克思以"感性确定性"作为认识论研究的突破口。当代西方认识论往往研究"感觉材料"在认知中的作用，并将感性对象视为既定的所与物。在唯物史观视角下，作为认知对象的感性对象都"决不是某种开天辟地以来就直接存在的、始终如一的东西，而是工业和社会状况的产物，是历史的产物"，而"这种连续不断的感性劳动和创造、这种生产，正是整个现存的感性世界的基础"。认知对象既不是既定的所予物，也不是纯自然的产物，而是实践的结果。诚如恩格斯所指认的，"人的思维的最本质和最切近的基础，正是人所引起的自然界的变化，而不仅仅是自然界本身"。

就认识主体而言，马克思在《1857—1858年经济学手稿》中指出，"艺术对象创造出懂得艺术和具有审美能力的大众，——任何其他产品也都是这样。因此，生产不仅为主体生产对象，而且也为对象生产主体"。社会的再生产过程，不仅改变着社会历史的客观条件，而且也改变着生产者的认知，不仅改变着生产者的感知，甚至还改变着他的高级心智机制；由此，"他炼出新的品质，通过生产而发展和改造着自身，造成新的力量和新的观念，造成新的交往方式，新的需要和新的语言"。在此视域下，认知主体的感知范畴的扩大离不开社会实践范畴的扩大。

无论是对于认知对象（客体）还是认知主体的研究，马克思都从实践的时空变迁角度为认识论注入了社会历史的厚度。这一点无疑是当代西方认知科学所缺乏的科学维度。

"认识运动中的第二次飞跃"的实践旨向

马克思主义认识论将从认识到实践的发展视为认识运动中的第二次飞跃。

这意味着，马克思主义认识论不止于揭示认识规律本身。事实上，马克思以实践为旨向研究认识问题，因而也绝不在认识论问题上陷入"经院哲学"和"理论主义"的陷阱："关于思维——离开实践的思维——的现实性或非现实性的争论，是一个纯粹经院哲学的问题。"

在此维度，马克思主义认识论以实践为导向，重视认识运动中的第二次飞跃，防止认识成果停留于抽象理论层面，因为"抽象本身离开了现实的历史就没有任何价值"。无论是认识规律本身还是科学认识的成果，二者都不是马克思主义认识论的最终归宿。相反，以实践作为认识的归宿，马克思主义认识论不仅关注科学的认识方式，而且关注科学的认识成果走向社会具体对象的感性对象化过程，后者总是无法避免地受到特定历史条件的影响。也正是在这个意义上，马克思认为，"极为相似的事变发生在不同的历史环境中就引起了完全不同的结果"，因而他反对将"一般历史哲学理论"视为一把分析任何历史的"万能钥匙"，也"绝不提供可以适用于各个历史时代的药方或公式"，而是实事求是地探索规律得以发生作用的条件。也是在这个意义上，"一切从实际出发"正是马克思主义认识论的根本要求。

在当前西方认识论范式下，马克思主义所强调的从认识到实践的"第二次飞跃"恰恰是其理论研究的空缺地带。囿于这一空缺，西方认识论研究往往限于对个体主体认知模式展开思辨性争论，甚至将认识论问题进一步神秘化。然而，"凡是把理论引向神秘主义的神秘东西，都能在人的实践中以及对这种实践的理解中得到合理的解决"。进一步深化马克思主义认识论研究需要理论研究跨出对认识主体与对象关系问题的纯思辨性探讨，在具体条件下描述、叙述认知主体与认识对象的历史关系。诚如马克思所言，"在思辨终止的地方，在现实生活面前，正是描述人们实践活动和实际发展过程的真正的实证科学开始的地方"，这要求我们进一步基于中国具体实践过程，关注认知主体在认识和改造认知对象过程中的具体经验，从而基于"实事"而求"是"。叙述中国经验，讲好中国故事，这恰恰是以实践为旨向的马克思主义认识论的延伸性要求。

2. 马克思主义：科学尺度和价值尺度高度统一的理论体系（节选）①

马克思主义是以历史规律为其客观依据和理论前提的。英国哲学家波普尔看到了这一事实，认为社会主义是马克思依据历史规律对未来所做的预言。可是，波普尔又把这一合理的事实溶解于不合理的理解之中，即认为不存在历史规律，只要"清除"历史规律，就能摧毁马克思主义。波普尔力图釜底抽薪，

---

① 杨耕. 占据真理和道义制高点的马克思主义化［N］. 光明日报，2022-06-11（10）.

从根本上否定马克思主义的科学性。可是，波普尔是在否定一个无法否定的事实，这就是，历史的确有其内在规律，不管你如何诅咒，也无法"清除"历史规律。

从历史上看，每一代封建君主都被反复教导如何进行统治，甚至编写了《资治通鉴》之类的书供他们阅读，以希图封建王朝万世一系。可是，历史上照样发生农民起义，照样发生改朝换代，照样发生资产阶级革命。1566年的尼德兰革命，1640年的英国革命，1775年的美国革命战争，1789年的法国革命……这一个个不可重复的历史事件的出现，体现的正是资产阶级革命的历史规律。就资本主义社会而言，资产阶级生存和统治的根本条件是资本的形成和增殖，而资本形成和增殖的过程实际上就是剩余价值不断生产和实现的过程，剩余价值规律因此成为资本主义社会的基本经济规律。正是这一基本经济规律必然导致资本主义或迟或早、或这样或那样被社会主义所代替。资本主义生产方式的运动规律、人类社会发展的一般规律，这是马克思一生的两大发现，是马克思主义揭示的真理。

我不能同意这样一种观点，即马克思主义产生于"维多利亚时代"，距今已经170多年，因而已经过时。这是一种"傲慢与偏见"。我们不能以某种学说创立时间的近和远来判断它是否是真理，是否有价值，是否有意义。新的未必就是真的，老的未必就是假的。既有最新的、时髦的谬论，也有古老的、千年的真理。真理只能发展，而不可能被推翻。阿基米德定理创立的时间尽管很久远了，但今天的造船业无论多么发达，也不能违背这一定理。如果违背了阿基米德定理，那么，造出的船无论材料多么先进，形式多么豪华，多么"人性化"，都不可能航行。如航行，必沉无疑。

实际上，时间只是真理与谬误的"过滤器"，而不是真理与谬误的"检验器"。一种学说是不是真理，不在于它创立的时间，而在于它是否发现、把握了研究对象的规律。任何一门科学都以发现、把握某种规律为己任，任何一种学说要成为科学，都必须发现、把握某种规律，其价值和意义取决于它提出、解答了什么样的问题及其广度和深度。正是由于马克思主义深刻把握人类社会发展的一般规律，深刻把握了资本主义生产方式的运动规律，所以，产生于19世纪中叶的马克思主义又超越了19世纪中叶这个特定的时代，依然是我们这个时代的真理，依然占据着真理的制高点。在当代，无论是对世界市场体系、国际政治结构和主流意识形态的研究，还是对科学技术、政治制度和价值观念的研究，抑或是对个人生存方式、社会生产方式和国际交往方式的研究，都必须以马克思主义为理论指南。否则，任何理论"创新"都将成为无根的浮萍。

马克思主义不仅"为真理而斗争",而且为"全世界受苦的人"的利益而斗争。《共产党宣言》指出:"过去的一切运动都是少数人的或者为少数人谋利益的运动。无产阶级的运动是绝大多数人的、为绝大多数人谋利益的独立的运动。"正因为如此,马克思主义在解答资本主义向何处去、人类解放何以可能时,不仅探讨、强调历史规律,确立了科学尺度、历史尺度,而且关注、探讨被统治阶级、被压迫民族的利益和愿望,确立了价值尺度、道德尺度,强调"人是人的最高本质"。马克思主义不仅关注现实社会及其历史演变,而且关注现实的人及其历史发展;不仅考察了资本主义的社会形态,而且考察了资本主义条件下人的生存状态;不仅提出共产主义是对生产资料私有制的积极扬弃,而且提出共产主义是"通过人并且为了人而对人的本质的真正占有"(马克思);不仅强调共产主义是"集体财富的一切源泉都充分涌流"的社会形式,而且更为强调共产主义是"以每个人的全面而自由的发展为基本原则的社会形式"(马克思)。

在考察东方"农民的民族"的历史命运时,马克思就提出了两个相关的观点,即"从历史观点来看"和"从人的感情上来说"。马克思指出,"从人的感情上来说,亲眼看到这无数辛勤经营的宗法制的祥和无害的社会组织一个个土崩瓦解,被投入苦海,亲眼看到它们的每个成员既丧失自己的古老形式的文明又丧失祖传的谋生手段,是会感到难过的"。这表明,马克思主义在确立科学尺度、历史尺度时,并没有否定价值尺度、道德尺度。"从历史观点看"和"从人的感情上来说"的统一,实际上就是历史尺度和道德尺度、科学尺度和价值尺度的统一。

马克思主义始终是运用科学尺度和价值尺度的辩证法来解答资本主义向何处去、人类解放何以可能这一时代课题的;更重要的是,马克思主义并没有停留在对资本主义的"道德抗议"上,而是把道德尺度、价值尺度置于科学尺度、历史尺度的基础之上。正如恩格斯所说,"科学越是毫无顾忌和大公无私,它就越符合工人的利益和愿望"。正因为如此,马克思主义代表着一切被统治阶级、被压迫民族的利益和愿望,代表着人类的未来,即实现每个人的全面而自由发展,因而依然是我们这个时代的良心,依然占据着道义的制高点。

"居高声自远,非是藉秋风。"(虞世南)正是由于马克思主义依然占据着真理和道义的制高点,所以,每当世界发生重大问题和重大事件时,人们都不由自主地把目光再次转向马克思主义。后现代主义大师德里达甚至发出这样的感叹:"不去阅读且反复阅读马克思,而且是超越学者式的'阅读'和'讨论',将永远是一个错误,而且越来越成为一个错误,一个理论的、哲学的和政治责任方面的错误。""不能没有马克思,没有马克思,没有对马克思的记忆,没有马克思的遗产,也就没有未来。"一言以蔽之。马克思主义仍然是当代历史进程的参与者和强有力的推进者。

讲到这里,我想起了一个问题,这就是,人们对马克思主义的认识并非一致,存在着较大的分歧,而且,马克思离我们的时代越远,对他的认识的分歧也就越大,就像行人远去,越远越难以辨认一样。有人据此把马克思与哈姆雷特进行类比,认为犹如一千个观众的眼中有一千个哈姆雷特一样,一千个读者心中有一千个马克思,不存在一个本来意义上的马克思主义。

在我看来,这是一个似是而非、"不靠谱"的类比。问题的关键就在于,哈姆雷特是莎士比亚塑造的艺术形象,马克思主义是由马克思创立的科学理论;艺术形象可以有不同的解读,而科学理论揭示的是客观规律,这种认识正确与否要靠实践检验,而不是依赖认识主体的解读。实际上,不管如何解读,合理的解读,包括艺术作品的解读总是有限度的,总是有客观的"底线"的。举个例子,同一首小提琴曲《流浪者之歌》,德国小提琴演奏家穆特把它诠释得悲伤、悲凉、悲戚,美国小提琴演奏家弗雷德里曼把它诠释得悲愤、悲壮、悲怆,但不管是悲伤、悲凉、悲戚,还是悲愤、悲壮、悲怆,都具有"悲"的内涵,而没有"喜"的意蕴。

从认识论的角度看,对马克思主义认识的分歧,是由认识者的历史环境和"理解的前结构"不同决定的。特定的历史环境和"理解的前结构"支配着认识者理解的维度、广度和深度,即使是最没"定见"的认识者也不可能"毫无偏见",不可能完全恢复和再现被认识者思想的"本来面目"。但是,我们又能以当代实践和科学为基础,通过对马克思主义产生的历史背景的考察,通过对马克思主义文本的分析,通过对马克思主义历史的梳理,使作为认识者的我们的视界和作为被认识者的马克思的视界融合起来,从而不断走近马克思,走进马克思思想的深处,认识和把握马克思主义的本质特征,从而认识和把握本来意义上的马克思主义。

对于我们来说,重要的是要以认识和把握本来意义上的马克思主义为理论前提,不断深化对共产党执政规律、社会主义建设规律、人类社会发展规律的认识,从而坚持和发展马克思主义。中国特色社会主义已经进入新时代。中国共产党人作为马克思主义的忠诚信奉者、坚定实践者,正在为坚持和发展马克思主义而执着努力!

五、知识训练

（一）单项选择题

1. 实践的客体是（　　）

　A. 绝对精神的对象化

　B. 客观物质世界

　C. 人的意识创造物

　D. 进入主体的认识和实践范围的客观事物

2. 列宁提出的："从物到感觉和思想"与"从思想和感觉到物"是（　　）的对立。

　A. 唯物主义认识论与唯心主义认识论

　B. 经验论与唯理论

　C. 辩证法与形而上学

　D. 可知论与不可知论

3. "只有音乐才能激起人的音乐感；对于没有音乐感的耳朵来说，最美的音乐也毫无意义。"这表明（　　）

　A. 人的认识是主体与客体相互作用的过程和结果

　B. 人的感觉能力决定认识的产生和发展

　C. 人的认识能力是由人的生理结构决定的

　D. 事物因人的感觉而存在

4. 爱迪生在发明电灯之前做了两千多次实验，有个年轻的记者曾经问他为什么遭遇这么多次失败。爱迪生回答："我一次都没有失败。我发明了电灯。这只是一段经历了两千步的历程。"爱迪生之所以说"我一次都没有失败"，是因为他把每一次实验都看作（　　）

　A. 认识中所获得的相对真理

　B. 整个实践过程中的一部分

　C. 对事物规律的正确反映

　D. 实践中可以忽略不计的偶然挫折

5. 马克思指出："搬运夫和哲学家之间的差别要比家犬和猎犬之间的差别小得多，它们之间的鸿沟是分工掘成的。"这表明（　　）

　A. 人的聪明才智无先天区别

　B. 人的聪明才智的大小主要取决于主观努力的程度

C. 人的聪明才智主要来源于后天实践

D. 人的聪明才智由人的社会政治地位决定

6. 承认我们知识的相对性就（ ）

A. 必然归结为诡辩论　　　　　B. 必然归结为怀疑主义

C. 必然归结为不可知论　　　　D. 可以防止认识的僵化

7. 真理观上的相对主义，错误在于（ ）

A. 夸大真理的相对性，否认真理的绝对性

B. 夸大真理的绝对性，否认真理的相对性

C. 只讲真理的客观性，否认真理的相对性

D. 认为关于同一对象真理性的认识只有一个

8. "真理和谬误的对立，只是在非常有限的范围内才有意义"是（ ）

A. 形而上学的观点　　　　　　B. 唯物辩证法的观点

C. 诡辩论的观点　　　　　　　D. 相对主义的观点

9. 在听完一位成功的企业家讲课后，一些来自企业的学员感到有些失望，便问他："你讲的那些内容我们也差不多知道，可为什么我们之间的差距会那么大呢？"这位企业家回答说："那是因为你们仅是知道，而我却做到了，这就是我们的差别。"这句话表明了实践高于理论认识，因为实践具有（ ）

A. 普遍有效性　　　　　　　　B. 客观规律性

C. 主体能动性　　　　　　　　D. 直接现实性

10. 1978 年关于真理标准大讨论是一场新的思想解放运动。实践之所以成为检验真理的唯一标准是由（ ）

A. 真理的主观性和实践的客观性所要求的

B. 真理的相对性和实践的决定性所预设的

C. 真理的本性和实践的特点所决定的

D. 真理的属性和实践的功能所规定的

11. 马克思主义认为，主客体之间的价值关系是指（ ）

A. 主体对客体的物质欲望和要求

B. 主体对客体的能动反映

C. 客体对于主体的有用性

D. 主体对客体的改造和变革的结果

12. 有一种观点认为，"自由不在于幻想中摆脱自然规律而独立，而在于认识这些规律，从而能够有计划地使自然规律为一定的目的服务"。还有一种观点认为，"'自由'倒过来就是'由自'，因此'自由'等于'由自'，'由自'就

是随心所欲"。这两种关于自由的观点（　　）

A. 前者是唯物辩证的观点，后者是唯意志论的观点

B. 前者是机械唯物主义的观点，后者是唯心主义的观点

C. 前者是主观唯心主义的观点，后者是唯物辩证法的观点

D. 前者是历史唯心主义的观点，后者是历史唯物主义的观点

（二）多项选择题

1. 生物学史，可以说是显微镜的发展史。17 世纪中叶，英国科学家使用诞生不久的显微镜观察软木塞，发现了植物细胞，开启了近现代生物学的大门。此后，显微镜的放大能力和成像质量不断提升，人类对细胞的认知也随之深刻和全面。20 世纪中叶，科学家们利用 X 射线晶体学发现了 DNA（脱氧核糖核酸）双螺旋结构，人类的观察极限从亚细胞结构推向了分子结构。我国科学家的重要科研成果"剪接体的高分辨率三维结构"的背后，也站着一个默默无闻的英雄——冷冻电子显微镜。显微镜在生物科学发现中的作用表明（　　）

A. 实践主体、客体和中介三者的有机统一构成实践的基本结构

B. 实践的主体和客体正是依靠中介系统才能够相互作用

C. 人类认识水平的提高与实践条件的进步有着直接的关系

D. 探索未知世界的科学实验是人类最基本的实践活动

2. 1971 年，迪斯尼乐园的路径设计获得了"世界最佳设计"奖，设计师格罗培斯却说："其实那不是我的设计。"原因是在迪斯尼乐园主体工程完工后，格罗培斯暂停修筑乐园里的道路，并在空地上撒上草种。五个月后，乐园里绿草茵茵，草地上被游客踏出了不少宽窄不一的小路。格罗培斯根据这些行人踏出来的小路铺设了人行道，成了"优雅自然、简捷便利、个性突出"的优秀设计。格罗培斯的设计智慧对我们认识和实践活动的启示是（　　）

A. 要从生活实践中获取灵感

B. 要尊重群众的实际需求

C. 不要对自然事物做任何改变

D. 要对事物本来面目做直观反映

[单项选择题答案]

1. D　2. A　3. A　4. B　5. C　6. D　7. A　8. B　9. D　10. C　11. C　12. A

[多项选择题答案]

1. ABC　2. AB

（三）材料分析题

材料分析题一

潘建伟，著名物理学家。29岁参与的论文被《自然》杂志评为"百年物理学21篇经典论文"之一，35岁获得欧洲物理学会菲涅尔奖，41岁成为中国当时最年轻的院士。以下材料摘自他在清华大学经管学院2018届毕业典礼的演讲。

接下来，我想谈一谈科学对于社会的价值。大家也许会说，"科学技术是第一生产力"，早就知道的。但我想说的是，科学对于社会的价值，可能更重要的是在观念的变革上。

大家知道，人类物质文明的迅速发展始于近代，大约是在16世纪。那么近代以前的漫长岁月里，为什么发展这么缓慢呢？虽然这涉及多个因素，但观念的束缚无疑是相当重要的原因：面对自然界不敢甚至不愿去探究其背后的根源，反而认为一切都是上天的意志。近代以来的科学发现逐渐改变了这一切，尤其是1687年牛顿发表了巨著《自然哲学的数学原理》，将一切力学规律都统一为一个简单的公式$F=ma$，再结合万有引力定律，人们忽然发现，原来神圣星辰的运行，居然都是可以计算的！

观念的改变带来的是思想的解放，思想的解放带来了生产力的解放，直接导致了以蒸汽机为代表的第一次产业变革，而英国在这次变革中成了世界的头号强国。后来到了19世纪，在法拉第发现电磁感应效应等的基础上，麦克斯韦尔在1864年建立了电动力学，将一切光、电、磁的现象都统一为一个方程组。至此，人们能够亲身体会到的绝大多数现象都可以得到科学的解释，科学终于战胜了迷信，而随之而来的，是以电力技术为代表的第二次产业变革，德国和美国在这次变革中相继成为世界强国。

那么，经典物理学已经如此成功了，是不是一切问题都可以得到解释了呢？其实经典物理学自身就蕴含着一个巨大的哲学困境，只要学习了高中物理就可以想到，不知道大家有没有去思考过。牛顿力学告诉我们，只要确定了粒子的初始状态，按照力学的方程一算，所有粒子未来的运动状态原则上都是可以精确预言的。那么，构成世界甚至人类本身的原子、分子，它们在未来的运动状态，是否也是早已预知的呢？一切事件，包括今天的典礼，都是在宇宙大爆炸时就已经确定好的吗？这种观念上的冲击显然是巨大的：原来就算科学已经如此发达，人们努力了半天，结果还是回到宿命论。

……

那么如何打破这种机械决定论？这还要归功于量子力学。在日常生活中，一只猫要么是"活",要么是"死",只能是这两种状态之一。而在在量子力学所描述的微观世界里,这只猫不仅可以处于"活"或"死"两种状态之一,还可以同时处于"活"和"死"的叠加状态。量子叠加告诉我们,一只猫到底是"活"还是"死",原理上无法预先得知,而是依赖于通过何种方式去观察它。更确切地说,量子客体的状态会被测量所影响,因此量子力学立即带来了一种革命性的观念:观测者的行为可以影响体系的演化!

这种更加积极的观念,终于使人们意识到,微观粒子的运动规律完全不同于经典物体,人们大可不必纠结于是否是决定论了;而对像电子这样的微观粒子规律的深入认识,最终催生了现代信息技术,导致了第三次产业变革,在这个过程中,日本抓住了机会成了工业强国。

……回过头来看我们在量子通信领域的发展历程,之所以能够做到领先,是因为在整个领域起步的阶段、暂时还看不到实用价值的阶段,我们就赶上了世界的先进水平,一步步积累下来,到今天量子通信已经进入了实用化阶段,如果别人再想要限制我们,就很难了。

……

最后,我愿意引用诺贝尔物理学奖获得者康普顿的一句话:"科学赐予人类的最大礼物,是相信真理的力量。"

思考讨论:

请结合材料,用马克思主义认识论理论谈谈你对真理的理解。

答案解析:真理发现是一个过程,真理是发展的,真理是不断地由相对走向绝对的过程,这是真理的发展规律;实践与认识的辩证统一关系是不断发展的。

经典物理学所导致的科学决定论夸大了真理的绝对性,否定了真理的相对性。物理学发展到现代物理学说明了真理是不断发展的。实践对真理的检验是确定性与不确定性的统一。

材料分析题二

关于感性认识与理性认识的辩证关系,毛泽东在 1937 年《实践论》中指出,"我们的实践证明:感觉到了的东西,我们不能立刻理解它,只有理解了的东西才更深刻地感觉它"。下面是一段认识论方面的材料。

20 世纪著名哲学家卡西尔在《人论》中有这样一段话:"在几何学可测量的和抽象的空间中,我们直接的感官经验的一切具体区别都被去除了。我们不再有一个视觉的空间,一个触觉的空间,一个听觉的空间,或嗅觉的空间。几何学空间是从由我们各种感官的根本不相同的性质造成的所有多样性和异质性中抽象出来的。在这里我们有一个同质的、普遍的空间。而且唯有以这种新的独特的空间形式为媒介,人才能形成一个独一无二的、系统的宇宙秩序的概念。人种学告诉我们,原始部落中的人通常赋有一种异乎寻常的敏锐的空间知觉。生活在这些部落中的一个土人一眼就能看出他周围环境中一切最小的细节。他对他四周围各种物体在位置上的每一变化都极其敏感,甚至在非常困难的环境下他都能够找到他的道路。在划船或航海时,他能以最大的精确性沿着他所来回经过的河流的一切转角处拐弯。但是在更仔细的考察中我们惊讶地发现,尽管有着这种能力,在原始人对空间的把握中却似乎有着一个奇怪的缺陷。如果你要求他给你一个关于河流航线的一般描述或示意图,他是做不到的。如果你希望他画出这条河流及它的各个转弯口的地图,那他似乎甚至不能理解你的问题。在对空间和空间关系的具体理解和抽象理解之间的区别,在这里可以看得非常清楚了。那个土人是非常熟知那条河的航线的,但是这种熟知还远远不是我们在一种抽象的、理论的意义上所说的认识。熟知仅仅意味着表象 presentation,认识则包括并预先假定了表现 representation。"

思考讨论:

运用马克思主义认识论有关原理分析几何学空间与感觉空间(或表象与表现)的区别是什么?以及原始人为什么不能做到对河流航线的一般描述或画出示意图?

答案解析:感性认识是人们在实践基础上,由感觉器官直接感受到的关于事物的现象、事物的外部联系、事物的各个方面的认识。它包括感觉、知觉和表象三种形式。感性认识是认识的初级阶段,作为"生动的直观",直接性是感性认识的突出特点。因为感性认识用具体的、生动的形象直接反映外部世界,以事物的现象即外部联系为内容,还没有深入对事物本质的认识,所以感性认识具有不深刻的局限性,必须进一步上升到理性认识。理性认识是指人们借助抽象思维,在概括整理大量感性材料的基础上,实现对关于事物的本质、全体、内部联系和事物自身规律性的认识。理性认识包括概念、判断、推理三种形式。理性认识是认识的高级阶段,具有抽象性和间接性的特点。它以反映事物的本质为内容,因而是深刻的。感性认识和理性认识的性质虽然不同,但二者的关系是辩证统一的。第一,理性认识依赖于感性认识。第二,感性认识有待于发展和深化为理性认识。第三,感性认识和理性认识相互渗透、相互包含。

分析:我们不再有一个视觉的空间,一个触觉的空间,一个听觉的空间,或嗅觉的空间。几何学空间是从由我们各种感官的根本不相同的性质造成的所有多样性和异质性中抽象出来的。在这里我们有一个同质的、普遍的空间。这是指理性认识。原始部落中的人通常赋有一种异乎寻常的敏锐的空间知觉。尽管有着这种能力，在原始人对空间的把握中却似乎有着一个奇怪的缺陷。如果你要求他给你关于河流航线的一般描述或一幅示意图，他是做不到的。如果你希望他画出这条河流及它的各个转弯口的地图，那他似乎甚至不能理解你的问题。这是指感性认识，等等。在对空间和空间关系的具体理解和抽象理解之间的区别，即那个土人是非常熟知那条河的航线的，但是这种熟知还远远不是我们在一种抽象的、理论的意义上所说的认识。熟知仅仅意味着表象，认识则包括并预先假定了表现，即原始人只有感性认识。原始人为前逻辑思维，尚未进入人类文明时代。

材料分析题三

从历史唯物主义逻辑出发，在发展中国特色社会主义的历史进程中促进人的全面发展，就是要重点把握好人的现代化的发展重点与演进规律，在积极提升和完善人的现代化素质中更具体有效地促进人的全面发展。马克思和恩格斯在《共产党宣言》中指出，未来的共产主义社会，将是这样一个联合体，在那里，每个人的自由发展是一切人的自由发展的条件。邓小平同志指出，建设有中国特色的社会主义，一定要坚持发展物质文明和精神文明。这两个文明的发展本质上就是人的进步、发展的体现，是人的现代化的实现过程。习近平新时代中国特色社会主义思想强调坚持以人民为中心，把人民对美好生活的向往作为奋斗目标，注重"推动实现物的不断丰富和人的全面发展的统一"；"推动人的全面发展、社会全面进步"，继承和发展了马克思主义"人的全面发展"理论。习近平总书记在《之江新语》一书中曾指出："人，本质上就是文化的人，而不是'物化'的人；是能动的、全面的人，而不是僵化的、'单向度'的人。"社会主义现代化需要改造人们生存的物质条件和精神条件，不仅包括科学技术现代化，也包括生活方式和价值观念的现代化，通过推进物质现代化，促进思想观念的现代化，使人的思想观念和心理状态从传统向现代转化。

中国特色社会主义，不仅承载着现代化建设的时代重任，也同时承载着持续推进人的现代化、促进人的全面发展的历史使命。在现代化进程中，人既是实践主体，也是价值主体，更是终极目的。人的现代化是社会主义现代化的前提和基础，也是社会主义现代化的目的。社会现代化是主体客体化的过程，而人的现代化则是客体主体化的过程。社会现代化最终是为了改善人的素质，满足人的需要，提高人的自由度和主体性。我国现阶段的根本任务是解放和发展生产力，其就是为了满足人们日益增长的美好生活需要。任何事物都是相互作用的，没有人的现代化，就没有真正意义上的社会现代化。但是，人的现代化只有在社会现代化的过程中才能实现。离开了社会现代化，也就无从谈起人的现代化。可见，人的现代化和社会现代化是相互作用的。社会现代化的日益发展，大大提高了人的现代化素质；而人的现代化程度的提高，又促进了社会现代化的不断发展。虽然人的现代化和社会现代化之间是一个双向互动的关系过程，但这并不是说两者是直接统一的，两者在发展过程中还存在着对立的一面，这是由事物矛盾发展的不平衡性决定的。社会现代化与人的现代化在现代化进程中的两个矛盾方面的不平衡性表现在：社会现代化不能自然而然地导致人的现代化，在特定时期或地区人的现代化可能滞后于社会现代化。社会主义国家在推进现代化的过程中，也会遇到人的现代化和社会现代化两者对立的情况。如在处理公平与效率、积累与消费、生产与生活、发展生产与发展教育等矛盾上都有一个优先注重哪一方面的问题。虽然社会绝大多数人的现代化与社会现代化具有发展的同质性和同步性，但由于主体自身发展过程的复杂性，人的发展与社会的发展也必然存在着差异性、排斥性、非同步性的现象。因此，社会发展最终要以每一个人的全面发展作为自己的目标和尺度，开启中国社会现代化征程是以推动人的现代化为前提的，一旦中国人普遍实现了全面的现代化，中国社会也就实现了全面的现代化。

——材料来源：张彬．现代化的本质是人的现代化［N］．吉林日报，2020-05-25．

思考讨论：

（1）结合材料，从实践中的主体与客体之间的关系分析为什么说人既是实践主体，也是价值主体。

（2）结合材料，运用马克思主义辩证法有关理论分析人的现代化与社会现代化之间的关系。

答案解析：（1）实践的主体和客体相互作用的关系，包括实践关系、认识关系和价值关系，其中实践关系是最根本的关系。实践的主体、客体和中介是不断变化发展的，主要表现为主体客体化与客体主体化的双向运动。价值是指在实践基础上形成的主体和客体之间的意义关系。价值直接与主体相联系，始终以主体为中心。价值关系的形成依赖于主体的存在。没有主体，就不存在价值关系。主客体之间的价值关系不是一种自然的现成关系，而是主体在实践基础上确立的与客体之间的一种创造性关系。结合材料分析人的现代化就是客体主体化。社会现代化离不开人民群众的伟大实践，这一过程就是主体客体化。

两者是统一的。中国特色社会主义的伟大实践是合规律性和合目的性的统一。在发展中国特色社会主义的历史进程中促进人的全面发展，人的全面发展是社会发展的目的。邓小平同志指出的两个文明发展本质上就是人的进步、发展的体现，是人的现代化的实现过程。习近平新时代中国特色社会主义思想强调坚持以人民为中心，把人民对美好生活的向往作为奋斗目标，"人，本质上就是文化的人，而不是'物化'的人；是能动的、全面的人，而不是僵化的、'单向度'的人"，继承和发展了马克思主义"人的全面发展"理论，体现了人是社会发展的目的。

（2）矛盾对立统一原理。对立和统一是矛盾的两个根本属性，矛盾的对立属性称作斗争性，矛盾的统一属性称作同一性。矛盾的同一性和矛盾的斗争性。矛盾的同一性是指矛盾双方的相互依存、相互贯通。相互贯通有多种表现方式，主要的是相互转化（一定条件下）或相互渗透。概而言之，同一性有两个含义：一是共居，指矛盾双方在一定条件下共处一个统一体中，失去一方，另一方也不存在；二是在一定条件下可以相互转化。矛盾的斗争性是指矛盾双方的相互排斥、相互冲突、相互否定、相互离异的趋势。

人的现代化与社会现代化两者的一致性。没有人的现代化，就没有真正意义上的社会现代化。人的现代化只有在社会现代化的过程中才能实现。离开了社会现代化，也就无从谈起人的现代化。社会现代化的日益发展，大大提高了人的现代化素质；而人的现代化程度的提高，又促进了社会现代化的不断发展。社会现代化与人的现代化在现代化进程中的两个矛盾方面的不平衡性表现在：社会现代化不能自然而然地导致人的现代化，在特定时期或地区人的现代化可能滞后于社会现代化。社会主义国家在推进现代化的过程中，也会遇到人的现代化和社会现代化两者对立的情况。如在处理公平与效率、积累与消费、生产与生活、发展生产与发展教育等矛盾上都有一个优先注重哪一方面的问题。主体自身发展过程的复杂性，人的发展与社会的发展也必然存在着差异性、排斥性、非同步性的现象等。

材料分析题四

以下两段材料摘自钱颖一所著的《大学的改革·学校篇》，作者曾任清华大学经管院院长。材料有删减。

材料1：无用知识的有用性。普林斯顿高等研究院首任院长弗莱克斯纳在一篇《无用知识的有用性》文章中，对柯达先生（柯达公司创始人）认为"马可尼发明的无线电收音机是最有用的发明"提出疑问，认为麦克斯韦和赫兹的理论贡献更加有用。他写道：虽然麦克斯韦在1873年发表的电磁理论完全是抽象的数学，赫兹在1887年对他做的电磁波实验的实用价值也毫不关心，但是这些看上去"无用"的研究却为后来有用的发明奠定了基础，没有他们的工作根本就不可能有后来马可尼的发明。乔布斯在斯坦福大学毕业典礼上自己讲的故事：他在当年大学一年级辍学后并没有离开学校，而是听了一些自己感兴趣的课，其中一门是美术字课。这在当时看来完全无用的课，在十年后他设计电脑上的可变字体时发挥了作用。乔布斯这样说："如果我当年没有去上这门美术字课，苹果电脑就不会发明这么漂亮的字体；又由于微软视窗是照抄苹果的，所以很可能所有个人电脑上就都没有这样的字体了。"……毕业十年、二十年、三十年的校友们，对他们在大学时期所上的课的评价，却与在校生很不一样：他们感到遗憾的是，当时学的所谓有用的课在后来变得如此无用；同时又后悔，当时没有更多地去学那些看上去"无用"但日后很有用的课，比如一些人文、艺术、社会科学类的课。有许多原因，使得毕业时间较长的人对知识"有用"的看法会基于更加长远的考量。首先，知识发展得快，过时得也快。许多在大学里学的知识虽然一时有用，但是没有多长时间就变得过时了。其次，多数人在一生中要更换多次工作和专业，他们后来从事的工作与他们早年在大学选择的专业不一样，甚至相距甚远。再次，人们预测未来的能力很有限，只有在事后才能看清。乔布斯这样反思："在我念大学时，是不可能把未来的很多点连接起来的。但是在十年之后，当我回头看时，是如此的清晰可见。"

因此，所谓"无用"与"有用"之分，大多是短期与长期之别。……大学教育不仅是为毕业后找工作，更是为一生做准备。知识除了工具价值之外，还有内在价值。

材料2："育人"比"育才"更根本。在中文里，"人才"是一个词，而且我们经常都把"人才"简单地落脚为"才"。所谓"拔尖创新人才""杰出人才"，都是指"才"。但是，人才是由"人"与"才"两个汉字组成的。"才"关注的是"三力"：创造力、分析力、领导力。而"人"有"三观"：世界观、人生观、价值观。度量"才"的词是成绩、成功、成就，而形容"人"的词则是自由、快乐、幸福。"育人"比"育才"更根本，是因为学最终是为了"人"。中华文化的传统、中国教育的传统，从来都是重视"人"的传统。"四书"中《大学》开头便是"大学之道，在明明德，在亲民，在止于至善"。梁启超1914年到清华演讲，以"君子"寄语清华学子，强调的是做人：清华学子，首先要做君子，之后才是做才子。在演讲中，他引用了《易经》中的"天行健，君子以自强不息；地势坤，君子以厚德载物"，说明的是做君子的条件。

正是由于此篇演讲,"自强不息,厚德载物"才成了清华大学的校训。

在经济学中,人有两个作用:一是作为劳动力,其中包括"才"的贡献,在这个意义上,人是经济活动的投入品,是工具;二是作为消费者,在这个意义上,人是经济活动的目的。所以在经济学中,人不仅是工具,也是目的。而在康德看来,人只能是目的,不能是工具。康德的哲学使得"人是目的"这一价值更加清晰和突显。无论如何,只要人是目的,不仅是工具,在教育的目的中,"育人"就比"育才"更根本。教育如何体现"育人"?在我看来,作为目的的"人"包括人文、人格、人生三个方面,所以,关于"人"的教育,应该包括人文精神的教育、人格养成的教育和人生发展的教育。人类文明的进步从来都是科学进步与人文进步并举的。如果说科学是为了做事,那么人文是为了做人,做有品位的人。

思考讨论:

结合材料1,从辩证法角度分析大学阶段知识的有用性与无用性。

结合材料2,从真理与价值关系谈谈成人与成才的关系。

答案解析:1. 有用性与无用性体现矛盾的对立与同一性。矛盾的同一性是指矛盾着的对立面相互依存、相互贯通的性质和趋势,一是矛盾着的对立面相互依存,互为存在的前提,并共处于一个统一体中;二是矛盾着的对立面相互贯通,在一定条件下可以相互转化。矛盾分析方法在唯物辩证法的方法论体系中居于核心地位,是我们认识事物的根本方法。矛盾分析方法的核心要求是善于分析矛盾的特殊性,做到具体矛盾具体分析,对具体情况、具体问题做具体分析。麦克斯韦和赫兹的理论在当时是没有实际用处的,但为后来有用的发明奠定了基础。

2. 人们的实践活动总是受着真理尺度和价值尺度的制约。实践的真理尺度是指在实践中人们必须遵循正确反映客观事物本质和规律的真理,实践的价值尺度是指在实践中人们都是按照自己的尺度和需要去认识世界和改造世界,这一尺度体现了人的活动的目的性。任何实践活动都是在这两种尺度共同制约下进行的,任何成功的实践都是真理尺度和价值尺度的统一,是合规律性和合目的性的统一。真理与价值或真理尺度与价值尺度是紧密联系、不可分割的辩证统一关系。一方面,价值尺度必须以真理为前提。另一方面,人类自身需要的内在尺度,推动着人们不断发现新的真理。真理尺度与价值尺度的统一也是具体的、历史的。中国特色社会主义伟大实践本身所蕴含真理尺度与价值尺度的统一,即合规律性与合目的性的统一,要求我们每一个人既要"成才",又要"成人"。"才"关注的是"三力":创造力、分析力、领导力。而"人"有"三观"，即世界观、人生观、价值观。人才是真理与价值的统一，不能片面地追求一个方面。其他分析："育人"比"育才"更根本，是因为学最终是为了"人"。社会主义国家大学性质决定要去将大学生培养成社会主义事业的接班人与建设者等。

第三章

人类社会及其发展规律

一、教学目的和要求

知识框架

社会存在与社会意识的辩证关系
物质生产方式在社会存在和发展中的作用
社会基本矛盾及其运动规律
世界历史的形成发展
社会历史发展的动力
人民群众和个人在社会历史中的作用
群众、阶级、政党、领袖的关系

教学目的

本章内唯物史观的基本原理是马克思一生的两大理论发现之一。本章集中体现马克思主义的鲜明特征：科学性与革命性的统一。

知识层面：通过本章的学习，掌握唯物史观的一些基本概念，如社会存在、意识形态、生产关系、经济基础、上层建筑、社会形态、阶级、人民群众、世界历史、历史人物等。深刻领会唯物史观的基本原理——生产方式是人类社会的存在方式，劳动是人的存在方式，社会存在与社会意识的辩证关系，价值观是文化的核心，社会经济形态的发展是一个自然历史过程，社会基本矛盾运动的基本内涵，人类社会发展的一般规律，马克思主义关于人的本质观点，人民群众是历史创造者观点。

能力层面：唯物史观是科学的世界观和方法论，是无产阶级和全人类解放的科学指南，它能够站在科学和时代的制高点上观察事物和现象，从而具有极为广大的视野。"不畏浮云遮望眼，自缘身在最高层。"用这样的胸怀、站位和视野来观察当代世界，我们就能超出自身狭隘的眼界，看到世界多种多样的联系，把握当今世界整体上的真实，为自己确立合理的定位。

价值层面：使学生破除"英雄史观""唯神史观""唯意志史观"等传统旧历史观的影响，在唯物主义的思想逻辑中展现社会发展的真实画卷，使学生正确认识社会发展的主体动力是人民群众，正确看待人民群众和个人在历史发展上的不同作用。在此基础上，深刻理解人民群众是历史的创造者，并从学理层面领悟党的群众观点和群众路线，从实践层面认识当代我国"以人民为中心"的治国理念的马克思主义的理论根源。

教学要求

通过本章的学习，使学生在真正领会辩证唯物主义基本原理的基础上，深刻理解马克思主义作为"一块整钢"的科学内涵，了解历史观的基本问题的逻辑发展，科学领会社会存在与社会意识辩证关系，全面把握历史唯物主义基本原理，以提高同学们运用历史唯物主义的原理和方法，正确认识历史和现实、认识社会发展规律的自觉性和能动性。

二、重点难点导学

重点导学

1. 了解唯物史观与唯心史观的区别，从而理解唯物史观在哲学史上的重要变革，理解唯物史观对于认识历史发展的作用。重点在于讲解社会生活的本质，劳动是理解社会发展史的一把钥匙，生产方式对社会存在与发展具有决定作用。理解社会存在和社会意识的辩证关系，一方面，社会存在决定社会意识；另一方面，社会意识又具有相对独立性。并能够用这一原理去分析社会生活中的问题。特别是关于文化在社会中的作用，文化自信的重要性。

2. 理解社会基本矛盾对社会发展的根本动力。生产力与生产关系矛盾运动、经济基础与上层建筑矛盾运动，这两类矛盾构成了社会的基本结构与社会的基本形态：经济结构、政治结构与观念结构，以及经济形态、政治形态与意识形态，这两类社会基本矛盾之间的关系，与社会基本矛盾是如何作用于社会发展过程，理解其中的逻辑脉络和关系，特别是深入理解中国特色社会主义"五位一体"的战略布局。正确理解人类社会发展的两条客观规律，即生产力与生产关系的矛盾运动及其规律，经济基础与上层建筑的矛盾运动及其规律；理解世界历史的形成与发展；理解改革在社会发展中的作用。结合中外历史上的重要案例，理解改革在社会发展中的作用，充分认识当代中国的改革开放对于中国社会发展的意义。

3. 理解马克思主义关于人的本质观点：在其现实上，人的本质是一切社会关系的总和。注意理解人的本质的方法论角度：劳动是人的存在方式。正确认识"人的本质"与"人的本性"和"人的属性"之间的区别与联系。对于马克思关于人的本质理论，从多个方面、运用多种案例启发学生思维，让学生对这一理论能够真正理解，并运用它去分析社会历史人物。

4. 认识人民群众是历史创造者原理，党的群众观点与群众路线，以及人民群众和个人在历史发展中的不同作用。

5. 世界历史思想。唯物史观视域中的"世界历史"是指各民族、国家通过普遍交往，打破孤立隔绝的状态，进入相互依存、相互联系的世界整体化的历史。人类历史向世界历史的转变是资本主义生产方式出现和向世界扩张的结果。世界历史的形成又反过来促进了生产力的普遍发展和人类的普遍交往，推动了社会发展，为人的发展创造了条件。生产方式的发展变革是世界历史形成和发展的基础。普遍交往是世界历史的基本特征。世界历史的形成与发展为共产主义的实现提供了条件和路径。"人类命运共同体"的提出，正是我们党站在世界历史的高度来思考人类的未来与前途取得的成果。

6. 群众、阶级、政党、领袖的关系。首先，群众是划分为阶级的。其次，阶级通常是由政党领导的。最后，政党是由领袖来主持的。群众、阶级、政党、领袖环环相扣、相互依存，构成一个有机整体，任何时候都不应该把它们割裂开来。

难点导学

1. 社会存在决定社会意识不是物质决定意识的简单推论。物质决定意识，社会存在决定社会意识，这两者有平行关系；唯物辩证法认为，世界是物质的，物质是运动发展的，发展是有规律的。唯物辩证法是关于世界观的问题，它是唯物史观的前提条件。对此问题的理解需要突出新唯物主义与旧唯物主义的本质区别。新唯物主义是建立在实践、生产劳动实践基础之上的。运动是物质的存在方式，生产方式是人类社会的存在方式，劳动是人的存在方式。

2. 社会发展的客观规律性和人的主观能动性的关系。社会发展的客观规律性体现为其不以人的意志为转移，那么人在社会发展中为什么还要发挥自己的主观能动性呢？这个问题不容易理解，具有相当的难度。可以通过两个角度来理解：第一，从必然性和偶然性的辩证关系角度去理解。必然规律是通过偶然事件体现出来的，偶然中有必然，从而认识到每一历史事件虽然都有一定的偶然性，但从宏观上来看，又都包含有某种必然。也就是说，必然规律并不是先天存在的，而是通过人的活动构成的。从而也进一步理解恩格斯关于"历史的合力"的思想。第二，真理与价值的统一。真理体现为对人类社会发展的一般规律性的认识，价值体现为人的目的性活动，两者在实践基础上是统一的。

知识融会

本章着重讲述了马克思主义唯物史观的基本原理。就马克思主义的世界观看，本章是前面两章的延续，唯物辩证法认为，世界是物质的，物质是运动发展的，发展是有规律的；而这种发展和规律体现在社会历史上，即是社会历史的规律性。马克思主义的唯物论和历史观是统一的。实践是马克思主义理论区别于其他理论的显著特征，实践，生产实践构成了社会存在的基础。社会存在和社会意识的矛盾运动是社会发展的最基本规律，而这一规律又和"生产力和生产关系的矛盾运动""经济基础和上层建筑的矛盾运动"紧密相连；同时，社会发展的规律性又离不开人的主观能动性，因此，讲述社会历史发展的规律性，又必须讲述关于人的理论，即人民群众和个人在历史发展中的作用、人的本质是社会关系的总和等。从动态来看，社会发展有其自身的动力系统，而这又可以引出社会发展的动力理论，即社会基本矛盾是社会发展的根本动力、阶级斗争和社会革命在阶级社会发展中的作用、改革在社会发展中的作用、科学技术在社会发展中的作用等。可见，本章原理总的来看，是围绕"社会发展的规律""社会发展的动力""人民群众在社会发展中的作用"几大方面的展开，具有鲜明的层次感和逻辑脉络。

另外，学习本章是为了深入理解马克思另一个伟大理论发展的基础，唯物史观是马克思剩余价值理论发展的方法论基础。资本主义生产方式矛盾运动，资本主义社会由自由竞争发展至垄断阶段，二战后资本主义生产关系的发展，资本主义生产关系具有历史性，科学社会主义与空想社会主义区别，共产主义社会预测的方法论等，需要以唯物史观，尤其是人类社会发展一般规律，社会基本矛盾运动原理为前提。本章关于世界历史理论的形成与第五章经济全球化内容一脉相承。从价值形态来看，唯物史观关于人民群众是历史创造者原理对理解政治经济学具有重要意义，习近平总书记指出，人民性是马克思主义最鲜明的品格。

三、案例解析

案例

以人民为中心的发展思想的几重逻辑

恩格斯说，历史什么事情也没有做，它并不拥有任何无穷无尽的丰富性，它并没有在任何战斗中作战！创造这一切，拥有这一切并为这一切而斗争的，不是历史，而是人，现实的活生生的人。

人民立场是中国共产党的根本政治立场，是马克思主义政党区别于其他政党的显著标志。习近平总书记说，江山就是人民，人民就是江山。《共产党宣言》明确指出："无产阶级的运动是绝大多数人的、为绝大多数人谋利益的独立的运动。"让群众满意是共产党党性的体现。中国共产党除了工人阶级和最广大人民群众的利益之外，没有自己的特殊利益。让群众满意是共产党的力量源泉。党的十九大报告中指出：坚持以人民为中心。人民是历史的创造者，是决定党和国家前途命运的根本力量。必须坚持人民主体地位，坚持立党为公、执政为民，践行全心全意为人民服务的根本宗旨，把党的群众路线贯彻到治国理政全部活动之中，把人民对美好生活的向往作为奋斗目标，依靠人民创造历史伟业。

思考讨论：以人民为中心的发展思想与价值立场是新时代坚持和发展中国特色社会主义的本质要求。请分析我国"以人民为中心"的发展理念的唯物主义历史观的理论逻辑、历史逻辑、价值逻辑和群众路线的实践逻辑。

案例点评：理论逻辑。马克思主义唯物史观的基本原理认为，人民，只有人民才是历史的创造者。广大劳动人民是人类社会赖以存在和发展的物质资料的主要生产者，支撑着人类实践活动的物质基础。人类历史虽不具备自然界那种客观规律性，但其发展进程亦非杂乱无章，有其必然性。历史的必然性形成于人类社会实践活动中，这种必然性虽不能由人随意取消，但它却不能孤立存在于人的实践活动之外。客观世界并不能自然地满足人，人决心以自己的实践活动改变世界，人类文明因此诞生，人类历史由此前进。

历史逻辑。新中国的建立证明了人民是历史的真正创造者，是社会主义的真正建设者。习近平总书记强调："群众是真正英雄的历史唯物主义观点不能丢。"中国共产党的历史观建构，始终是以人民为中心。例如第一套、二套人民币的发行，币面图案都是以人民或者劳动者为中心，反映着各条战线、各个地域劳动者积极参与社会主义建设的火热场景，有着强烈的符号意义建构。人民英雄纪念碑的设计建立落成，特别是碑身四侧浮雕的符号意义象征，更直接表明了人民才是新生共和国的创立者，是社会主义制度下真正的英雄。

价值逻辑。清末民初，面对深重的民族危机，为挽救民族危难，各种政党竞相迭起，但都因其价值立场未能与人民利益相一致，而只能以失败收场。价值立场表征着价值主体的原点与归宿。持守一定的价值立场，对一个政党而言实属根本，关乎其政治命运。在马克思主义中国化进程中诞生的中国共产党，自成立之日起就始终以人民为中心，秉承人民立场。毛泽东深刻指出："从四万万五千万人民的利益出发。我们讨论这个问题及其他任何别的问题，就是这个出发点，或者叫作立场。"以人民为中心，的确必须时刻回应人民诉求，代表人民利益，实现人民期待。

群众路线的实践逻辑。新中国成立前，我们党紧紧依靠人民，团结人民，坚定不移地走群众路线，在艰苦卓绝的伟大斗争中赢得了革命胜利。群众路线是以人民为中心的实践逻辑。我们党紧紧依靠人民，团结人民，取得了社会主义革命、建设、改革的伟大胜利。历史与实践反复证明，我们党的最大政治优势是密切联系群众。无论是革命、建设或者改革开放，人民的力量、人民的智慧都是无穷的，群众路线是党的生命线、人民的幸福线，党的路线、方针、政策必须以此为准，我们党之所以能够成功面对复杂多变的国内外问题，不断调适，实现自我革命，以人民为中心的群众路线实践逻辑是其重要政治密码。

四、知识拓展

（一）背景知识

1. 两个"划分"和两个"归结"

列宁在1894年写的《什么是"人民之友"以及他们如何攻击社会民主党人?》一书中，把马克思说明"社会形态的发展是自然历史过程"所用的方法概括为"两个划分"和"两个归结"。列宁指出，马克思从社会生活各领域中划分出经济领域，从一切社会关系中划分出生产关系，将其作为决定其他一切关系的基本的、原始的关系，把一切社会关系归结于生产关系，把生产关系归结于生产力。通过这样两个"划分"与两个"归结"，从而将社会形态的发展看作一种自然历史过程。列宁同时指出，历史唯心主义者之所以不能把社会形态的发展看作自然历史过程，就是"因为他们只限于指出人的社会思想和目的，而不善于把这些思想和目的归结于物质的社会关系"。

2. "剧中人""剧作者"

马克思在《哲学的贫困》中将人类历史形象地比喻为一部生动的历史活剧，从事历史活动的人们，既是这部历史剧的"剧作者"，又是演出者即"剧中人物"。他指出，探讨人类社会的一切问题，本质上就是研究每个世纪中人们的现实的、世俗的历史，"就是把这些人既当成他们本身的历史剧的剧作者又当成剧中人物"。这是马克思对历史主客体关系问题的第一次明确阐述。马克思多次强调过，人们不能自由选择某一社会形式，因为它是与既成的生产力水平和性质相适应的。但是人也不能自由选择生产力，因为任何生产力都是既得的力量，是以往的活动的产物，是人们实践能力的结果。

3. 五种社会形态理论

社会形态及其划分理论，是历史唯物主义最基本的理论之一。人类社会是一个结构极其复杂的系统，在各种要素相互联系、相互作用下，社会往往呈现出不同发展阶段和发展类型。人们可以根据实践需要，从不同角度、根据不同标准、运用不同方法划分社会形态。

以生产关系的不同性质为标准，可以把人类历史划分为依次更替的五种社会形态，即原始社会、奴隶社会、封建社会、资本主义社会、共产主义社会，社会主义社会是共产主义社会的第一阶段，这是历史唯物主义划分社会形态的基本方法。随着理论研究的不断深入，学者们发现，在马克思、恩格斯的著作中，除了五种社会形态划分法，还有三种社会形态划分法。三种社会形态划分法以人的发展状况为标准，把人类历史划分为依次更替的三大社会形态：人的依赖性社会、物的依赖性社会、个人全面发展的社会。三种社会形态划分法和五种社会形态划分法，在本质上是一致的。人的依赖性社会包括原始社会、奴隶社会、封建社会三种社会形态，物的依赖性社会是资本主义社会，个人全面发展的社会是共产主义社会。我们既不能用三种社会形态划分法否定五种社会形态划分法，也不能用五种社会形态划分法否定三种社会形态划分法，二者都是直接或间接以生产关系性质为标准划分的，均属于经济的社会形态范畴。此外，还可以用生产力和技术发展水平以及与此相适应的产业结构为标准来划分社会形态。这样划分出来的社会形态，可以称之为技术社会形态。人类历史发展至今，经历了渔猎社会、农业社会、工业社会、信息社会这一技术社会形态序列。关于无产阶级夺取政权以后的社会发展分期，马克思在《哥达纲领批判》中将其分为三个大的阶段：从资本主义社会到社会主义社会的过渡时期，共产主义社会的第一阶段即社会主义社会，共产主义社会高级阶段。

4. 马克思主义的世界交往理论

交往是唯物史观的一个重要范畴，交往理论是马克思主义理论体系的重要内容。交往范畴在马克思那里，是一个涵盖了经济、政治、文化等各个领域以及它们之间相互关系的整体性范畴，它与实践、生产力、分工、生产方式等重要范畴紧密相关，与社会形态历史发展的更替以及共产主义理论密不可分。马克思在《德意志意识形态》中首次提出"世界交往"的概念，其主要观点有：第一，世界交往关系与资本主义全球化。在马克思看来，世界交往的发展过程同样也是资本主义生产方式全球化的过程，世界交往关系的核心是以资本为纽带建立起来的各交往主体间的相互依存关系。资本的扩张性为世界交往提供了原初动力。第二，世界交往形式与全球生产力发展的互动。在马克思看来，交往形式是生产力的一种体现，并与生产力发展相互作用、互为条件。一方面，全球生产力的发展状况决定了世界交往的形式，全球化的社会生产力必然要求世界性的交往形式与之相适应。根据生产力发展需要，交往形式也随之发生更替，并做出适应性调整。具体表现为交往范围由狭小逐步走向扩大，交往活动由简单逐步走向复杂，交往程度由肤浅逐步走向深化，交往手段由野蛮逐步走向文明。另一方面，世界交往的扩大激发了新的需要，并极大地刺激了生产力向前发展。生产力想要获得代际间的传递、继承和进一步的发展，同样离不开交往广度、深度的拓展以及交往手段的改进和提高。第三，世界交往与社会形态的更迭与跨越。唯物史观认为，在人类社会发展的历史进程中，先后经历了原始社会、奴隶社会、封建社会、资本主义社会、社会主义社会这五种社会形态。而就单个民族或国家来说，其外部交往的发展程度对其内部社会形态及发展往往具有重要的决定性作用。第四，世界交往主体间的冲突与融合。马克思既看到了世界交往对一个国家或民族文明传承与发展的促进作用，也看到了不同文明在横向交汇时产生冲突与融合的必然性。

（二）经典文论

1. 马克思：《政治经济学批判》序言[①]

我考察资产阶级经济制度是按照以下的顺序：资本、土地所有制、雇佣劳动；国家、对外贸易、世界市场。在前三项下，我研究现代资产阶级社会分成的三大阶级的经济生活条件；其他三项的相互联系是一目了然的。第一册论述资本，其第一篇由下列各章组成：（1）商品；（2）货币或简单流通；（3）资本

---

① 马克思，恩格斯. 马克思恩格斯选集：第2卷［M］. 北京：人民出版社，2012：1-5.

一般。前两章构成本分册的内容。我面前的全部材料形式上都是专题论文，它们是在相隔很久的几个时期内写成的，目的不是为了付印，而是为了自己弄清问题，至于能否按照上述计划对它们进行系统整理，就要看环境如何了。

我把已经起草好的一篇总的导言压下了，因为仔细想来，我觉得预先说出正要证明的结论总是有妨害的，读者如果真想跟着我走，就要下定决心，从个别上升到一般。不过在这里倒不妨谈一下我自己研究政治经济学的经过。

我学的专业本来是法律，但我只是把它排在哲学和历史之次当作辅助学科来研究。1842—1843年间，我作为《莱茵报》的编辑，第一次遇到要对所谓物质利益发表意见的难事。莱茵省议会关于林木盗窃和地产析分的讨论，当时的莱茵省总督冯·沙培尔先生就摩塞尔农民状况同《莱茵报》展开的官方论战，最后，关于自由贸易和保护关税的辩论，是促使我去研究经济问题的最初动因。另一方面，在善良的"前进"愿望大大超过实际知识的当时，在《莱茵报》上可以听到法国社会主义和共产主义的带着微弱哲学色彩的回声。我曾表示反对这种肤浅言论，但是同时在和奥格斯堡《总汇报》的一次争论中坦率承认，我以往的研究还不容许我对法兰西思潮的内容本身妄加评判。我倒非常乐意利用《莱茵报》发行人以为把报纸的态度放温和些就可以使那已经落在该报头上的死刑判决撤销的幻想，以便从社会舞台退回书房。

为了解决使我苦恼的疑问，我写的第一部著作是对黑格尔法哲学的批判性的分析，这部著作的导言曾发表在1844年巴黎出版的《德法年鉴》上。我的研究得出这样一个结果：法的关系正像国家的形式一样，既不能从它们本身来理解，也不能从所谓人类精神的一般发展来理解，相反，它们根源于物质的生活关系，这种物质的生活关系的总和，黑格尔按照18世纪的英国人和法国人的先例，概括为"市民社会"，而对市民社会的解剖应该到政治经济学中去寻求。我在巴黎开始研究政治经济学，后来因基佐先生下令驱逐移居布鲁塞尔，在那里继续进行研究。我所得到的，并且一经得到就用于指导我的研究工作的总的结果，可以简要地表述如下：人们在自己生活的社会生产中发生一定的、必然的、不以他们的意志为转移的关系，即同他们的物质生产力的一定发展阶段相适合的生产关系。这些生产关系的总和构成社会的经济结构，即有法律的和政治的上层建筑竖立其上并有一定的社会意识形式与之相适应的现实基础。物质生活的生产方式制约着整个社会生活、政治生活和精神生活的过程。不是人们的意识决定人们的存在，相反，是人们的社会存在决定人们的意识。社会的物质生产力发展到一定阶段，便同它们一直在其中运动的现存生产关系或财产关系（这只是生产关系的法律用语）发生矛盾。于是这些关系便由生产力的发展形式变成生产力的桎梏。那时社会革命的时代就到来了。随着经济基础的变更，全部庞大的上层建筑也或慢或快地发生变革。在考察这些变革时，必须时刻把下面两者区别开来：一种是生产的经济条件方面所发生的物质的、可以用自然科学的精确性指明的变革，一种是人们借以意识到这个冲突并力求把它克服的那些法律的、政治的、宗教的、艺术的或哲学的，简言之，意识形态的形式。我们判断一个人不能以他对自己的看法为根据，同样，我们判断这样一个变革时代也不能以它的意识为根据；相反，这个意识必须从物质生活的矛盾中，从社会生产力和生产关系之间的现存冲突中去解释。无论哪一个社会形态，在它所能容纳的全部生产力发挥出来以前，是决不会灭亡的；而新的更高的生产关系，在它的物质存在条件在旧社会的胎胞里成熟以前，是决不会出现的。所以人类始终只提出自己能够解决的任务，因为只要仔细考察就可以发现，任务本身，只有在解决它的物质条件已经存在或者至少是在生成过程中的时候，才会产生。大体说来，亚细亚的、古希腊罗马的、封建的和现代资产阶级的生产方式可以看作是经济的社会形态演进的几个时代。资产阶级的生产关系是社会生产过程的最后一个对抗形式，这里所说的对抗，不是指个人的对抗，而是指从个人的社会生活条件中生长出来的对抗；但是，在资产阶级社会的胎胞里发展的生产力，同时又创造着解决这种对抗的物质条件。因此，人类社会的史前时期就以这种社会形态而告终。

自从弗里德里希·恩格斯批判经济学范畴的天才大纲（在《德法年鉴》上）发表以后，我同他不断通信交换意见，他从另一条道路（参看他的《英国工人阶级状况》）得出同我一样的结果，当1845年春他也住在布鲁塞尔时，我们决定共同阐明我们的见解与德国哲学的意识形态的见解的对立，实际上是把我们从前的哲学信仰清算一下。这个心愿是以批判黑格尔以后的哲学的形式来实现的。两厚册八开本的原稿早已送到威斯特伐利亚的出版所，后来我们才接到通知说，由于情况改变，不能付印。既然我们已经达到了我们的主要目的——自己弄清问题，我们就情愿让原稿留给老鼠的牙齿去批判了。在我们当时从这方面或那方面向公众表达我们见解的各种著作中，我只提出恩格斯与我合著的《共产党宣言》和我自己发表的《关于自由贸易问题的演说》。我们见解中有决定意义的论点，在我的1847年出版的为反对蒲鲁东而写的著作《哲学的贫困》中第一次做了科学的、虽然只是论战性的概述。我用德文写的关于《雇佣劳动》一书，汇集了我在布鲁塞尔德意志工人协会上对于这个问题的讲演，这本书的印刷由于二月革命和我因此被迫离开比利时而中断。

1848年和1849年《新莱茵报》的出版以及随后发生的一些事变，打断了我的经济研究工作，到1850年我在伦敦才能重新进行这一工作。英国博物馆中堆积着政治经济学史的大量资料，伦敦对于考察资产阶级社会是一个方便的地点，最后，随着加利福尼亚和澳大利亚金矿的发现，资产阶级社会看来进入了新的发展阶段，这一切决定我再从头开始，批判地仔细钻研新的材料。这些研究一部分自然要涉及似乎完全属于本题之外的学科，在这方面不得不多少费些时间。但是使我所能够支配的时间特别受到限制的，是谋生的迫切需要。八年来，我一直为第一流的美国英文报纸《纽约每日论坛报》撰稿（写作真正的报纸通讯在我只是例外），这使我的研究工作必然时时间断。然而，由于评论英国和大陆突出经济事件的论文在我的投稿中占着很大部分，我不得不去熟悉政治经济科学本身范围以外的实际的细节。

我以上简短地叙述了自己在政治经济学领域进行研究的经过，这只是要证明，我的见解，不管人们对它怎样评论，不管它多么不合乎统治阶级的自私的偏见，却是多年诚实研究的结果。但是在科学的入口处，正像在地狱的入口处一样，必须提出这样的要求：

"这里必须根绝一切犹豫；

这里任何怯懦都无济于事。"

2. 马克思、恩格斯：德意志意识形态①

我们开始要谈的前提不是任意提出的，不是教条，而是一些只有在臆想中才能撇开的现实前提。这是一些现实的个人，是他们的活动和他们的物质生活条件，包括他们已有的和由他们自己的活动创造出来的物质生活条件。因此，这些前提可以用纯粹经验的方法来确认。

全部人类历史的第一个前提无疑是有生命的个人的存在。因此，第一个需要确认的事实就是这些个人的肉体组织以及由此产生的个人对其他自然的关系。当然，我们在这里既不能深入研究人们自身的生理特性，也不能深入研究人们所处的各种自然条件——地质条件、山岳水文地理条件、气候条件以及其他条件。任何历史记载都应当从这些自然基础以及它们在历史进程中由于人们的活动而发生的变更出发。

可以根据意识、宗教或随便别的什么来区别人和动物。一当人开始生产自己的生活资料，即迈出由他们的肉体组织所决定的这一步的时候，人本身就开始把自己和动物区别开来。人们生产自己的生活资料，同时间接地生产着自己

---

① 马克思, 恩格斯. 马克思恩格斯选集：第1卷 [M]. 北京：人民出版社, 2012: 146-173.

的物质生活本身。

人们用以生产自己的生活资料的方式，首先取决于他们已有的和需要再生产的生活资料本身的特性。这种生产方式不应当只从它是个人肉体存在的再生产这方面加以考察。更确切地说，它是这些个人的一定的活动方式，是他们表现自己生命的一定方式、他们的一定的生活方式。个人怎样表现自己的生命，他们自己就是怎样。因此，他们是什么样的，这同他们的生产是一致的——既和他们生产什么一致，又和他们怎样生产一致。因而，个人是什么样的，这取决于他们进行生产的物质条件。

这种生产第一次是随着人口的增长而开始的。而生产本身又是以个人彼此之间的交往［Verkehr］为前提的。这种交往的形式又是由生产决定的。

……

由此可见，事情是这样的：以一定的方式进行生产活动的一定的个人，发生一定的社会关系和政治关系。经验的观察在任何情况下都应当根据经验来揭示社会结构和政治结构同生产的联系，而不应当带有任何神秘和思辨的色彩。社会结构和国家总是从一定的个人的生活过程中产生的。但是，这里所说的个人不是他们自己或别人想象中的那种个人，而是现实中的个人，也就是说，这些个人是从事活动的，进行物质生产的，因而是在一定的物质的、不受他们任意支配的界限、前提和条件下活动着的。

思想、观念、意识的生产最初是直接与人们的物质活动，与人们的物质交往，与现实生活的语言交织在一起的。人们的想象、思维、精神交往在这里还是人们物质行动的直接产物。表现在某一民族的政治、法律、道德、宗教、形而上学等的语言中的精神生产也是这样。人们是自己的观念、思想等的生产者，但这里所说的人们是现实的、从事活动的人们，他们受自己的生产力和与之相适应的交往的一定发展——直到交往的最遥远的形态——所制约。意识［das Bewuβtsein］在任何时候都只能是被意识到了的存在［dasbewuβte Sein］，而人们的存在就是他们的现实生活过程。如果在全部意识形态中，人们和他们的关系就像在照相机中一样是倒立成像的，那么这种现象也是从人们生活的历史过程中产生的，正如物体在视网膜上的倒影是直接从人们生活的生理过程中产生的一样。

德国哲学从天国降到人间；和它完全相反，这里我们是从人间升到天国。这就是说，我们不是从人们所说的、所设想的、所想象的东西出发，也不是从口头说的、思考出来的、设想出来的、想象出来的人出发，去理解有血有肉的人。我们的出发点是从事实际活动的人，而且从他们的现实生活过程中还可以描绘出这一生活过程在意识形态上的反射和反响的发展。甚至人们头脑中的模糊幻象也是他们的可以通过经验来确认的、与物质前提相联系的物质生活过程的必然升华物。因此，道德、宗教、形而上学和其他意识形态，以及与它们相适应的意识形式便不再保留独立性的外观了。它们没有历史，没有发展，而发展着自己的物质生产和物质交往的人们，在改变自己的这个现实的同时也改变着自己的思维和思维的产物。不是意识决定生活，而是生活决定意识。前一种考察方法从意识出发，把意识看作是有生命的个人。后一种符合现实生活的考察方法则从现实的、有生命的个人本身出发，把意识仅仅看作是他们的意识。

这种考察方法不是没有前提的。它从现实的前提出发，它一刻也不离开这种前提。它的前提是人，但不是处在某种虚幻的离群索居和固定不变状态中的人，而是处在现实的、可以通过经验观察到的、在一定条件下进行的发展过程中的人。只要描绘出这个能动的生活过程，历史就不再像那些本身还是抽象的经验主义者所认为的那样，是一些僵死的事实的汇集，也不再像唯心主义者所认为的那样，是想象的主体的想象活动。

在思辨终止的地方，在现实生活面前，正是描述人们实践活动和实际发展过程的真正的实证科学开始的地方。关于意识的空话将终止，它们一定会被真正的知识所代替。对现实的描述会使独立的哲学失去生存环境，能够取而代之的充其量不过是从对人类历史发展的考察中抽象出来的最一般的结果的概括。这些抽象本身离开了现实的历史就没有任何价值。它们只能对整理历史资料提供某些方便，指出历史资料的各个层次的顺序。但是这些抽象与哲学不同，它们绝不提供可以适用于各个历史时代的药方或公式。相反，只是在人们着手考察和整理资料——不管是有关过去时代的还是有关当代的资料——的时候，在实际阐述资料的时候，困难才开始出现。这些困难的排除受到种种前提的制约，这些前提在这里是根本不可能提供出来的，而只能从对每个时代的个人的现实生活过程和活动的研究中产生。这里我们只举出几个我们用来与意识形态相对照的抽象，并用历史的实例来加以说明。

……

我们谈的是一些没有任何前提的德国人，因此我们首先应当确定一切人类生存的第一个前提，也就是一切历史的第一个前提，这个前提是：人们为了能够"创造历史"，必须能够生活。但是为了生活，首先就需要吃喝住穿以及其他一些东西。因此第一个历史活动就是生产满足这些需要的资料，即生产物质生活本身，而且，这是人们从几千年前直到今天单是为了维持生活就必须每日每时从事的历史活动，是一切历史的基本条件。即使感性在圣布鲁诺那里被归结为像一根棍子那样微不足道的东西，它仍然必须以生产这根棍子的活动为前提。因此任何历史观的第一件事情就是必须注意上述基本事实的全部意义和全部范围，并给予应有的重视。大家知道，德国人从来没有这样做过，所以他们从来没有为历史提供世俗基础，因而也从未拥有过一个历史学家。法国人和英国人尽管对这一事实同所谓的历史之间的联系了解得非常片面——特别是因为他们受政治意识形态的束缚——，但毕竟作了一些为历史编纂学提供唯物主义基础的初步尝试，首次写出了市民社会史、商业史和工业史。

第二个事实是，已经得到满足的第一个需要本身、满足需要的活动和已经获得的为满足需要而用的工具又引起新的需要，而这种新的需要的产生是第一个历史活动。从这里立即可以明白，德国人的伟大历史智慧是谁的精神产物。德国人认为，凡是在他们缺乏实证材料的地方，凡是在神学、政治和文学的谬论不能立足的地方，就没有任何历史，那里只有"史前时期"；至于如何从这个荒谬的"史前历史"过渡到真正的历史，他们却没有对我们做任何解释。不过另一方面，他们的历史思辨所以特别热衷于这个"史前历史"，是因为他们认为在这里他们不会受到"粗暴事实"的干预，而且还可以让他们的思辨欲望得到充分的自由，创立和推翻成千上万的假说。

一开始就进入历史发展过程的第三种关系是：每日都在重新生产自己生命的人们开始生产另外一些人，即繁殖。这就是夫妻之间的关系，父母和子女之间的关系，也就是家庭。这种家庭起初是唯一的社会关系，后来，当需要的增长产生了新的社会关系而人口的增多又产生了新的需要的时候，这种家庭便成为从属的关系了（德国除外）。这时就应该根据现有的经验材料来考察和阐明家庭，而不应该像通常在德国所做的那样，根据"家庭的概念"来考察和阐明家庭。此外，不应该把社会活动的这三个方面看作是三个不同的阶段，而只应该看作是三个方面，或者，为了使德国人能够明白，把它们看作是三个"因素"。从历史的最初时期起，从第一批人出现以来，这三个方面就同时存在着，而且现在也还在历史上起着作用。

这样，生命的生产，无论是通过劳动而生产自己的生命，还是通过生育而生产他人的生命，就立即表现为双重关系：一方面是自然关系，另一方面是社会关系；社会关系的含义在这里是指许多个人的共同活动，不管这种共同活动是在什么条件下、用什么方式和为了什么目的而进行的。由此可见，一定的生产方式或一定的工业阶段始终是与一定的共同活动方式或一定的社会阶段联系着的，而这种共同活动方式本身就是"生产力"；由此可见，人们所达到的生产力的总和决定着社会状况，因而，始终必须把"人类的历史"同工业和交换的

113

历史联系起来研究和探讨。但是，这样的历史在德国是写不出来的，这也是很明显的，因为对于德国人来说，要做到这一点不仅缺乏理解能力和材料，而且还缺乏"感性确定性"；而在莱茵河彼岸之所以不可能有关于这类事情的任何经验，是因为那里再没有什么历史。由此可见，人们之间一开始就有一种物质的联系。这种联系是由需要和生产方式决定的，它和人本身有同样长久的历史；这种联系不断采取新的形式，因而就表现为"历史"，它不需要用任何政治的或宗教的呓语特意把人们维系在一起。

只有现在，在我们已经考察了原初的历史的关系的四个因素、四个方面之后，我们才发现：人还具有"意识"。但是这种意识并非一开始就是"纯粹的"意识。"精神"从一开始就很倒霉，受到物质的"纠缠"，物质在这里表现为振动着的空气层、声音，简言之，即语言。语言和意识具有同样长久的历史；语言是一种实践的、既为别人存在因而也为我自身而存在的、现实的意识。语言也和意识一样，只是由于需要，由于和他人交往的迫切需要才产生的。凡是有某种关系存在的地方，这种关系都是为我而存在的；动物不对什么东西发生"关系"，而且根本没有"关系"；对于动物来说，它对他物的关系不是作为关系存在的。因而，意识一开始就是社会的产物，而且只要人们存在着，它就仍然是这种产物。当然，意识起初只是对直接的可感知的环境的一种意识，是对处于开始意识到自身的个人之外的其他人和其他物的狭隘联系的一种意识。同时，它也是对自然界的一种意识，自然界起初是作为一种完全异己的、有无限威力的和不可制服的力量与人们对立的，人们同自然界的关系完全像动物同自然界的关系一样，人们就像牲畜一样慑服于自然界，因而，这是对自然界的一种纯粹动物式的意识（自然宗教）；但是，另一方面，意识到必须和周围的个人来往，也就是开始意识到人总是生活在社会中的。这个开始，同这一阶段的社会生活本身一样，带有动物的性质；这是纯粹的畜群意识，这里，人和绵羊不同的地方只是在于：他的意识代替了他的本能，或者说他的本能是被意识到了的本能。由于生产效率的提高，需要的增长以及作为二者基础的人口的增多，这种绵羊意识或部落意识获得了进一步的发展和提高。与此同时分工也发展起来。分工起初只是性行为方面的分工，后来是由于天赋（例如体力）、需要、偶然性等才自发地或"自然地"形成的分工。分工只是从物质劳动和精神劳动分离的时候起才真正成为分工。从这时候起意识才能现实地想象：它是和现存实践的意识不同的某种东西；它不用想象某种现实的东西就能现实地想象某种东西。从这时候起，意识才能摆脱世界而去构造"纯粹的"理论、神学、哲学、道德等。但是，如果这种理论、神学、哲学、道德等同现存的关系发生矛盾，那么，这仅仅是因为现存的社会关系同现存的生产力发生了矛盾。不过，在一定民族的各种关系的范围内，这种现象的出现也可能不是因为在该民族范围内出现了矛盾，而是因为在该民族意识和其他民族的实践之间，亦即在某一民族的民族意识和普遍意识之间出现了矛盾（就像目前德国的情形那样）——既然这个矛盾似乎只表现为民族意识范围内的矛盾，那么在这个民族看来，斗争也就限于这种民族废物，因为这个民族就是废物本身。但是，意识本身究竟采取什么形式，这是完全无关紧要的。我们从这一大堆赘述中只能得出一个结论：上述三个因素即生产力、社会状况和意识，彼此之间可能而且一定会发生矛盾，因为分工使精神活动和物质活动、享受和劳动、生产和消费由不同的个人来分担这种情况不仅成为可能，而且成为现实，而要使这三个因素彼此不发生矛盾，则只有再消灭分工。此外，不言而喻，"幽灵"、"枷锁"、"最高存在物""概念"、"疑虑"显然只是孤立的个人的一种观念上的、思辨的、精神的表现，只是他的观念，即关于真正经验的束缚和界限的观念；生活的生产方式以及与此相联系的交往形式就在这些束缚和界限的范围内运动着。

……

历史不外是各个世代的依次交替。每一代都利用以前各代遗留下来的材料、资金和生产力；由于这个缘故，每一代一方面在完全改变了的环境下继续从事所继承的活动，另一方面又通过完全改变了的活动来变更旧的环境。然而，事情被思辨地扭曲成这样：好像后期历史是前期历史的目的，例如，好像美洲的发现的根本目的就是要促使法国大革命的爆发。于是历史便具有了自己特殊的目的并成为某个与"其他人物"（像"自我意识"、"批判"、"唯一者"等等）"并列的人物"。其实，前期历史的"使命"、"目的"、"萌芽"、"观念"等词所表示的东西，终究不过是从后期历史中得出的抽象，不过是从前期历史对后期历史发生的积极影响中得出的抽象。

各个相互影响的活动范围在这个发展进程中越是扩大，各民族的原始封闭状态由于日益完善的生产方式、交往以及因交往而自然形成的不同民族之间的分工消灭得越是彻底，历史也就越是成为世界历史。例如，如果在英国发明了一种机器，它夺走了印度和中国的无数劳动者的饭碗，并引起这些国家的整个生存形式的改变，那么，这个发明便成为一个世界历史性的事实；同样，砂糖和咖啡是这样来表明自己在19世纪具有的世界历史意义的：拿破仑的大陆体系所引起的这两种产品的匮乏推动了德国人起来反抗拿破仑，从而就成为光荣的1813年解放战争的现实基础。由此可见，历史向世界历史的转变，不是"自我意识"、世界精神或者某个形而上学幽灵的某种纯粹的抽象行动，而是完全物质的、可以通过经验证明的行动,每一个过着实际生活的、需要吃、喝、穿的个人都可以证明这种行动。

单个人随着自己的活动扩大为世界历史性的活动,越来越受到对他们来说是异己的力量的支配(他们把这种压迫想象为所谓世界精神等的圈套),受到日益扩大的、归根结底表现为世界市场的力量的支配,这种情况在迄今为止的历史中当然也是经验事实。但是,另一种情况也具有同样的经验根据,这就是:随着现存社会制度被共产主义革命所推翻(下面还要谈到这一点)以及与这一革命具有同等意义的私有制的消灭,这种对德国理论家们来说是如此神秘的力量也将被消灭;同时,每一个单个人的解放的程度是与历史完全转变为世界历史的程度一致的。至于个人在精神上的现实丰富性完全取决于他的现实关系的丰富性,根据上面的叙述,这已经很清楚了。只有这样,单个人才能摆脱种种民族局限和地域局限而同整个世界的生产(也同精神的生产)发生实际联系,才能获得利用全球的这种全面的生产(人们的创造)的能力。各个人的全面的依存关系、他们的这种自然形成的世界历史性的共同活动的最初形式,由于这种共产主义革命而转化为对下述力量的控制和自觉的驾驭,这些力量本来是由人们的相互作用产生的,但是迄今为止对他们来说都作为完全异己的力量威慑和驾驭着他们。这种观点仍然可以用思辨的、观念的方式,也就是用幻想的方式解释为"类的自我产生"("作为主体的社会"),从而把所有前后相继、彼此相联的个人想象为从事自我产生这种神秘活动的唯一的个人。这里很明显,尽管人们在肉体上和精神上互相创造着,但是他们既不像圣布鲁诺胡说的那样,也不像"唯一者""被创造的"人那样创造自己本身。

最后,我们从上面所阐述的历史观中还可以得出以下的结论:(1)生产力在其发展的过程中达到这样的阶段,在这个阶段上产生出来的生产力和交往手段在现存关系下只能造成灾难,这种生产力已经不是生产的力量,而是破坏的力量(机器和货币)。与此同时还产生了一个阶级,它必须承担社会的一切重负,而不能享受社会的福利,它被排斥于社会之外,因而不得不同其他一切阶级发生最激烈的对立;这个阶级构成了全体社会成员中的大多数,从这个阶级中产生出必须实行彻底革命的意识,即共产主义的意识,这种意识当然也可以在其他阶级中形成,只要它们认识到这个阶级的状况。(2)那些使一定的生产力能够得到利用的条件,是社会的一定阶级实行统治的条件,这个阶级的由其财产状况产生的社会权力,每一次都在相应的国家形式中获得实践的观念的表现,因此一切革命斗争都是针对在此以前实行统治的阶级的;(3)迄今为止的一切革命始终没有触动活动的性质,始终不过是按另外的方式分配这种活动,不过是在另一些人中间重新分配劳动,而共产主义革命则针对活动迄今具有的性质,消灭劳动,并消灭任何阶级的统治以及这些阶级本身,因为完成这个革命的是这样一个阶级,它在社会上已经不算是一个阶级,它已经不被承认是一个阶级,它已经成为现今社会的一切阶级、民族等的解体的表现。(4) 无论为了使这种共产主义意识普遍地产生还是为了实现事业本身,使人们普遍地发生变化是必需的,这种变化只有在实际运动中,在革命中才有可能实现;因此,革命之所以必需,不仅是因为没有任何其他的办法能够推翻统治阶级,而且还因为推翻统治阶级的那个阶级,只有在革命中才能抛掉自己身上的一切陈旧的肮脏东西,才能胜任重建社会的工作。

由此可见,这种历史观就在于:从直接生活的物质生产出发阐述现实的生产过程,把同这种生产方式相联系的、它所产生的交往形式即各个不同阶段上的市民社会理解为整个历史的基础,从市民社会作为国家的活动描述市民社会,同时从市民社会出发阐明意识的所有各种不同的理论产物和形式,如宗教、哲学、道德等,而且追溯它们产生的过程。这样做当然就能够完整地描述事物了(因而也能够描述事物的这些不同方面之间的相互作用)。这种历史观和唯心主义历史观不同,它不是在每个时代中寻找某种范畴,而是始终站在现实历史的基础上,不是从观念出发来解释实践,而是从物质实践出发来解释各种观念形态,由此也就得出下述结论:意识的一切形式和产物不是可以通过精神的批判来消灭的,不是可以通过把它们消融在"自我意识"中或化为"怪影"、"幽灵"、"怪想"等等来消灭的,而只有通过实际地推翻这一切唯心主义谬论所由产生的现实的社会关系,才能把它们消灭;历史的动力以及宗教、哲学和任何其他理论的动力是革命,而不是批判。这种观点表明:历史不是作为"源于精神的精神"消融在"自我意识"中而告终的,历史的每一阶段都遇到一定的物质结果,一定的生产力总和,人对自然以及个人之间历史地形成的关系,都遇到前一代传给后一代的大量生产力、资金和环境,尽管一方面这些生产力、资金和环境为新的一代所改变,但另一方面,它们也预先规定新的一代本身的生活条件,使它得到一定的发展和具有特殊的性质。由此可见,这种观点表明:人创造环境,同样,环境也创造人。每个个人和每一代所遇到的现成的东西:生产力、资金和社会交往形式的总和,是哲学家们想象为"实体"和"人的本质"的东西的现实基础,是他们加以神化并与之斗争的东西的现实基础,这种基础尽管遭到以"自我意识"和"唯一者"的身份出现的哲学家们的反抗,但它对人们的发展所起的作用和影响却丝毫也不因此而受到干扰。各代所遇到的这些生活条件还决定着这样的情况:历史上周期性地重演的革命动荡是否强大到足以摧毁现存一切的基础；如果还没有具备这些实行全面变革的物质因素，就是说，一方面还没有一定的生产力，另一方面还没有形成不仅反抗旧社会的个别条件，而且反抗旧的"生活生产"本身、反抗旧社会所依据的"总和活动"的革命群众，那么，正如共产主义的历史所证明的，尽管这种变革的观念已经表述过千百次，但这对于实际发展没有任何意义。

3. 恩格斯致约瑟夫·布洛赫①

尊敬的先生：

……根据唯物史观，历史过程中的决定性因素归根到底是现实生活的生产和再生产。无论马克思或我都从来没有肯定过比这更多的东西。如果有人在这里加以歪曲，说经济因素是唯一决定性的因素，那么他就是把这个命题变成毫无内容的、抽象的、荒诞无稽的空话。经济状况是基础，但是对历史斗争的进程发生影响并且在许多情况下主要是决定着这一斗争的形式的，还有上层建筑的各种因素：阶级斗争的政治形式及其成果——由胜利了的阶级在获胜以后确立的宪法等，各种法的形式以及所有这些实际斗争在参加者头脑中的反映，政治的、法律的和哲学的理论，宗教的观点以及它们向教义体系的进一步发展。这里表现出这一切因素间的相互作用，而在这种相互作用中归根到底是经济运动作为必然的东西通过无穷无尽的偶然事件（即这样一些事物和事变，它们的内部联系是如此疏远或者是如此难于确定，以致我们可以认为这种联系并不存在，忘掉这种联系）向前发展。否则把理论应用于任何历史时期，就会比解一个最简单的一次方程式更容易了。

我们自己创造着我们的历史，但是第一，我们是在十分确定的前提和条件下创造的。其中经济的前提和条件归根到底是决定性的。但是政治等等的前提和条件，甚至那些萦回于人们头脑中的传统，也起着一定的作用，虽然不是决定性的作用。普鲁士国家也是由于历史的、归根到底是经济的原因而产生出来和发展起来的。但是，恐怕只有书呆子才会断定，在北德意志的许多小邦中，勃兰登堡成为一个体现了北部和南部之间的经济差异、语言差异，而自宗教改革以来也体现了宗教差异的强国，这只是由经济的必然性所决定，而不是也由其他因素所决定（在这里首先起作用的是这样一个情况：勃兰登堡由于掌握了普鲁士而卷入了波兰事件，并因而卷入了国际政治关系，这种关系在奥地利王室权力的形成过程中也起过决定性的作用）。要从经济上说明每一个德意志小邦

---

① 马克思，恩格斯. 马克思恩格斯选集：第4卷［M］. 北京：人民出版社，2012：604-606.

的过去和现在的存在，或者要从经济上说明那种把苏台德山脉至陶努斯山所形成的地理划分扩大成为贯穿全德意志的真正裂痕的高地德意志语的音变的起源，那么，很难不闹出笑话来。

但是第二，历史是这样创造的：最终的结果总是从许多单个的意志的相互冲突中产生出来的，而其中每一个意志，又是由于许多特殊的生活条件，才成为它所成为的那样。这样就有无数互相交错的力量，有无数个力的平行四边形，由此就产生出一个合力，即历史结果，而这个结果又可以看作一个作为整体的、不自觉地和不自主地起着作用的力量的产物。因为任何一个人的愿望都会受到任何另一个人的妨碍，而最后出现的结果就是谁都没有希望过的事物。所以到目前为止的历史总是像一种自然过程一样地进行，而且实质上也是服从于同一运动规律的。但是，各个人的意志——其中的每一个都希望得到他的体质和外部的、归根到底是经济的情况（或是他个人的，或是一般社会性的）使他向往的东西——虽然都达不到自己的愿望，而是融合为一个总的平均数，一个总的合力，然而从这一事实中决不应做出结论说，这些意志等于零。相反地，每个意志都对合力有所贡献，因而是包括在这个合力里面的。

另外，我请您根据原著来研究这个理论，而不要根据第二手的材料来进行研究——这的确要容易得多。马克思所写的文章，几乎没有一篇不是由这个理论起了作用的。特别是《路易·波拿巴的雾月十八日》，这本书是运用这个理论的十分出色的例子。《资本论》中的许多提示也是这样。再者，我也可以向您指出我的《欧根·杜林先生在科学中实行的变革》和《路德维希·费尔巴哈和德国古典哲学的终结》，我在这两部书里对历史唯物主义作了就我所知是目前最为详尽的阐述。

青年们有时过分看重经济方面，这有一部分是马克思和我应当负责的。我们在反驳我们的论敌时，常常不得不强调被他们否认的主要原则，并且不是始终都有时间、地点和机会来给其他参与相互作用的因素以应有的重视。但是，只要问题一关系到描述某个历史时期，即关系到实际的应用，那情况就不同了，这里就不容许有任何错误了。可惜人们往往以为，只要掌握了主要原理——而且还并不总是掌握得正确，那就算已经充分地理解了新理论并且立刻就能够应用它了。在这方面，我不能不责备许多最新的"马克思主义者"；他们也的确造成过惊人的混乱……

4. 列宁：国家与革命①

(1) 国家是阶级矛盾不可调和的产物

马克思的学说在今天的遭遇，正如历史上被压迫阶级在解放斗争中的革命思想家和领袖的学说常有的遭遇一样。当伟大的革命家在世时，压迫阶级总是不断迫害他们，以最恶毒的敌意、最疯狂的仇恨、最放肆的造谣和诽谤对待他们的学说。在他们逝世以后，便试图把他们变为无害的神像，可以说是把他们偶像化，赋予他们的名字某种荣誉，以便"安慰"和愚弄被压迫阶级，同时却阉割革命学说的内容，磨去它的革命锋芒，把它庸俗化。现在资产阶级和工人运动中的机会主义者在对马克思主义作这种"加工"的事情上正一致起来。他们忘记、抹杀和歪曲这个学说的革命方面，革命灵魂。他们把资产阶级可以接受或者觉得资产阶级可以接受的东西放在第一位来加以颂扬。现在，一切社会沙文主义者都成了"马克思主义者"，这可不是说着玩的！那些德国的资产阶级学者，昨天还是剿灭马克思主义的专家，现在却愈来愈频繁地谈论起"德意志民族的"马克思来了，似乎马克思培育出了为进行掠夺战争而组织得非常出色的工人联合会！

在这种情况下，在对马克思主义的种种歪曲空前流行的时候，我们的任务首先就是要恢复真正的马克思的国家学说。为此，必须大段大段地引证马克思和恩格斯本人的著作。当然，大段的引证会使文章冗长，并且丝毫无助于通俗化。但是没有这样的引证是绝对不行的。马克思和恩格斯著作中所有谈到国家问题的地方，至少一切有决定意义的地方，一定要尽可能完整地加以引证，使读者能够独立地了解科学社会主义创始人的全部观点以及这些观点的发展，同时也是为了确凿地证明并清楚地揭示现在占统治地位的"考茨基主义"对这些观点的歪曲。

我们先从传播最广的弗·恩格斯的《家庭、私有制和国家的起源》一书讲起，这本书已于1894年在斯图加特出了第6版。我们必须根据德文原著来译出引文，因为俄文译本虽然很多，但多半不是译得不全，就是译得很糟。

恩格斯在总结他所做的历史的分析时说："国家决不是从外部强加于社会的一种力量。国家也不像黑格尔所断言的是'伦理观念的现实'、'理性的形象和现实'。勿宁说，国家是社会在一定发展阶段上的产物；国家是表示：这个社会陷入了不可解决的自我矛盾，分裂为不可调和的对立面而又无力摆脱这些对立面。而为了使这些对立面，这些经济利益互相冲突的阶级，不致在无谓的斗争

---

① 列宁. 列宁选集：第3卷[M]. 北京：人民出版社，2012：112-128.

中把自己和社会消灭,就需要有一种表面上站在社会之上的力量来抑制冲突,把冲突保持在'秩序'的范围以内;这种从社会中产生但又居于社会之上并且日益同社会相异化的力量,就是国家。"(德文第6版第177-178页)

这一段话十分清楚地表达了马克思主义关于国家的历史作用和意义这一问题的基本思想。国家是阶级矛盾不可调和的产物和表现。在阶级矛盾客观上不能调和的地方、时候和条件下,便产生国家。反过来说,国家的存在证明阶级矛盾不可调和。

对马克思主义的歪曲正是从这最重要的和根本的一点上开始的,这种歪曲来自两个主要方面。

一方面,资产阶级的思想家,特别是小资产阶级的思想家——他们迫于无可辩驳的历史事实不得不承认,只有存在阶级矛盾和阶级斗争的地方才有国家——这样来"稍稍纠正"马克思,把国家说成是阶级调和的机关。在马克思看来,如果阶级调和是可能的话,国家既不会产生,也不会保持下去。而照市侩和庸人般的教授和政论家们说来(往往还善意地引用马克思的话作根据!),国家正是调和阶级的。在马克思看来,国家是阶级统治的机关,是一个阶级压迫另一个阶级的机关,是建立一种"秩序"来抑制阶级冲突,使这种压迫合法化、固定化。在小资产阶级政治家看来,秩序正是阶级调和,而不是一个阶级对另一个阶级的压迫;抑制冲突就是调和,而不是剥夺被压迫阶级用来推翻压迫者的一定的斗争手段和斗争方式。

例如,在1917年革命中,当国家的意义和作用问题正好显得极为重要,即作为立刻行动而且是大规模行动的问题在实践上提出来的时候,全体社会革命党人和孟什维克一下子就完全滚到"国家""调和"阶级这种小资产阶级理论方面去了。这两个政党的政治家写的无数决议和文章,都浸透了这种市侩的庸俗的"调和"论。至于国家是一定阶级的统治机关,这个阶级不可能与同它对立的一方(同它对抗的阶级)调和,这是小资产阶级民主派始终不能了解的。我国社会革命党人和孟什维克根本不是社会主义者(我们布尔什维克一直都在这样证明),而是唱着准社会主义的高调的小资产阶级民主派,他们对国家的态度就是最明显的表现之一。

另一方面,"考茨基主义"对马克思主义的歪曲要巧妙得多。"在理论上",它既不否认国家是阶级统治的机关,也不否认阶级矛盾不可调和。但是,它忽视或抹杀了以下一点:既然国家是阶级矛盾不可调和的产物,既然它是站在社会之上并且"日益同社会相异化"的力量,那么很明显,被压迫阶级要求得解放,不仅非进行暴力革命不可,而且非消灭统治阶级所建立的、体现这种"异化"的国家政权机构不可。这个在理论上不言而喻的结论，下面我们会看到，是马克思对革命的任务作了具体的历史的分析后十分明确地得出来的。正是这个结论被考茨基……"忘记"和歪曲了，这一点我们在下面的叙述中还要详细地证明。

(2) 特殊的武装队伍，监狱等等

恩格斯继续说："……国家和旧的氏族〈或克兰〉组织不同的地方，第一点就是它按地区来划分它的国民。……"

我们现在觉得这种划分"很自然"，但这是同血族或氏族的旧组织进行了长期的斗争才获得的。

"……第二个不同点，是公共权力的设立，这种公共权力已不再同自己组织为武装力量的居民直接符合了。这种特殊的公共权力之所以需要，是因为自从社会分裂为阶级以后，居民的自动的武装组织已经成为不可能了。……这种公共权力在每一个国家里都存在。构成这种权力的，不仅有武装的人，而且还有物质的附属物，如监狱和各种强制机关，这些东西都是以前的氏族〈克兰〉社会所没有的。……"

恩格斯在这里阐明了被称为国家的那种"力量"的概念，即从社会中产生但又居于社会之上并且日益同社会相异化的力量的概念。这种力量主要是什么呢？主要是拥有监狱等的特殊的武装队伍。

应该说这是特殊的武装队伍，因为任何国家所具有的公共权力已经"不再"同武装的居民，即同居民的"自动的武装组织""直接符合"了。

同一切伟大的革命思想家一样，恩格斯也竭力促使有觉悟的工人去注意被流行的庸俗观念认为最不值得注意、最习以为常的东西，被根深蒂固的甚至可说是顽固不化的偏见奉为神圣的东西。常备军和警察是国家政权的主要强力工具，但是，难道能够不是这样吗？

19世纪末，大多数欧洲人认为只能是这样。恩格斯的话正是对这些人说的。他们没有经历过，也没有亲眼看到过一次大的革命。他们完全不了解什么是"居民的自动的武装组织"。对于为什么要有特殊的、居于社会之上并且同社会相异化的武装队伍（警察、常备军）这个问题，西欧和俄国的庸人总是喜欢借用斯宾塞或米海洛夫斯基的几句话来答复，说这是因为社会生活复杂化、职能分化等。

这种说法似乎是"科学的"，而且很能迷惑一般人；它掩盖了社会分裂为不可调和地敌对的阶级这个主要的基本的事实。

如果没有这种分裂，"居民的自动的武装组织"，就其复杂程度、技术水平等来说，固然会不同于拿着树棍的猿猴群或原始人或组成克兰社会的人们的原始组织，但这样的组织是可能有的。

这样的组织所以不可能有，是因为文明社会已分裂为敌对的而且是不可调和地敌对的阶级。如果这些阶级都有"自动的"武装，就会导致它们之间的武装斗争。于是国家形成了，特殊的力量即特殊的武装队伍建立起来了。每次大革命在破坏国家机构的时候，我们都看到赤裸裸的阶级斗争，我们都清楚地看到，统治阶级是如何力图恢复替它服务的特殊武装队伍，被压迫阶级又是如何力图建立一种不替剥削者服务，而替被剥削者服务的新型的同类组织。

恩格斯在上面的论述中从理论上提出的问题，正是每次大革命实际地、明显地而且是以大规模的行动提到我们面前的问题，即"特殊的"武装队伍同"居民的自动的武装组织"之间的相互关系问题。我们在下面会看到，欧洲和俄国历次革命的经验是怎样具体地说明这个问题的。

现在我们再来看恩格斯的论述。

他指出，有时，如在北美某些地方，这种公共权力极其微小（这里指的是资本主义社会中罕见的例外，指的是帝国主义以前时期北美那些自由移民占多数的地方），但一般说来，它是在加强：

"……随着国内阶级对立的尖锐化，随着彼此相邻的各国的扩大和它们人口的增加，公共权力就日益加强。就拿我们今天的欧洲来看吧，在这里，阶级斗争和侵略竞争已经使公共权力猛增到势将吞食整个社会甚至吞食国家的高度。……"

这段话至迟是在上一世纪90年代初期写的。恩格斯最后的序言注明的日期是1891年6月16日。当时向帝国主义的转变，无论就托拉斯的完全统治或大银行的无限权力或大规模的殖民政策等等来说，在法国还是刚刚开始，在北美和德国更要差一些。此后，"侵略竞争"进了一大步，尤其是到了20世纪第二个10年的初期，世界已被这些"竞争的侵略者"，即进行掠夺的大国瓜分完了。从此陆海军备无限增长，1914—1917年由于英德两国争夺世界霸权即由于瓜分赃物而进行的掠夺战争，使贪婪的国家政权对社会一切力量的"吞食"快要酿成大灾大难了。

恩格斯在1891年就已指出，"侵略竞争"是各个大国对外政策最重要的特征之一，但是在1914—1917年，即正是这个竞争加剧了许多倍而引起了帝国主义战争的时候，社会沙文主义的恶棍们却用"保卫祖国"、"保卫共和国和革命"等等词句来掩盖他们维护"自己"资产阶级强盗利益的行为！

123

(3) 国家是剥削被压迫阶级的工具

为了维持特殊的、站在社会之上的公共权力，就需要捐税和国债。

恩格斯说："……官吏既然掌握着公共权力和征税权，他们就作为社会机关而站在社会之上。从前人们对于氏族〈克兰〉社会的机关的那种自由的、自愿的尊敬，即使他们能够获得，也不能使他们满足了……"于是制定了官吏神圣不可侵犯的特别法律。"一个最微不足道的警察"却有比克兰代表更大的"权威"，然而，即使是文明国家掌握军权的首脑，也会对"不是用强迫手段获得"社会"尊敬"的克兰首领表示羡慕。

这里提出了作为国家政权机关的官吏的特权地位问题。指出了这样一个基本问题：究竟什么东西使他们居于社会之上？我们在下面就会看到，这个理论问题在1871年如何被巴黎公社实际地解决了，而在1912年又如何被考茨基反动地抹杀了。

"……由于国家是从控制阶级对立的需要中产生的，同时又是在这些阶级的冲突中产生的，所以，它照例是最强大的、在经济上占统治地位的阶级的国家，这个阶级借助于国家而在政治上也成为占统治地位的阶级，因而获得了镇压和剥削被压迫阶级的新手段。……"不仅古代国家和封建国家是剥削奴隶和农奴的机关，"现代的代议制的国家"也"是资本剥削雇佣劳动的工具。但也例外地有这样的时期，那时互相斗争的各阶级达到了这样势均力敌的地步，以致国家权力作为表面上的调停人而暂时得到了对于两个阶级的某种独立性。……"17世纪和18世纪的专制君主制，法兰西第一帝国和第二帝国的波拿巴主义，德国的俾斯麦，都是如此。

我们还可以补充说，在开始迫害革命无产阶级以后，在苏维埃由于小资产阶级民主派的领导而已经软弱无力，资产阶级又还没有足够的力量来直接解散它的时候，共和制俄国的克伦斯基政府也是如此。

恩格斯继续说，在民主共和国内，"财富是间接地但也是更可靠地运用它的权力的"，它所采用的第一个方法是"直接收买官吏"（美国），第二个方法是"政府和交易所结成联盟"（法国和美国）。

目前，在任何民主共和国中，帝国主义和银行统治都把这两种维护和实现财富的无限权力的方法"发展"到了非常巧妙的地步。例如，在俄国实行民主共和制的头几个月里，也可以说是在社会革命党人和孟什维克这些"社会党人"同资产阶级在联合政府中联姻的蜜月期间，帕尔钦斯基先生暗中破坏，不愿意实施遏止资本家、制止他们进行掠夺和借军事订货盗窃国库的种种措施，而在帕尔钦斯基先生退出内阁以后（接替他的自然是同他一模一样的人），资本家

"奖赏"给他年薪12万卢布的肥缺,这究竟是怎么一回事呢?是直接的收买,还是间接的收买?是政府同辛迪加结成联盟,还是"仅仅"是一种友谊关系?切尔诺夫、策列铁里、阿夫克森齐耶夫、斯柯别列夫之流究竟起着什么作用?他们是盗窃国库的百万富翁的"直接"同盟者,还是仅仅是间接的同盟者?

"财富"的无限权力在民主共和制下更可靠,是因为它不依赖政治机构的某些缺陷,不依赖资本主义的不好的政治外壳。民主共和制是资本主义所能采用的最好的政治外壳,所以资本一掌握(通过帕尔钦斯基、切尔诺夫、策列铁里之流)这个最好的外壳,就能十分巩固十分可靠地确立自己的权力,以致在资产阶级民主共和国中,无论人员、无论机构、无论政党的任何更换,都不会使这个权力动摇。

还应该指出,恩格斯十分肯定地认为,普选制是资产阶级统治的工具。他显然是考虑到了德国社会民主党的长期经验,说普选制是"测量工人阶级成熟性的标尺。在现今的国家里,普选制不能而且永远不会提供更多的东西"。

小资产阶级民主派,如我国的社会革命党人和孟什维克,以及他们的同胞兄弟西欧一切社会沙文主义者和机会主义者,却正是期待从普选制中得到"更多的东西"。他们自己相信而且要人民也相信这种荒谬的想法:普选制"在现今的国家里"能够真正体现大多数劳动者的意志,并保证实现这种意志。

我们在这里只能指出这种荒谬的想法,只能指出,恩格斯这个十分明白、准确而具体的说明,经常在"正式的"(即机会主义的)社会党的宣传鼓动中遭到歪曲。至于恩格斯在这里所唾弃的这种想法的全部荒谬性,我们在下面谈到马克思和恩格斯对"现今的"国家的看法时还会详细地加以阐明。

恩格斯在他那部流传最广的著作中,把自己的看法总结如下:

"所以,国家并不是从来就有的。曾经有过不需要国家而且根本不知国家和国家权力为何物的社会。在经济发展到一定阶段而必然使社会分裂为阶级时,国家就由于这种分裂而成为必要了。现在我们正在以迅速的步伐接近这样的生产发展阶段,在这个阶段上,这些阶级的存在不仅不再必要,而且成了生产的直接障碍。阶级不可避免地要消失,正如它们从前不可避免地产生一样。随着阶级的消失,国家也不可避免地要消失。在自由平等的生产者联合体的基础上按新方式组织生产的社会,将把全部国家机器放到那时它应该去的地方,即放到古物陈列馆去,同纺车和青铜斧陈列在一起。"

这一段引文在现代社会民主党的宣传鼓动书刊中很少遇到,即使遇到,这种引用也多半好像是对神像鞠一下躬,也就是为了例行公事式地对恩格斯表示一下尊敬,而丝毫不去考虑,先要经过多么广泛而深刻的革命,才能"把全部国

125

家机器放到古物陈列馆去"。他们甚至往往不懂恩格斯说的国家机器究竟是什么。

(4) 国家"自行消亡"和暴力革命

恩格斯所说的国家"自行消亡"这句话是这样著名，这样经常地被人引证，又这样清楚地表明了通常那种把马克思主义篡改为机会主义的手法的实质，以致对它必须详细地考察一下。现在我们把谈到这句话的整段论述援引如下：

"无产阶级将取得国家政权，并且首先把生产资料变为国家财产。但是，这样一来它就消灭了作为无产阶级的自身，消灭了一切阶级差别和阶级对立，也消灭了作为国家的国家。到目前为止还在阶级对立中运动着的社会，都需要有国家，即需要一个剥削阶级的组织，以便维持它的外部的生产条件，特别是用暴力把被剥削阶级控制在当时的生产方式所决定的那些压迫条件下（奴隶制、农奴制或依附农制、雇佣劳动制）。国家是整个社会的正式代表，是社会在一个有形的组织中的集中表现，但是，说国家是这样的，这仅仅是说，它是当时独自代表整个社会的那个阶级的国家：在古代是占有奴隶的公民的国家，在中世纪是封建贵族的国家，在我们的时代是资产阶级的国家。当国家终于真正成为整个社会的代表时，它就使自己成为多余的了。当不再有需要加以镇压的社会阶级的时候，当阶级统治和根源于至今的生产无政府状态的生存斗争已被消除，而由此产生的冲突和极端行动也随着被消除了的时候，就不再有什么需要镇压了，也就不再需要国家这种实行镇压的特殊力量了。国家真正作为整个社会的代表所采取的第一个行动，即以社会的名义占有生产资料，同时也是它作为国家所采取的最后一个独立行动。那时，国家政权对社会关系的干预将先后在各个领域中成为多余的事情而自行停止下来。那时，对人的统治将由对物的管理和对生产过程的领导所代替。国家不是'被废除'的，它是自行消亡的。应当以此来衡量'自由的人民国家'这个用语，这个用语在鼓动的意义上暂时有存在的理由，但归根到底是没有科学根据的；同时也应当以此来衡量所谓无政府主义者提出的在一天之内废除国家的要求。"（《反杜林论（欧根·杜林先生在科学中实行的变革）》德文第3版第301-303页）

我们可以确有把握地说，在恩格斯这一段思想极其丰富的论述中，被现代社会党的社会主义思想实际接受的只有这样一点：和无政府主义的国家"废除"说不同，按马克思的观点，国家是"自行消亡"的。这样来削剪马克思主义，无异是把马克思主义变成机会主义，因为这样来"解释"，就只会留下一个模糊的观念，似乎变化就是缓慢的、平稳的、逐渐的，似乎没有飞跃和风暴，没有革命。对国家"自行消亡"的普遍的、流行的、大众化的（如果能这样说的话）理解，无疑意味着回避革命，甚至是否定革命。

实际上,这样的"解释"是对马克思主义最粗暴的、仅仅有利于资产阶级的歪曲,所以产生这种歪曲,从理论上说,是由于忘记了我们上面完整地摘引的恩格斯的"总结性"论述中就已指出的那些极重要的情况和想法。

第一,恩格斯在这段论述中一开始就说,无产阶级将取得国家政权,"这样一来也消灭了作为国家的国家"。这是什么意思,人们是"照例不"思索的。通常不是完全忽略这一点,就是认为这是恩格斯的一种"黑格尔主义的毛病"。其实这句话扼要地表明了最伟大的一次无产阶级革命的经验,即1871年巴黎公社的经验,关于这一点,我们在下面还要详细地加以论述。实际上恩格斯在这里所讲的是以无产阶级革命来"消灭"资产阶级的国家,而他讲的自行消亡是指社会主义革命以后无产阶级国家制度残余。按恩格斯的看法,资产阶级国家不是"自行消亡"的,而是由无产阶级在革命中来"消灭"的。在这个革命以后,自行消亡的是无产阶级的国家或半国家。

第二,国家是"实行镇压的特殊力量"。恩格斯这个出色的极其深刻的定义在这里说得十分清楚。从这个定义可以得出这样的结论:资产阶级对无产阶级,即一小撮富人对千百万劳动者"实行镇压的特殊力量",应该由无产阶级对资产阶级"实行镇压的特殊力量"(无产阶级专政)来代替。这就是"消灭作为国家的国家"。这就是以社会的名义占有生产资料的"行动"。显然,以一种(无产阶级的)"特殊力量"来代替另一种(资产阶级的)"特殊力量",这样一种更替是决不能通过"自行消亡"来实现的。

第三,恩格斯所说的"自行消亡",甚至更突出更鲜明地说的"自行停止",是十分明确而肯定地指"国家以整个社会的名义占有生产资料"以后即社会主义革命以后的时期。我们大家都知道,这时"国家"的政治形式是最完全的民主。但是那些无耻地歪曲马克思主义的机会主义者,却没有一个人想到恩格斯在这里所说的就是民主的"自行停止"和"自行消亡"。乍看起来,这似乎是很奇怪的。但是,只有那些没有想到民主也是国家、因而在国家消失时民主也会消失的人,才会觉得这是"不可理解"的。资产阶级的国家只有革命才能"消灭"。国家本身,就是说最完全的民主,只能"自行消亡"。

第四,恩格斯在提出"国家自行消亡"这个著名的原理以后,立刻就具体地说明这个原理是既反对机会主义者又反对无政府主义者的。而且恩格斯放在首位的,是从"国家自行消亡"这个原理中得出的反对机会主义者的结论。

可以担保,在1万个读过或听过国家"自行消亡"论的人中,有9990人完全不知道或不记得恩格斯从这个原理中得出的结论不仅是反对无政府主义者的。其余的10个人中可能有9个人不知道什么是"自由的人民国家",不知道为什么反对这个口号就是反对机会主义者。历史竟然被写成这样！伟大的革命学说竟然这样被人不知不觉地篡改成了流行的庸俗观念。反对无政府主义者的结论被千百次地重复，庸俗化，极其简单地灌到头脑中去，变成固执的偏见。而反对机会主义者的结论，却被抹杀和"忘记了"！

"自由的人民国家"是70年代德国社会民主党人的纲领性要求和流行口号。这个口号除了对于民主概念的市侩的、夸张的描写，没有任何政治内容。由于当时是在合法地用这个口号暗示民主共和国，恩格斯也就从鼓动的观点上同意"暂时"替这个口号"辩护"。但这个口号是机会主义的，因为它不仅起了粉饰资产阶级民主的作用，而且表现出不懂得社会主义对任何国家的批评。我们赞成民主共和国，因为这是在资本主义制度下对无产阶级最有利的国家形式。但是，我们决不应该忘记，即使在最民主的资产阶级共和国里，人民仍然摆脱不了当雇佣奴隶的命运。其次，任何国家都是对被压迫阶级"实行镇压的特殊力量"。因此任何国家都不是自由的，都不是人民的。在70年代，马克思和恩格斯一再向他们党内的同志解释这一点。

第五，在恩格斯这同一本著作中，除了大家记得的关于国家自行消亡的论述，还有关于暴力革命意义的论述。恩格斯从历史上对于暴力革命的作用所做的评述变成了对暴力革命的真正的颂扬。但是，"谁都不记得"这一点，这个思想的意义在现代社会党内是照例不谈、甚至照例不想的，这些思想在对群众进行的日常宣传鼓动中也不占任何地位。其实，这些思想同国家"自行消亡"论是紧紧联在一起的，是联成一个严密的整体的。

请看恩格斯的论述：

"……暴力在历史中还起着另一种作用〈除作恶以外〉，革命的作用；暴力，用马克思的话说，是每一个孕育着新社会的旧社会的助产婆；它是社会运动借以为自己开辟道路并摧毁僵化的垂死的政治形式的工具——关于这些，杜林先生一个字也没有提到。他只是带着叹息和呻吟的口吻承认这样一种可能性：为了推翻进行剥削的经济，也许需要暴力，这很遗憾！因为暴力的任何应用都会使应用暴力的人道德堕落。尽管每一次革命的胜利都引起了道德上和精神上的巨大高涨，他还要这么说！而且这话是在德国说的，在那里，人民可能被迫进行的暴力冲突至少有一个好处，即扫除三十年战争的屈辱在民族意识中造成的奴才气。而这种枯燥的、干瘪的、软弱无力的传教士的思维方式，竟要强迫历史上最革命的政党来接受！"（德文第3版第193页；第2编第4章末）

怎样才能把恩格斯从1878年起至1894年即快到他逝世的时候为止，一再向德国社会民主党人提出的这一颂扬暴力革命的论点，同国家"自行消亡"的理论结合在一个学说里呢？

　　人们通常是借助折衷主义把这两者结合起来，他们随心所欲（或者为了讨好当权者），无原则地或诡辩式地时而抽出这个论述时而抽出那个论述，而且在100次中有99次（如果不是更多的话）正是把"自行消亡"论摆在首位。用折衷主义代替辩证法，这就是目前正式的社会民主党书刊中在对待马克思主义的态度上最常见最普遍的现象。这种做法，自然并不新鲜，甚至在希腊古典哲学史上也是可以见到的。把马克思主义篡改为机会主义的时候，用折衷主义冒充辩证法最容易欺骗群众，能使人感到一种似是而非的满足，似乎考虑到了过程的一切方面、发展的一切趋势、一切相互矛盾的影响等，但实际上并没有对社会发展过程做出任何完整的革命的解释。

　　我们在前面已经说过，在下面还要更详尽地说明，马克思和恩格斯关于暴力革命不可避免的学说是针对资产阶级国家说的。资产阶级国家由无产阶级国家（无产阶级专政）代替，不能通过"自行消亡"，根据一般规律，只能通过暴力革命。恩格斯对暴力革命的颂扬同马克思的屡次声明完全符合（我们可以回忆一下，《哲学的贫困》和《共产党宣言》这两部著作的结尾部分，曾自豪地公开声明暴力革命不可避免；我们还可以回忆一下，约在30年以后，马克思在1875年批判哥达纲领的时候，曾无情地抨击了这个纲领的机会主义），这种颂扬决不是"过头话"，决不是夸张，也决不是论战伎俩。必须系统地教育群众这样来认识而且正是这样来认识暴力革命，这就是马克思和恩格斯全部学说的基础。现在占统治地位的社会沙文主义流派和考茨基主义流派对马克思和恩格斯学说的背叛，最突出地表现在这两个流派都把这方面的宣传和鼓动忘记了。

　　无产阶级国家代替资产阶级国家，非通过暴力革命不可。无产阶级国家的消灭，即任何国家的消灭，只能通过"自行消亡"。

　　马克思和恩格斯在研究每一个革命形势，分析每一次革命的经验教训时，都详细而具体地发展了他们的这些观点。我们现在就来谈谈他们学说中这个无疑是最重要的部分。

（三）学者新论

1. "坚持人民至上"：人民是党的力量之源和胜利之本[①]

　　《中共中央关于党的百年奋斗重大成就和历史经验的决议》指出，一百年

---

① 张太原."坚持人民至上"：人民是党的力量之源和胜利之本[N].光明日报，2021-11-24（11）.

来，党领导人民进行伟大奋斗，在进取中突破，于挫折中奋起，从总结中提高，积累了宝贵的历史经验。其中，"坚持人民至上"是中国共产党百年奋斗取得的一条宝贵历史经验。毛泽东同志指出："我们共产党人好比种子，人民好比土地。我们到了一个地方，就要同那里的人民结合起来，在人民中间生根、开花。"为人民谋幸福，是中国共产党一直高扬的政治追求。人民至上，是中国共产党所形塑和践行的最根本价值观。习近平总书记指出："党的根基在人民、血脉在人民、力量在人民。"百年来，中国共产党依靠人民建立了丰功伟绩，实现党的第二个百年奋斗目标，同样要依靠人民。自古以来，得江山易，守江山难。对此，习近平总书记明确道出了破解这个历史难题的答案："紧紧依靠人民创造历史，坚持全心全意为人民服务的根本宗旨，站稳人民立场，贯彻党的群众路线，尊重人民首创精神，践行以人民为中心的发展思想。"这既是对百年来中国共产党坚持人民至上宝贵经验的深刻总结，又丰富发展了马克思主义人民观的内容，为我们做好未来的工作指明了方向。

始终坚信"人民是历史的创造者，是真正的英雄"

历史创造者问题，是一个历史观问题。对这一问题，自古以来就有两种截然不同的观点，曾长期流行的是英雄史观。一些人认为，"超人"是历史的主宰者，没有"超人"就没有历史，而人民群众则是"超人"用以实现其意志的工具。而马克思主义唯物史观则认为，人民群众是历史的主体，是历史的创造者，主要是基于：人民群众是社会物质财富的创造者；人民群众是社会精神财富的创造者；人民群众是社会变革的决定力量。没有人民群众，任何历史的画卷都不能展开，人民群众是历史演进的"剧中人"，又是历史过程的"剧作者"。对于历史唯物主义的这一基本原理，毛泽东同志强调，"人民，只有人民，才是创造世界历史的动力"；"群众是真正的英雄"。习近平总书记指出："人民是创造历史的动力，我们共产党人任何时候都不要忘记这个历史唯物主义最基本的道理。""我们党的百年历史，就是一部践行党的初心使命的历史，就是一部党与人民心连心、同呼吸、共命运的历史。"在"七一"重要讲话中，习近平总书记强调，"人民是历史的创造者，是真正的英雄"。正是这样一种历史观造就了中国共产党的根基、血脉和力量。

关于历史创造者问题，近年来还出现了这样一种观点，即历史是由人民群众和英雄人物共同创造的，但根据马克思主义学说，历史归根结底还是由人民群众创造的。但是，这并不否定英雄人物在历史发展中的作用。英雄人物的作为要与人民群众密切结合起来。古今中外的杰出人物之所以"杰出"就在于这一点。否则，即使盛极一时，也最终会为历史淘汰。

在近现代中国，毛泽东同志就是这样一位与人民紧密联系创造了伟大历史的英雄人物。党的七大上，张闻天同志这样称赞他："他的痛苦、欢喜与愤怒，就是人民的痛苦、欢喜与愤怒。他的力量，就是人民的力量。他与人民的结合是如此之密切，因而分不出究竟他是人民，还是人民是他！"可以说，古今中外的历史早已证明，英雄人物造时势，绝不能离开人民。对于英雄人物能否造时势，列宁说，主要看他能否带领人民的先锋队来迅速而正确地解决各种复杂的政治问题，从而把革命事业引向胜利。

既然群众是历史的主人，是"真正的英雄"，任何想在历史上有所作为的人都要向人民学习。毛泽东同志曾指出，无论什么事，"没有满腔的热忱，没有眼睛向下的决心，没有求知的渴望，没有放下臭架子、甘当小学生的精神，是一定不能做，也一定做不好的"。习近平总书记强调，"要始终把人民放在心中最高的位置"；"人民群众中蕴藏着治国理政、管党治党的智慧和力量"；"在人民面前，我们永远是小学生，必须自觉拜人民为师，向能者求教，向智者问策"；"人民是我们党的工作的最高裁决者和最终评判者"。向人民学习，紧紧地与人民连在一起，才能谈得上推进党的事业。

习近平总书记指出："历史在人民探索和奋斗中造就了中国共产党，我们党团结领导人民又造就了历史悠久的中华文明新的历史辉煌。"其中蕴含的历史观就是唯物史观，也就是人民创造历史的观点。在新发展阶段，坚持这样一种历史观，特别要尊重和激发人民的创造性。为此，就需要有一种可以使创造性产生的空间和环境，就需要有孕育和发挥创造性的条件和舞台。新时代共产党人坚持马克思主义唯物史观，一方面要积极有为，锐意进取，立足现实，谋划未来；另一方面又要认清社会发展规律，尊重人民的创造性，为各方面人才搭建平台，让创新成果源源不断涌现出来。

始终"全心全意为人民服务"

马克思、恩格斯在《共产党宣言》中指出，无产阶级运动是"为绝大多数人谋利益的独立的运动"。列宁曾强调，布尔什维克党是无产阶级的先进部队，要"为千千万万劳动人民"服务。由此可见，无产阶级立场就是人民的立场。早在全民族抗战初期，毛泽东同志就强调："我们共产党是无产阶级的先锋队，同时又是最彻底的民族解放的先锋队。"1939年2月，他在致张闻天的信中最早提出了"为人民服务"的概念。1944年，毛泽东同志在张思德追悼会上的讲话经整理修改后，以《为人民服务》为题发表在《解放日报》上，其中特别指出，"我们这个队伍完全是为着解放人民的，是彻底地为人民的利益工作的"。当时，毛泽东同志是很自然地讲出来的，预先连草稿都没有。这也说明共产党人此前正是这样干的，只是在这样一个特别的场合被激发出来了。先有做法，后有说法；或先有蓝图，后有力行，同样是中国共产党与人民结合起来创造历史的路径。1945年，在《论联合政府》一文中，他再次强调："紧紧地和中国人民站在一起，全心全意地为中国人民服务，就是这个军队的唯一的宗旨。"在党的七大上，全心全意为人民服务写进了党章，成为党的根本宗旨。

中国共产党以实现共产主义为最高理想，以全心全意为人民服务为根本宗旨。对共产党人来说，为人民谋利益的宗旨与为实现共产主义而奋斗的目标是完全一致的。说到底，实现共产主义是为了让人民过上美好生活。千里之行，始于足下。习近平总书记指出："今天，衡量一名共产党员、一名领导干部是否具有共产主义远大理想，是有客观标准的，那就要看他能否坚持全心全意为人民服务的根本宗旨。"

既然全心全意为人民服务，就不能有自己的私利，人民的利益就是党的利益。习近平总书记强调，"任何时候都必须把人民利益放在第一位"；"我们共产党人的最高利益和核心价值是全心全意为人民服务、诚心诚意为人民谋利益"；"检验我们一切工作的成效，最终都要看人民是否真正得到了实惠，人民生活是否真正得到了改善"。可以说，这样一种人民利益观，充分体现了立党为公、执政为民。

毛泽东同志曾指出，为人民服务，要全心全意，不能三心二意，半心半意，三分之二的心三分之二的意也不行。习近平总书记在"七一"重要讲话中郑重声明，党"没有任何自己特殊的利益，从来不代表任何利益集团、任何权势团体、任何特权阶层的利益"。这充分体现了马克思主义政党的纯洁性。党性与人民性的高度统一，是党能够守得住人民的心、守得住江山的根本原因。

始终"贯彻党的群众路线"

根据目前可见的材料，"群众"和"路线"连在一起，最早出现在1928年。党的六大提出："党的总路线是争取群众。"1929年9月，《中共中央给红军第四军前委的指示信》中三处提到了"群众路线"，即筹款工作要"经过群众路线"，没收地主豪绅财产要"经过群众路线"，红军给养及需用品问题也要"渐次做到由群众路线去找出路"。显然，这时群众路线已经作为一种概念使用了，意思是征得群众的同意和支持。同年12月，毛泽东同志在古田会议决议中指出：党的工作要"在党的讨论和决议之后，再经过群众路线去执行"。

大致说来，这一时期毛泽东同志和党中央所使用的"群众路线"有三层意思：一是党的决策要"经过"群众理解和同意，不能搞"官僚主义""命令主义"。比如，毛泽东同志在讲到查田运动时说，不按"群众路线，不得群众赞助与同意,都不能使查田运动收到成绩,反会使群众不满,阻碍查田运动的进行"。二是要通过调查研究了解群众,不能从本本出发。比如,这一时期毛泽东同志在多地做了多种调查,并撰写了调查研究报告,鲜明提出:没有调查,就没有发言权。三是要解决群众的具体问题。"关心群众的痛痒,就得真心实意地为群众谋利益,解决群众的生产和生活的问题,盐的问题,米的问题,房子的问题,衣的问题,生小孩子的问题,解决群众的一切问题。"这三层意思随着党的革命实践的丰富,变得越来越明确。

全民族抗战时期,伴随着延安整风的进行,党关于群众路线的思想走向成熟。实际上,延安整风在很大程度上整的就是脱离群众的"风"。1943年,在整风取得很大成效以后,毛泽东同志指出,"从群众中来,到群众中去,想问题从群众出发就好办";"凡属正确的领导,必须是从群众中来,到群众中去。这就是说,将群众的意见(分散的无系统的意见)集中起来(经过研究,化为集中的系统的意见),又到群众中去作宣传解释,化为群众的意见,使群众坚持下去,见之于行动,并在群众行动中考验这些意见是否正确。然后再从群众中集中起来,再到群众中坚持下去。如此无限循环,一次比一次地更正确、更生动、更丰富"。显然,"从群众中来,到群众中去",是毛泽东同志把他所理解的辩证唯物主义认识论运用到实际工作而产生的方法论。后来,邓小平同志也深刻地洞察到这一点:如果不从认识方法上理解"从群众中来,到群众中去"的问题,那么就不能真正地做到密切联系群众。1945年,刘少奇同志在《关于修改党章的报告》中指出,群众路线"是我们党根本的政治路线,也是我们党根本的组织路线";有了"一切为了人民群众的观点,一切向人民群众负责的观点,相信群众自己解放自己的观点,向人民群众学习的观点","才能有明确的工作中的群众路线"。两个"根本"和两个"一切",充分说明了群众路线对党的正确领导的重要性。自此,它就在全党普遍地深入地推行开来,并日益完善。

邓小平同志提出要通过加强监督和建立制度来保证群众路线的贯彻,以使党不脱离群众。1981年,《关于建国以来党的若干历史问题的决议》对群众路线进行了更加明确的概括,"就是一切为了群众,一切依靠群众,从群众中来,到群众中去",并把群众路线同实事求是、独立自主放在一起,作为毛泽东思想活的灵魂。到党的十二大、十三大,又在表述上加了一句目标性的内容,变为:"群众路线,就是一切为了群众,一切依靠群众,从群众中来,到群众中去。把党的正确主张变成群众的自觉行动。"其中,两个"一切"是从哲学意义上讲的"群众观点","一来一去"说的是工作方法,让群众自觉执行党的正确主张则是要达到的目标。

习近平总书记在多个重要场合强调坚持群众路线的重要性，其中比较全面的表述是在纪念毛泽东同志诞辰120周年座谈会上的重要讲话中："群众路线是我们党的生命线和根本工作路线，是我们党永葆青春活力和战斗力的重要传家宝。不论过去、现在和将来，我们都要坚持一切为了群众，一切依靠群众，从群众中来，到群众中去，把党的正确主张变为群众的自觉行动，把群众路线贯彻到治国理政全部活动之中。"领导干部贯彻群众路线，要先当"学生"，再当"先生"。"从群众中来"以后，领导干部身份要发生一个转变，即变成一个"加工厂"，对学来的东西进行系统的加工和提升，最后化为正确的决策，然后身份再发生一个变化，即变成一个"传达员"，原原本本地把正确的决策传到群众去，直到化为群众的自觉行动。沿着这样的路径无限循环下去，就是赢得民心的过程。

正确处理与人民的关系，是中国共产党的优良传统。可以说，"坚持人民至上"，是党取得革命、建设和改革发展胜利的根本经验。……可以说，中国共产党在历史上取得的一切成就和胜利，都是密切联系群众的结果。

习近平总书记指出，一个政党、一个政权，其前途和命运最终取决于人心向背。如果我们脱离群众、失去人民拥护和支持，最终也会走向失败。只有始终与人民心连心、同呼吸、共命运，只有"巩固党的执政基础和执政地位"，确保"广泛、深厚、可靠的群众基础"，才能使党永远立于不败之地。"坚持人民至上"理念是对共产党执政规律和社会主义建设规律的深刻把握。中国共产党之所以能够使科学社会主义在21世纪焕发出前所未有的生机和活力，根本原因就在于坚持人民至上的执政理念，坚持以人民为中心的发展思想。

长期以来，西方发达国家的民主制度中，无论是两党还是多党轮流执政，都号称通过普选、宪政、实行议会民主来维持政权及更替的合法性。但是，近年来西方的民主选举越来越表现出一种难以解决的弊病，特别是每一次选举所造成的人民分裂越来越大，越来越严重。其根本原因，就在于西方政党大都有利益集团的背景，没有任何政党能够代表最广大人民的利益。而在纷争无度的各政党面前，很多情况下，人民往往无从选择。一些国家和地区投票率越来越低，就是人民与政党关系紧张的表现。

总的来说，"坚持人民至上"系统集中体现了中国共产党关于人民观点的丰富和发展。人民是历史的创造者，主要讲必然性和客观规律，着眼于论证"坚持人民至上"是历史发展的一种客观要求；全心全意为人民服务，主要讲价值观和主观能动性，着眼于论证"坚持人民至上"的最高表现形式；贯彻党的群众路线，主要讲如何实现主观与客观相一致，着眼于论证"坚持人民至上"的方法论和实现路径。可以说，人民是历史的创造者、全心全意为人民服务、贯彻党的群众路线，这三点相互联系、相互作用，使"坚持人民至上"成为内涵丰富的思想体系、价值追求和实践路径，从而系统回答了中国共产党在百年奋斗中为什么能够成功和未来怎样继续成功的百年之问、未来之问。

2. 构建人类命运共同体：对马克思主义世界历史思想的创造性发展[1]

在人类历史长河中，作为整体的世界历史的出现是比较晚近的现象。在古代社会，由于生产力水平制约，国家与国家之间、区域与区域之间的联系比较有限。地理大发现让人类对自己赖以生存的地球有了更为全面的了解，资本主义社会化大生产深刻改变了人们的生产方式、交往方式，人类的活动空间得以迅速扩大。

世界历史的产生与不断演进，是科技革命的结果，是生产力发展的结果。为了给机器大工业发展获取原料和打开市场，资本主义国家甚至不惜用坚船利炮发动战争，强迫其他国家打开大门。正是基于对19世纪中叶资本主义扩张的敏锐观察，马克思、恩格斯在一系列重要著作中详细论述了世界贸易、世界市场、世界历史等问题。《共产党宣言》指出："资产阶级，由于开拓了世界市场，使一切国家的生产和消费都成为世界性的了。"

第二次世界大战结束后特别是冷战结束后，经济全球化快速发展，各国交流交往日益密切。今天，人类相互联系、相互依存比100多年前更加紧密，不同国家、区域之间的交流交往更加频繁，人类越来越成为你中有我、我中有你的命运共同体。马克思、恩格斯的判断在100多年的历史发展中得到了充分验证。

在历史大潮中，我国同世界的关系不断发展变化。先是在鸦片战争之前隔绝于世界市场和工业化大潮，接着在鸦片战争及以后的数次列强侵略战争中屡战屡败，成为积贫积弱的国家。新中国成立后特别是改革开放以来，我们充分利用经济全球化带来的机遇，不断扩大对外开放，实现了我国同世界关系的历史性变革。我们党始终以世界眼光关注人类前途命运，从人类发展大潮流、世界变化大格局、中国发展大历史正确认识和处理同外部世界的关系，站在历史正确的一边，站在人类进步的一边，团结带领全国各族人民以自强不息的奋斗，从根本上改变了中国人民的前途命运，深刻影响了世界历史进程，深刻改变了

---

[1] 董向荣. 构建人类命运共同体：对马克思主义世界历史思想的创造性发展[N]. 人民日报，2022-02-21（7）.

世界发展的趋势和格局。

习近平总书记在纪念马克思诞辰200周年大会上的重要讲话中指出,"学习马克思,就要学习和实践马克思主义关于世界历史的思想",并强调我们要站在世界历史的高度审视当今世界发展趋势和面临的重大问题。当今时代,世界多极化、经济全球化、社会信息化、文化多样化深入发展,各国相互联系、相互依存程度之深前所未有。但是,个别国家却奉行单边主义、保护主义,经济全球化遭遇逆流,多边主义遭受挫折。面对"世界怎么了、我们怎么办"的时代之问,习近平总书记站在时代潮头,统筹中华民族伟大复兴战略全局和世界百年未有之大变局,提出构建人类命运共同体的重大理念,为解决复杂严峻的全球性问题贡献了中国智慧和中国方案。构建人类命运共同体理念多次被写入联合国文件,凝聚起日益广泛的国际共识。

构建人类命运共同体,是对"建设一个什么样的世界,如何建设这个世界"的科学解答。习近平总书记指出,要建立平等相待、互商互谅的伙伴关系,营造公道正义、共建共享的安全格局,谋求开放创新、包容互惠的发展前景,促进和而不同、兼收并蓄的文明交流,构筑尊崇自然、绿色发展的生态体系。当前,世界大变局与世纪疫情交织叠加、相互影响,世界人民对和平发展、合作共赢的期待更加强烈。习近平总书记在许多场合就坚持多边主义、携手共克疫情、实现经济复苏、应对气候变化等全面深入阐述中国主张、中国方案,有力回应了国际社会普遍关心的安全和发展等重大问题,深刻宣示了我们党推动构建人类命运共同体的坚定意志和不懈追求,充分彰显了大党大国领袖对世界大势的深刻洞察和对人类命运的深厚情怀。构建人类命运共同体理念,把世界历史思想的理论逻辑和人类社会发展的实践逻辑结合起来,揭示了世界各国相互依存和人类命运紧密相连的客观现实和发展规律,是对马克思主义世界历史思想的创造性发展。

五、知识训练

(一) 单项选择题

1. 社会存在是指社会的物质生活条件,它有多方面的内容,其中最能集中体现人类社会物质性的是(　　)

  A. 社会形态   B. 地理环境

  C. 人口因素   D. 生产方式

2. 社会意识相对独立性的最突出表现是它（   ）

A. 同社会存在发展的不同步性

B. 具有历史的继承性

C. 对社会存在具有能动的反作用

D. 同社会经济的发展具有不平衡性

3. 在生产关系中起决定作用的是（   ）

A. 生产资料所有制

B. 产品的分配和交换

C. 在生产中人与人的关系

D. 管理者和生产者的不同地位

4. 人类社会发展的一般规律是（   ）

A. 生产方式内部的矛盾规律

B. 生产力和生产关系、经济基础和上层建筑之间的矛盾运动规律

C. 社会存在和社会意识的矛盾规律

D. 物质生产和精神生产的矛盾规律

5. 人民群众既是历史的"剧中人"，又是历史的"剧作者"，这是（   ）

A. 唯心主义的观点　　　　　　B. 折衷主义的观点

C. 历史唯物主义的观点　　　　D. 历史循环论的观点

6. 理解人类社会发展的钥匙是（   ）

A. 劳动发展史　　　　　　　　B. 思想发展史

C. 阶级斗争史　　　　　　　　D. 文化发展史

7. 英雄史观的理论出发点是主张（   ）

A. 人是社会历史的主体

B. 人的意识对社会存在具有能动的作用

C. 社会意识决定社会存在

D. 社会运动受偶然性支配

8. 近年来马克思的《资本论》在西方一些国家销量大增。列宁曾说，马克思的《资本论》的成就如此之大，是由于这本书使读者看到整个资本主义社会形态是个活生生的形态，既有"骨骼"，又有"血肉"。人类社会作为一种活的有机体，其"骨骼"系统是指（   ）

A. 地理环境、人口因素和生产方式等社会物质生活条件

B. 与一定的生产力相适应的生产关系

C. 建立在一定经济基础之上的政治法律制度及设施

D. 由政治法律思想、道德、宗教、哲学等构成的社会意识形态

9. 卢梭在《论人类不平等的起源和基础》中说道："我认为，在人类的一切知识中，最有用但也最不完善的知识就是关于人的知识。"马克思的唯物史观破解了人是什么这一"斯芬克斯之谜"，马克思在《关于费尔巴哈的提纲》中指出，人的本质在其现实性上是（　　）

A. 自然属性和社会属性的内在统一

B. 所有人共同属性的概括

C. 自有理性的外化

D. 一切社会关系的总和

10. 党的十八大以来，我国从中西部22个省份有劳动能力的建档立卡贫困人口中选聘了110.2万名生态护林员，走出了一条生态补偿脱贫的新路子，实现了生态保护和脱贫增收"双赢"，充分体现了"人不负青山，青山定不负人"的深刻哲理。"人不负青山，青山定不负人"表明（　　）

A. 人与自然是同一的，自然能够自发满足人的要求

B. 生产力包括自然要素，合理开发自然能促进社会发展

C. 人是自然的一部分，人的发展只能适应自然的变化

D. 人能动改造自然，自然能动补偿人的劳动

（二）多项选择题

1. 作家史铁生在《奶奶的星星》中讲到，奶奶告诉他的故事与通常的说法不同：一般人说，地上死一个人，天上就熄灭了一颗星星；而奶奶说，地上死一个人，天上又多了一颗星星，人死了就会升到天空，变成星星给走夜道的人照个亮了。于是他"慢慢相信，每一个活过的人，都能给后人的路途上添些光亮，也许是一颗巨星，也许是一把火炬，也许只是一支含泪的烛光……"这对我们理解个人在社会历史的作用的启示有（　　）

A. 历史是无数个人相互作用的合力的结果

B. 杰出个人决定历史发展的走向

C. 人人都是历史的创造者

D. 每个人对社会发展都有或大或小的作用

2. 1989年，时任美国国务院顾问的弗朗西斯·福山抛出了所谓的"历史终结论"，认为西方实行的自由民主制度是"人类社会形态进步的终点"和"人类最后一种的统治形式"。然而，20年来的历史告诉我们，终结的不是历史，而

是西方的优越感。就在柏林墙倒塌 20 年后的 2009 年 11 月 9 日，BBC 公布了一份对 27 国民众的调查。结果半数以上的受访者不满资本主义制度，此次调查的主办方之一的"全球扫描"公司主席米勒对媒体表示，这说明随着 1989 年柏林墙的倒塌，资本主义并没有取得看上去的压倒性胜利，这一点在这次金融危机中表现得尤其明显，"历史终结论"的破产说明（　　）

  A. 社会规律和自然规律一样都是作为一种盲目的无意识力量起作用

  B. 人类历史的发展的曲折性不会改变历史发展的前进性

  C. 一些国家社会发展的特殊形式不能否定历史发展的普遍规律

  D. 人们对社会发展某个阶段的认识不能代替社会发展的整个过程

3. 唯物史观第一次科学地解决了历史创造者的问题，认为人民群众是历史的创造者。人民群众（　　）

  A. 从量上说是指社会人口的绝大多数

  B. 从质上说是社会对社会历史发展起推动作用的人们

  C. 在任何历史时期都不包括剥削阶级

  D. 最稳定的主体部分始终是从事物质资料生产的劳动群众及其知识分子

4. 人体是抗击病毒的"机制"，当病原体进入人体，升高的体温刺激免疫系统打败病毒，在理想的情况下，免疫系统创造了一种环境让病原体难以生存，一旦病原体适应更高的温度，人的免疫系统就无法发挥作用。人的免疫与自然环境之间的联系是（　　）

  A. 人类只能适应自然环境变化而不能改变自然环境

  B. 自然环境对人类发展有决定性作用

  C. 自然环境是人类生存和发展的重要前提

  D. 人类在受自然环境制约的同时可以改变自然环境

5. 如今，"逆袭""超燃""躺平""凡尔赛""YYDS"等网络热词令人目不暇接，了解这些网络热词的意思用法，几乎成了网上冲浪的必修课。嵌入日常生活交流的网络热词，为语言的发展带来新语料，也能够让人们一窥当下的社会生活和社会心态。网络热词流行的现象表明（　　）

  A. 社会心态是社会生产和生活的反映

  B. 社会意识随着社会存在的发展而变化

  C. 社会意识是主体对社会生活的自发反映

  D. 社会心态的差异性决定社会生活的多样性

[单项选择题答案]

1. D 2. C 3. A 4. B 5. C 6. A 7. C 8. B 9. D 10. B

[多项选择题答案]

1. AD 2. BCD 3. ABD 4. CD 5. AB

第四章

资本主义的本质及规律

一、教学目的和要求

知识框架

私有制基础上商品经济的基本矛盾
劳动价值论及其意义
剩余价值论及其意义
资本主义基本矛盾与经济危机
资本主义政治制度及其本质
资本主义意识形态及其本质

教学目的

本章主要内容为劳动价值论与剩余价值论,以及资本主义政治制度、意识形态及其本质。其中,剩余价值论是马克思一生两个伟大理论发现之一。

知识层面:掌握马克思主义政治经济学一些基本概念,如商品的价值、抽象劳动、货币、价值规律、劳动力商品、资本、剩余价值、超额剩余价值、绝对剩余价值生产、相对剩余价值生产、资本积累、资本周转、资本循环、平均利润率、资本有机构成、生产价格、资本主义基本矛盾、资本主义经济危机等。本章概念众多,基本原理也比较多,要求领悟以下原理:简单商品经济的基本矛盾,商品经济运动的一般规律,资本主义生产与资本主义再生产的实质,资本积累原理、资本有机构成提高的客观趋势,资本主义民主及其实质,资本主义意识形态及其实质。

能力层面:讲清讲透资本主义生产方式对抗性,把握社会化大生产与市场经济的一般要求,学用马克思主义理论观察时代、把握时代与引领时代,为理解中国特色社会主义政治经济学打下坚实的基础。

价值层面：认清资本主义民主、资本主义意识形态的实质，坚定中国特色社会主义道路自信、理论自信、制度自信、文化自信。

教学要求

准确认识资本主义生产方式的基本矛盾，深刻理解资本主义经济制度的本质，正确把握社会化大生产和商品经济运动的一般规律，正确认识和把握资本主义政治制度、意识形态及其本质。

二、重点难点导学

重点导学

1. 商品经济产生的历史条件。商品经济是以交换为目的而进行生产的经济形式，是一定社会历史条件的产物。商品经济得以产生的社会历史条件有两个：一是存在社会分工，二是生产资料和劳动产品属于不同的所有者。理解这个内容，需要结合商品经济与自然经济的比较，商品经济与社会化大生产之间的关系，商品经济条件与商品经济的基本矛盾。商品经济的第一个条件社会分工，社会分工程度越高，生产的社会化水平越高，自然经济不仅是自给自足的经济，其主要特征为拒绝社会分工，生产力水平较低。商品经济产生的两个历史条件构成了简单商品经济的基本矛盾，即私人劳动和社会劳动的矛盾，这是商品经济的其他一切矛盾的基础。资本主义社会是高度发达的市场经济，生产力与生产关系之间的基本矛盾具体表现为生产社会化与资本主义生产资料私人占有之间的矛盾。

2. 具体劳动与抽象劳动。马克思在继承英国古典政治经济学劳动创造价值理论的同时，创立了劳动二重性理论，劳动二重性理论成为"理解政治经济学的枢纽"。任何一种生产商品的劳动，一方面是特殊的具体劳动，另一方面又是一般的抽象劳动，这就是劳动的二重性。生产商品的具体劳动创造商品的使用价值，抽象劳动形成商品的价值。具体劳动和抽象劳动是对立统一的关系。一方面，具体劳动和抽象劳动不是各自独立存在的两种劳动或两次劳动，它们在时间上和空间上是统一的，是商品生产者的同一劳动过程不可分割的两个方面；另一方面，具体劳动与抽象劳动又分别反映劳动的不同属性，具体劳动所反映的是人与自然的关系，是劳动的自然属性，而抽象劳动所反映的是商品生产者的社会关系，是劳动的社会属性。

3. 价值规律的内容、表现形式与作用。价值规律是商品生产和商品交换的基本规律。这一规律的客观要求是：商品的价值是由生产商品的社会必要劳动时间决定，商品交换以价值量为基础按照等价交换的原则进行。在商品经济中，价值规律的表现形式是，商品的价格围绕商品的价值自发波动。价值规律在市场配置资源过程中的作用表现在：第一，自发地调节生产资料和劳动力在社会各生产部门之间的分配比例。第二，自发地刺激社会生产力的发展。第三，自发地调节社会收入的分配。价值规律也会造成一些消极的后果：导致社会资源浪费，阻碍技术进步，导致收入两极分化。

4. 劳动力商品。劳动力成为商品，要具备两个基本条件：其一，劳动者在法律上是自由人，能够把自己的劳动力当作自己的商品来支配；其二，劳动者没有任何生产资料，没有生活资料来源，因而不得不依靠出卖劳动力为生。劳动力的价值，是由生产、发展、维持和延续劳动力所必需的生活必需品的价值决定的。它包括三个部分：维持劳动者本人生存所必需的生活资料的价值，维持劳动者家属的生存所必需的生活资料的价值，劳动者接受教育和训练所支出的费用。劳动力价值的构成包含历史和道德的因素。

5. 剩余价值生产的两种基本方法。资本家提高对工人剥削程度的方法是多种多样的，最基本的方法有两种，即绝对剩余价值的生产和相对剩余价值的生产。绝对剩余价值是指在必要劳动时间不变的条件下，由于延长工作日的长度或提高劳动强度而生产的剩余价值。相对剩余价值是指在工作日长度不变的条件下，通过缩短必要劳动时间而相对延长剩余劳动时间所生产的剩余价值。

6. 资本积累。把剩余价值转化为资本，或者说，剩余价值的资本化，就是资本积累。资本主义再生产的特点是扩大再生产，资本积累是资本主义扩大再生产的源泉。资本积累的源泉是剩余价值，资本积累规模的大小取决于资本家对工人的剥削程度、劳动生产率的高低、所用资本和所费资本之间的差额以及资本家预付资本的大小。这些因素都是加强和扩大对工人剥削的因素。因此，资本积累就是依靠剥削工人所创造的剩余价值而实现的，没有剩余价值，就不可能有资本积累。

7. 资本有机构成。在生产资料和劳动力之间，存在着一定比例，这个比例取决于生产技术的发展水平。生产技术水平越高，每个劳动力所推动的生产资料的数量就越多；生产技术水平越低，每个劳动力所推动的生产资料的数量就越少。这种由生产的技术水平所决定的生产资料和劳动力之间的比例，叫作资本的技术构成。从价值形式上看，资本可分为不变资本和可变资本，这两部分资本价值之间的比例，叫作资本的价值构成。在资本的技术构成和资本的价值构成之间，存在密切的联系。一般来说，资本的技术构成决定资本的价值构成，

143

技术构成的变化往往会引起价值构成的相应变化,而价值构成的变化通常反映着技术构成的变化。这种由资本的技术构成决定并反映技术构成变化的资本价值构成,叫作资本的有机构成。

8. 相对过剩人口。在资本主义生产过程中,资本有机构成的提高是一般趋势,这是由资本的本性决定的。资本主义生产的唯一动机和直接目的就是追求剩余价值。为了达到这一目的,资本家便尽可能改进技术,提高劳动生产率,加快资本积累,通过资本积聚和资本集中扩大生产规模。在自然形式上,每个劳动力所推动的生产资料的数量大幅度增加;在价值形式上,不变资本部分日益增多,可变资本在资本总额中所占的比重日益下降,从而资本有机构成得以不断提高。在资本有机构成提高的情况下,由于可变资本的相对量的减少,资本对劳动力的需求日益相对地减少,其结果就是不可避免地造成大批工人失业,形成相对过剩人口。所谓相对过剩人口,就是劳动力供给超过了资本的需要。这种过剩人口之所以是相对的,是因为他们并不是社会生产发展所绝对不需要的,而是不为资本价值增殖所需要,成为"过剩"或"多余"的。在资本主义发展过程中,相对过剩人口基本上有三种形式:第一种是流动的过剩人口,第二种是潜在的过剩人口,第三种是停滞的过剩人口。

9. 资本循环与资本周转。资本循环是资本从一种形式出发,经过一系列形式的变化,又回到原来出发点的运动。产业资本在循环过程中要经历三个不同的阶段,与此相联系的是资本依次执行三种不同的职能。第一个阶段是购买阶段,产业资本执行的是货币资本的职能。第二个阶段是生产阶段,产业资本执行的是生产资本的职能。第三个阶段是售卖阶段,产业资本执行的是商品资本的职能。产业资本的运动,必须具备两个基本前提条件:一是产业资本的三种职能形式必须在空间上并存,二是产业资本的三种职能形式必须在时间上继起。资本周转是资本周而复始、不断反复着的资本循环。影响资本周转快慢关键的因素有两个:一是资本周转的时间,二是生产资本的固定资本和流动资本的构成。

10. 利润转化为平均利润。产生原因:得到尽可能高的利润率和尽可能多的利润,不同生产部门的资本家之间必然展开激烈的竞争,大量资本必然从利润率低的部门转投到利润率高的部门,从而导致利润率平均化。在利润率平均化的过程中,形成了社会的平均利润率,按照平均利润率计算和获得的利润,叫作平均利润。意义:利润转化为平均利润,是剩余价值规律和竞争规律作用的必然结果,体现着不同部门的资本家集团要求按照等量资本获得等量利润的原则来瓜分剩余价值的关系。平均利润率规律的作用表明,平均利润率是剩余价值总量与社会总资本的比率。每个资本家所得利润多少不仅取决于他对本企业工人的剥削程度，而且还取决于整个资产阶级对整个工人阶级的剥削程度。资本家之间在瓜分剩余价值上固然有一定程度的利害冲突，但在加强对工人阶级的剥削以榨取更大量的剩余价值这一点上，有着共同的阶级利益。利润转化为平均利润，价值也就转化为生产价格。生产价格是商品价值的转化形式，是生产成本与平均利润之和。生产成本是由生产中实际耗费的不变资本和可变资本所构成的。在价值转化为生产价格的条件下，价值规律作用的形式发生了变化。商品不再以价值而是以生产价格为基础进行交换，市场价格的变动不再以价值为中心，而是以生产价格为中心。从价值到生产价格的转化，是随着资本主义大工业的出现和发展而完成的，反映了从小商品生产到资本主义商品生产的历史发展过程。

11. 资本主义经济危机。产生原因：资本主义经济危机爆发的根本原因是资本主义的基本矛盾，即生产社会化和生产资料资本主义私人占有之间的矛盾。这一基本矛盾具体表现在以下两个方面：其一，生产无限扩大的趋势与劳动人民有支付能力的需求相对缩小的矛盾；其二，单个企业内部生产的有组织性和整个社会生产的无政府状态之间的矛盾。表现：就会发生以生产过剩为基本特征的经济危机。

12. 资本主义国家的职能和本质。由于资本主义国家作为上层建筑的重要组成部分是根据资本主义经济基础的要求建立起来的，这就决定了资本主义国家在运用各种政治手段和政治权力进行统治时，必然要以保护资本主义经济基础不受破坏和伤害为主要任务。资本主义国家的对内职能主要是政治统治的职能，由于国家是从社会分化出来的社会管理机构，所以还具有社会管理职能，国家的社会管理职能与政治统治职能是紧密联系的，从根本上说，国家的社会管理职能是服务于其政治统治职能的。资本主义国家的对外职能，是指资本主义国家对外进行国际交往和维护国家安全及利益的职能。资本主义国家的对外职能是国家对内政治统治职能的延伸，是服务于其政治统治的。资本主义国家本质上是资产阶级进行阶级统治的工具。资本主义政治制度本质上是资产阶级实行政治统治和社会管理的手段和方式，是为资产阶级专政服务的，因此它不可避免地有其阶级的和历史的局限性。

13. 资本主义的民主。第一，资本主义的民主是金钱操纵下的民主，实际是资产阶级精英统治下的民主。民主是具体的、相对的，而不是抽象的、绝对的。第二，法律名义上的平等掩盖着事实上的不平等。第三，资本主义国家的政党制是一种维护资产阶级统治的政治制度。第四，政党恶斗相互掣肘，决策效率低下，激化社会矛盾。

14. 资本主义意识形态及其本质。资本主义意识形态是在资本主义国家中占统治地位、反映了作为统治阶级的资产阶级利益和要求的各种思想理论和观念的总和。第一，资本主义意识形态是资本主义社会的观念上层建筑，是为资本主义的经济基础服务的，因而是为资本主义国家的政治上层建筑服务的。第二，资本主义意识形态是资产阶级的阶级意识的集中体现。

难点导学

1. 商品拜物教。任何商品都是使用价值与价值的统一体，直接地看，商品的使用价值是一种简单而平凡的东西，但看不到商品的价值。商品交换表面是物与物之间的交换，实际上是商品生产者之间相互交换劳动的关系。马克思通过商品生产中的两重性揭示了这一现象。生产商品的具体劳动创造商品的使用价值，抽象劳动形成商品的价值。具体劳动所反映的是人与自然的关系，是劳动的自然属性，而抽象劳动所反映的是商品生产者的社会关系，是劳动的社会属性。具体劳动与抽象劳动之间的矛盾取决于私人劳动与社会劳动之间的矛盾。在私有制商品经济条件下，私人劳动与社会劳动之间的矛盾通过商品的运动、价值的运动、货币的运动决定商品生产者的命运，这使商品生产者认为商品、价值乃至货币似乎是物的自然属性，而这种所谓的自然属性又似乎具有一种超自然的神秘性，商品生产者不能自己掌握自己的命运，而是听凭商品、价值、货币运动的摆布，人与人之间一定的社会关系在人们面前采取了物与物的关系的虚幻形式，马克思称之为"商品拜物教"。

2. 货币与资本。资本首先表现为一定量的货币，但货币本身并不就是资本。作为货币的货币和作为资本的货币，在形式上有明显区别。在"W—G—W"这个公式中，W 代表商品，G 代表流通中的货币，这是商品流通公式，这个公式表明商品流通的目的是获得使用价值。在"G—W—G′"这个公式中，W 代表商品，G 代表的不是一般意义上的货币，而是作为资本的货币，G′代表的是价值增殖后的货币。这个公式表明资本运动的一般目的是价值增殖，因此被称为"资本总公式"。从形式上看，资本总公式与商品交换的原则是矛盾的。价值规律要求商品交换遵循等价交换原则，交换领域不能创造新价值，但资本总公式却表明，资本在流通中创造了新价值。如何理解这个矛盾呢？问题的关键在于劳动力成为商品。

3. 资本主义生产实质与资本主义再生产实质。剩余价值是在资本主义生产过程中生产出来的。资本主义生产过程具有二重性，一方面是生产物质资料的劳动过程;另一方面是生产剩余价值的过程,即价值增殖过程。资本主义生产过程是劳动过程和价值增殖过程的统一。资本主义简单再生产不仅生产商品、生产剩余价值,而且还生产和再生产资本主义生产关系本身:一方面是资本家,另一方面是雇佣工人。因此,资本主义简单再生产就其实质而言,是物质资料再生产和资本主义生产关系再生产的统一。

4. 相对剩余价值如何产生。相对剩余价值是指在工作日长度不变的条件下,通过缩短必要劳动时间而相对延长剩余劳动时间所生产的剩余价值。缩短必要劳动时间是通过全社会劳动生产率的提高实现的。由于社会劳动生产率的提高,降低了劳动力的价值,从而缩短了必要劳动时间,相对延长了剩余劳动时间。全社会劳动生产率的提高是资本家追逐超额剩余价值的结果。超额剩余价值是指企业由于提高劳动生产率而使商品的个别价值低于社会价值的差额。在资本主义商品生产条件下,每个资本家总是力图不断改进技术,改善经营管理,提高劳动生产率,使其生产的商品的个别劳动时间少于社会必要劳动时间,个别价值低于社会价值,从而获得超额剩余价值。为了追求超额剩余价值,资本家之间进行着激烈的竞争。某个企业采取先进的技术,其他企业也会竞相采用新技术。当先进技术在部门内部普及后,部门平均劳动生产率就会提高,此时生产商品的社会必要劳动时间就会减少,商品价值就相应下降。超额剩余价值生产与相对剩余价值生产的联系在于:前者是后者的产生原因,后者是前者的必然结果。全体资本家对超额剩余价值的竞相追逐,使得社会生产率普遍提高,劳动力价值降低,资本家因而获得了相对剩余价值。超额剩余价值生产与相对剩余价值生产的区别在于:超额剩余价值是个别劳动生产率提高的产物,它的实现是得宜于商品个别价值与一般价值的差距,并为个别资本家获得,它只有在其他大多数资本家都没有获得的前提下才是超额剩余价值(否则就仅仅是剩余价值);而相对剩余价值则是整个社会的劳动生产率普遍提高的产物,它的实现得宜于劳动力价值的降低。它让"全体"资本家都获得了更多的剩余价值,而不仅限于个别资本家。

5. 如何计算生产价格。如产业资本各部门剩余价值率均为200%,甲部门不变资本5600,可变资本400,乙部门不变资本8100,可变资本900,丙部门不变资本2500,可变资本500。如何计算平均利润率、各部门价值与各部门生产价格?

甲部门的剩余价值 = 400×200% = 800;

乙部门的剩余价值 = 900×200% = 1800;

丙部门的剩余价值 = 500×200% = 1000;

平均利润率=剩余价值总额/预付资本总额，即

(800+1800+1000) / (6000+9000+3000) =20%。

可以算出：

甲部门获得的平均利润=预付资本×平均利润率=6000×20%=1200；

乙部门获得的平均利润=预付资本×平均利润率=9000×20%=1800；

丙部门获得的平均利润=预付资本×平均利润率=3000×20%=600；

生产价格=预付资本+平均利润；价值=预付资本+利润

甲部门的生产价格=6000+1200=7200；

甲部门的价值=6000+800=6800；

乙部门的生产价格=9000+1800=10800；

乙部门的价值=9000+1800=10800；

丙部门的生产价格=3000+600=3600；

丙部门的价值=3000+1000=4000。

知识融会

马克思主义不仅揭示了人类社会发展的一般规律，而且揭示了资本主义社会发展的特殊规律。本章内容与上一章唯物史观内容有着内在的联系。从唯物史观关于社会形态的经济形态、政治形态与意识形态角度，本章系统地分析与科学揭示了资本主义生产方式的本质和资本主义剥削的秘密。唯物史观关于经济基础决定上层建筑原理、意识形态概念、国家的本质，国家的职能原理是理解资本主义国家职能、资本主义民主制度与资产阶级意识形态的理论基础。本章内容是对资本主义社会进行全面的解析，其主体部分为政治经济学，唯物史观是其最根本的方法论。通过理解资本主义社会发展的特殊规律可以深化对唯物史观关于人类社会发展的一般规律的理解。平均利润率是剩余价值总量与社会总资本的比率。每个资本家所得利润多少不仅取决于他对本企业工人的剥削程度，而且还取决于整个资产阶级对整个工人阶级的剥削程度。平均利润率与生产价格理论是唯物史观"合力论"、马克思主义的"阶级"概念的生动展现。

本章对商品经济分析，也揭示了社会化大生产的一般规律及其要求，为我们理解下一章经济全球化等理论打下坚实的基础。对资本主义基本矛盾的掌握为理解资本主义由自由竞争发展到垄断阶段，以及二战后资本主义生产关系的发展打下基础。

三、案例解析

案例

资本积累与美国贫富两极分化加深

瑞士信贷银行2014年10月14日发布的报告显示，全球财富过去一年中增加8.3%，达到创纪录的263万亿美元，但是贫富差距在加大，1%的人拥有近50%的财富。《2014年全球财富报告》显示，2013年中期至2014年中期，全球财富总额比数年前全球性金融危机爆发前的最高值还要多20%，是2000年的两倍多。财富增长的主要动力来自房地产市场和证券市场。虽然财富总量增加，但是分配差距在加大。全球个人财富的平均值达5.6万美元，创新纪录，但个人财富的中值自2007年金融危机爆发以来下降14%。财富中值即资产较多的半数人和较少的另一半人的财富分界线。分析称，从最新数字看，自2008年以来，财富分配两极分化趋势在加深，尤其是在发展中经济体内。总体而言，1%的最富有阶层掌握着全球48.2%的财富；前10%拥有87%的财富；而"较不富裕"的半数人所拥有资产不足全球财富的1%。中国国务院新闻办公室发表的《2019年美国侵犯人权报告》揭示的大量事实告诉人们，美国整体富强的面纱背后，遮掩的却是贫富严重分化的冷酷现实。美国在西方国家中贫富分化最为严重。美国人口普查局的统计数据显示，过去50年来，美国的基尼系数一直在稳步上升，2018年攀升至最高的0.485。摩根大通公司发布的报告显示，美国最富有的10%的家庭占有近75%的家庭净资产。美联储的报告显示，1989年至2018年，最富有1%的家庭占有家庭财富总额的比例从23%上升至32%，而最底层50%的家庭财富净增长基本为零。美国经济学家保罗·克鲁格曼判断，社会顶层的收入飞速飙升，在很大程度上来自对社会底层的挤压。

资本造成的两极分化，导致"财富越来越多地集中在少数人手中，已经超出了许多美国人认为合理或道德上可以接受的范围"。2018年，美国有3970万贫困人口。美国住房和城市发展部的数据显示，每晚至少有50万美国人无家可归。美国是目前唯一有数百万人处于饥饿状态的发达国家。美国儿童保护基金指出这样的残酷现实："在全球最富有的国家，居然还有超过1/5的儿童每天都不得不面对无比残酷的现实——下顿吃什么，今晚睡哪里？"美国仍有1280万名儿童生活在贫困之中，5岁以下的贫困儿童多达350万人，其中160万人生活在极端贫困中。基于如此冷酷的现实，美方一些人竟然大言不惭地把美国包装为样板级的"民主的乐土"。美国底层民众身处冷凄凄的"沮丧谷",美国政府背负着沉甸甸的民生债。美国是少数没有实行全民医疗保险的发达国家之一。美国国家统计局去年11月发布的最新统计显示,2018年,2750万美国公民没有医疗保险。根据盖洛普公司的调查,美国有1500万人由于药物费用过高而不得不推迟购买处方药,有6500万人由于医疗费用过高而在生病时放弃治疗。不少美国人担忧,美国的健康安全网在新冠疫情面前不堪一击,这样的困境将使疫情进一步扩散。

美国的贫富分化是一个稳定的长期趋势,这是由美国的政治制度和美国政府所代表的资本利益所决定的。联合国极端贫困与人权问题特别报告员奥尔斯顿指出,美国"极端贫困的持续存在是当权者做出的政治选择"。有英国学者直言,造成美国贫富差距急剧扩大的根源是美国政府实行的新自由主义政策体系,即以私有化、市场化、自由化为核心,维护富人利益。

思考讨论:美国社会产生贫富两极分化的根源是什么?如何看待资产阶级的民主?

案例点评:美国社会产生的两极分化具有客观性,是一个稳定的长期趋势,是由美国经济制度决定的。在马克思主义政治经济学中,资本积累理论是剩余价值学说的重要内容。资本积累是指剩余价值的资本化,随着资本积累和生产规模的扩大,社会财富日益集中到资产阶级手中,而社会财富的直接创造者——无产阶级则只占有少部分社会财富。这样必然加剧社会的两极分化,即一极是财富越来越集中于少数人手中,另一极是多数人只拥有社会财富的较小部分。

经济基础决定上层建筑是唯物史观的基本原理,资本主义的民主具有阶级局限性,本质上是维护资产阶级利益的。为了保证在世界上的霸主地位,美国长期奉行新自由主义政策体系,即以私有化、市场化、自由化为核心,加剧了贫富两极分化趋势。

四、知识拓展

(一)背景知识

1. 古典政治经济学

马克思对资产阶级古典政治经济学进行了透彻的分析,批判地继承了其中的科学因素,而对其中庸俗的因素作了深刻和彻底的批判。资产阶级古典政治经济学是马克思主义的来源之一。

英国古典政治经济学是英国资本主义上升时期代表新兴产业资产阶级利益的理论体系。亚当·斯密是古典政治经济学中杰出的代表,在他的主要经济学著作《国民财富的性质和原因的研究》(1776年)中,系统地论述了劳动价值论的基本原理,强调劳动是财富的源泉。李嘉图是英国古典政治经济学的完成者。李嘉图的主要经济著作是《政治经济学及赋税原理》(1817年)。他建立起一个以劳动价值论为基础的经济理论体系,揭示了工资和利润的对立、利润和地租的对立,从而揭示了无产阶级和资产阶级的矛盾与对立、资产阶级和地主阶级的矛盾与对立。他和斯密一样,主张经济自由主义,并在斯密自由贸易论、国际贸易论基础上,阐述了比较成本学说。

古典政治经济学在经济思想史上,第一次把理论的考察从流通领域转移到生产领域,对资本主义生产方式进行了初步分析。它在科学上的主要功绩是,奠定了劳动价值论的基础,在不同程度上研究了剩余价值的各种形式(利润、利息、地租),对社会资本的再生产和流通进行了初步的分析和探讨。由于资产阶级眼界的局限,古典政治经济学除了包含有科学的因素外,不可避免地存在着庸俗的成分和严重的矛盾。

2. 亚当·斯密的分工论

斯密试图回答一个重要的经济问题,即为什么我们的生产力会发展?斯密给出的答案是分工。有了分工,同样的劳动者就能在同样的时间内完成比过去多得多的工作量,原因有:长期做同一种工作能够增进技艺,提高单个人的生产率;能够减少工作之间互相转换的时间;能够促进新工具的发明。亚当·斯密最早提出了分工论,在当时起了很重要的作用,因为分工可以提高效率,所以到20世纪初,亨利·福特就把生产一辆车分成了8772个工时。分工论成为统治企业管理的主要模式。劳动分工理论对于管理理论的发展起到了十分重要的作用,后来的专业分工、管理职能分工、社会分工等理论,都与斯密的这一学说有关。在《国民财富的性质和原因的研究》中,斯密说:一个劳动者,如果对于这职业(分工的结果,使扣针的制造成为一种专门职业)没有受过相当训练,又不知怎样使用这职业上的机械(使这种机械有发明的可能的,恐怕也是分工的结果),那么纵使竭力工作,也许一天也制造不出一枚扣针,要做二十枚,当然是绝不可能了。但按照经营的方法,不但这种作业全部已经成为专门职业,而且这种职业分成若干部门,其中有大多数也同样成为专门职业。一个人抽铁线,一个人拉直,一个人切截,一个人削尖线的一端,一个人磨另一端,以便装上圆头。要做圆头,就需要有两三种不同的操作。装圆头,涂白色,乃至包装,都是专门的职业。这样,扣针的制造分为十八种操作。有些工厂,这十八种操作分由十八个专门工人承担。固然，有时一人也兼任两三门。我见过一个这种小工厂，只雇用十个工人，因此在这一个工厂中，有几个工人担任两三种操作。像这样一个小工厂的工人，虽很穷困，他们的必要机械设备，虽很简陋，但他们如果勤勉努力，一日也能成针十二磅。以每磅中等针有四千枚计，这十个工人每日就可成针四万八千枚，即一人一日可成针四千八百枚。如果他们各自独立工作，不专习一种特殊业务，那么，他们不论是谁，绝对不能一日制造二十枚针，说不定一天连一枚针也制造不出来。他们不但不能制出今日由适当分工合作而制成的数量的二百四十分之一，就连这数量的四千八百分之一，恐怕也制造不出来。

3. 马克思的《资本论》

习近平在《在纪念马克思诞辰200周年大会上的讲话》中指出：1867年问世的《资本论》是马克思主义最厚重、最丰富的著作，被誉为"工人阶级的圣经"。马克思的《资本论》，为政治经济学的发展做出了划时代的贡献。

《资本论》明确把资本主义生产关系作为研究对象，并以唯物辩证法作指导，运用科学抽象法进行研究，从而第一次科学地确立了政治经济学的对象和方法。

《资本论》在批判资产阶级古典政治经济学的价值论的基础上，创造性地分析了劳动的二重性，建立了科学的劳动价值论，从而为政治经济学奠定了理论基础。

政治经济学是研究生产关系的，而生产关系是生产、交换、分配、消费四个环节的关系的总和。《资本论》正是系统地分析资本主义的全部生产关系，而且这种分析是辩证的，由简单到复杂，由局部到整体，由本质到现象。《资本论》第一卷重点研究资本主义直接生产过程中的关系，揭示资本主义剥削关系的一般本质。《资本论》第二卷分析作为生产和交换的统一的广义的资本流通过程，进一步揭示资本主义剥削关系在流通中的表现。《资本论》第三卷分析了作为生产、流通、分配的统一的资本主义生产的总过程，进一步重点揭示了接近社会表面的分配领域的资本主义剥削关系。第四卷是剩余价值学说史。

劳动价值论是《资本论》科学体系的重要组成部分，也是《资本论》的理论基础和出发点。而劳动价值论的核心是劳动的二重性学说。这是资产阶级经济学家"处处都碰到不能解释的现象。实际上，这就是批判地理解问题的全部秘密"，劳动二重性的原理是"理解政治经济学的枢纽"。全部《资本论》都是以剩余价值为中心展开分析的。《资本论》第一卷着重阐明剩余价值的生产，第二卷着重阐明剩余价值的实现，第三卷着重阐明剩余价值的分配，第四卷着重阐明剩余价值学说的历史。剩余价值是贯穿在整个《资本论》中一条主导的红线。

(二) 经典文论

1. 卡·马克思:《资本论》第一卷(节选) 1867年第一版序言①

万事开头难,每门科学都是如此。所以本书第一章,特别是分析商品的部分,是最难理解的。其中对价值实体和价值量的分析,我已经尽可能地做到通俗易懂。以货币形式为其完成形态的价值形式,是极无内容和极其简单的。然而,两千多年来人类智慧对这种形式进行探讨的努力,并未得到什么结果,而对更有内容和更复杂的形式的分析,却至少已接近于成功。为什么会这样呢?因为已经发育的身体比身体的细胞容易研究些。并且,分析经济形式,既不能用显微镜,也不能用化学试剂。二者都必须用抽象力来代替。而对资产阶级社会说来,劳动产品的商品形式,或者商品的价值形式,就是经济的细胞形式。在浅薄的人看来,分析这种形式好像是斤斤于一些琐事。这的确是琐事,但这是显微解剖学所要做的那种琐事。

因此,除了价值形式那一部分外,不能说这本书难懂。当然,我指的是那些想学到一些新东西、因而愿意自己思考的读者。

物理学家是在自然过程表现得最确实、最少受干扰的地方考察自然过程的,或者,如有可能,是在保证过程以其纯粹形态进行的条件下从事实验的。我要在本书研究的,是资本主义生产方式以及和它相适应的生产关系和交换关系。到现在为止,这种生产方式的典型地点是英国。因此,我在理论阐述上主要用英国作为例证。但是,如果德国读者看到英国工农业工人所处的境况而伪善地耸耸肩膀,或者以德国的情况远不是那样坏而乐观地自我安慰,那我就要大声地对他说:这正是说的阁下的事情!

问题本身并不在于资本主义生产的自然规律所引起的社会对抗的发展程度的高低。问题在于这些规律本身,在于这些以铁的必然性发生作用并且正在实现的趋势。工业较发达的国家向工业较不发达的国家所显示的,只是后者未来的景象。

撇开这点不说。在资本主义生产已经在我们那里完全确立的地方,例如在真正的工厂里,由于没有起抗衡作用的工厂法,情况比英国要坏得多。在其他

---

① 马克思,恩格斯. 马克思恩格斯选集:第2卷[M]. 北京:人民出版社,2012:81-85.

一切方面，我们也同西欧大陆所有其他国家一样，不仅苦于资本主义生产的发展，而且苦于资本主义生产的不发展。除了现代的灾难而外，压迫着我们的还有许多遗留下来的灾难，这些灾难的产生，是由于古老的、陈旧的，生产方式以及伴随着它们的过时的社会关系和政治关系还在苟延残喘。不仅活人使我们受苦，而且死人也使我们受苦。死人抓住活人！

德国和西欧大陆其他国家的社会统计，与英国相比是很贫乏的。然而它还是把帷幕稍稍揭开，使我们刚刚能够窥见幕内美杜莎的头。如果我国各邦政府和议会像英国那样，定期指派委员会去调查经济状况，如果这些委员会像英国那样，有全权去揭发真相，如果为此能够找到像英国工厂视察员、编写《公共卫生》报告的英国医生、调查女工童工受剥削的情况以及居住和营养条件等的英国调查委员那样内行、公正、坚决的人们，那么，我国的情况就会使我们大吃一惊。柏修斯需要一顶隐身帽来追捕妖怪。我们却用隐身帽紧紧遮住眼睛和耳朵，以便有可能否认妖怪的存在。

决不要在这上面欺骗自己。正像十八世纪美国独立战争给欧洲中等阶级敲响了警钟一样，十九世纪美国南北战争又给欧洲工人阶级敲响了警钟。在英国，变革过程已经十分明显。它达到一定程度后，一定会波及大陆。在那里，它将采取较残酷的还是较人道的形式，那要看工人阶级自身的发展程度而定。所以，现在的统治阶级，撇开其较高尚的动机不说，他们的切身利益也迫使他们除掉一切可以由法律控制的、妨害工人阶级发展的障碍。因此，我在本卷中用了很大的篇幅来叙述英国工厂法的历史、内容和结果。一个国家应该而且可以向其他国家学习。一个社会即使探索到了本身运动的自然规律——本书的最终目的就是揭示现代社会的经济运动规律——它还是既不能跳过也不能用法令取消自然的发展阶段。但是它能缩短和减轻分娩的痛苦。

为了避免可能产生的误解，要说明一下。我决不用玫瑰色描绘资本家和地主的面貌。不过这里涉及的人，只是经济范畴的人格化，是一定的阶级关系和利益的承担者。我的观点是：社会经济形态的发展是一种自然历史过程。不管个人在主观上怎样超脱各种关系，他在社会意义上总是这些关系的产物。同其他任何观点比起来，我的观点是更不能要个人对这些关系负责的。

在政治经济学领域内，自由的科学研究遇到的敌人，不只是它在一切其他领域内遇到的敌人。政治经济学所研究的材料的特殊性，把人们心中最激烈、最卑鄙、最恶劣的感情，把代表私人利益的复仇女神召唤到战场上来反对自由的科学研究。例如，英国高教会派宁愿饶恕对它的三十九条信纲中的三十八条信纲进行的攻击，而不饶恕对它的现金收入的三十九分之一进行的攻击。在今天，同批评传统的财产关系相比，无神论本身是一种很小的过失。但在这方面，进步仍然是无可怀疑的。以最近几星期内发表的蓝皮书《关于工业和工联问题同女王陛下驻外使团的信函往来》为例。英国女王驻外使节在那里坦率地说，在德国，在法国，一句话，在欧洲大陆的一切文明国家，现有的劳资关系的变化同英国一样明显，一样不可避免。同时，大西洋彼岸的北美合众国副总统威德先生也在公众集会上说：在奴隶制废除后，资本关系和土地所有权关系的变革会提到日程上来！这是时代的标志，不是用紫衣黑袍遮掩得了的。这并不是说明天就会出现奇迹。但这表明，甚至在统治阶级中间也已经透露出一种模糊的感觉：现在的社会不是坚实的结晶体，而是一个能够变化并且经常处于变化过程中的机体。

这部著作的第二卷将探讨资本的流通过程（第二册）和总过程的各种形式（第三册），第三卷即最后一卷（第四册）将探讨理论史。

任何的科学批评的意见我都是欢迎的。而对于我从来就不让步的所谓舆论的偏见，我仍然遵守伟大的佛罗伦萨诗人的格言：

走你的路，让人们去说罢！

卡尔·马克思

1867 年 7 月 25 日于伦敦

2.《资本论》第一卷（节选）：商品的拜物教性质及其秘密[①]

最初一看，商品好像是一种简单而平凡的东西。对商品的分析表明，它却是一种很古怪的东西，充满形而上学的微妙和神学的怪诞。就商品是使用价值来说，不论从它靠自己的属性来满足人的需要这个角度来考察，或者从它作为人类劳动的产品才具有这些属性这个角度来考察，它都没有什么神秘的地方。很明显，人通过自己的活动按照对自己有用的方式来改变自然物质的形态。

可见，商品的神秘性质不是来源于商品的使用价值。这种神秘性质也不是来源于价值规定的内容。因为，第一，不管有用劳动或生产活动怎样不同，它们都是人体的机能，而每一种这样的机能不管内容和形式如何，实质上都是人的脑、神经、肌肉、感官等等的耗费。这是一个生理学上的真理。第二，说到作为决定价值量的基础的东西，即这种耗费的持续时间或劳动量，那么，劳动的量可以十分明显地同劳动的质区别开来。在一切社会状态下，人们对生产生活资料所耗费的劳动时间必然是关心的，虽然在不同的发展阶段上关心的程度

[①] 马克思,恩格斯. 马克思恩格斯选集：第 2 卷 [M]. 北京：人民出版社,2012：122-127.

不同。最后，一旦人们以某种方式彼此为对方劳动，他们的劳动也就取得社会的形式。

可是，劳动产品一旦采取商品形式就具有的谜一般的性质究竟是从哪里来的呢？显然是从这种形式本身来的。人类劳动的等同性，取得了劳动产品的等同的价值对象性这种物的形式；用劳动的持续时间来计量的人类劳动力的耗费，取得了劳动产品的价值量的形式；最后，生产者的劳动的那些社会规定借以实现的生产者关系，取得了劳动产品的社会关系的形式。

可见，商品形式的奥秘不过在于：商品形式在人们面前把人们本身劳动的社会性质反映成劳动产品本身的物的性质，反映成这些物的天然的社会属性，从而把生产者同总劳动的社会关系反映成存在于生产者之外的物与物之间的社会关系。由于这种转换，劳动产品成了商品，成了可感觉而又超感觉的物或社会的物。正如一物在视神经中留下的光的印象，不是表现为视神经本身的主观兴奋，而是表现为眼睛外面的物的客观形式。但是在视觉活动中，光确实从一物射到另一物，即从外界对象射入眼睛。这是物理的物之间的一种物理关系。相反，商品形式和它借以得到表现的劳动产品的价值关系，是同劳动产品的物理性质以及由此产生的物的关系完全无关的。这只是人们自己的一定的社会关系，但它在人们面前采取了物与物的关系的虚幻形式。因此，要找一个比喻，我们就得逃到宗教世界的幻境中去。在那里，人脑的产物表现为赋有生命的、彼此发生关系并同人发生关系的独立存在的东西。在商品世界里，人手的产物也是这样。我把这叫做拜物教。劳动产品一旦作为商品来生产，就带上拜物教性质，因此拜物教是同商品生产分不开的。

商品世界的这种拜物教性质，像以上分析已经表明的，是来源于生产商品的劳动所特有的社会性质。

使用物品成为商品，只是因为它们是彼此独立进行的私人劳动的产品。这种私人劳动的总和形成社会总劳动。因为生产者只有通过交换他们的劳动产品才发生社会接触，所以，他们的私人劳动的独特的社会性质也只有在这种交换中才表现出来。换句话说，私人劳动在事实上证实为社会总劳动的一部分，只是由于交换使劳动产品之间、从而使生产者之间发生了关系。因此，在生产者面前，他们的私人劳动的社会关系就表现为现在这个样子，就是说，不是表现为人们在自己劳动中的直接的社会关系，而是表现为人们之间的物的关系和物之间的社会关系。

劳动产品只是在它们的交换中，才取得一种社会等同的价值对象性，这种对象性是与它们的感觉上各不相同的使用对象性相分离的。劳动产品分裂为有用物和价值物,实际上只是发生在交换已经十分广泛和十分重要的时候,那时有用物是为了交换而生产的,因而物的价值性质还在物本身的生产中就被注意到了。从那时起,生产者的私人劳动真正取得了二重的社会性质。一方面,生产者的私人劳动必须作为一定的有用劳动来满足一定的社会需要,从而证明它们是总劳动的一部分,是自然形成的社会分工体系的一部分。另一方面,只有在每一种特殊的有用的私人劳动可以同任何另一种有用的私人劳动相交换从而相等时,生产者的私人劳动才能满足生产者本人的多种需要。完全不同的劳动所以能够相等,只是因为它们的实际差别已被抽去,它们已被化成它们作为人类劳动力的耗费、作为抽象的人类劳动所具有的共同性质。私人生产者的头脑把他们的私人劳动的这种二重的社会性质,只是反映在从实际交易、产品交换中表现出来的那些形式中,也就是把他们的私人劳动的社会有用性,反映在劳动产品必须有用,而且是对别人有用的形式中;把不同种劳动的相等这种社会性质,反映在这些在物质上不同的物即劳动产品具有共同的价值性质的形式中。

可见,人们使他们的劳动产品彼此当作价值发生关系,不是因为在他们看来这些物只是同种的人类劳动的物质外壳。恰恰相反,他们在交换中使他们的各种产品作为价值彼此相等,也就使他们的各种劳动作为人类劳动而彼此相等。他们没有意识到这一点,但是他们这样做了。

产品交换者实际关心的问题,首先是他用自己的产品能换取多少别人的产品,就是说,产品按什么样的比例交换。当这些比例由于习惯而逐渐达到一定的稳固性时,它们就好像是由劳动产品的本性产生的。例如,一吨铁和两盎司金的价值相等,就像一磅金和一磅铁虽然有不同的物理属性和化学属性,但是重量相等一样。实际上,劳动产品的价值性质,只是通过劳动产品表现为价值量才确定下来。价值量不以交换者的意志、设想和活动为转移而不断地变动着。在交换者看来,他们本身的社会运动具有物的运动形式。不是他们控制这一运动,而是他们受这一运动控制。要有充分发达的商品生产,才能从经验本身得出科学的认识,理解到彼此独立进行的、但作为自然形成的社会分工部分而互相全面依赖的私人劳动,不断地被化为它们的社会的比例尺度,这是因为在私人劳动产品的偶然的不断变动的交换关系中,生产这些产品的社会必要劳动时间作为起调节作用的自然规律强制地为自己开辟道路,就像房屋倒在人的头上时重力定律强制地为自己开辟道路一样。因此,价值量由劳动时间决定是一个隐藏在商品相对价值的表面运动后面的秘密。这个秘密的发现,消除了劳动产品的价值量纯粹是偶然决定的这种假象,但是决没有消除这种决定所采取的物的形式。

一旦我们逃到其他的生产形式中去,商品世界的全部神秘性,在商品生产的基础上笼罩着劳动产品的一切魔法妖术,就立刻消失了。

让我们换一个方面,设想有一个自由人联合体,他们用公共的生产资料进行劳动,并且自觉地把他们许多个人劳动力当作一个社会劳动力来使用。[……]这个联合体的总产品是一个社会产品。这个产品的一部分重新用作生产资料。这一部分依旧是社会的。而另一部分则作为生活资料由联合体成员消费。因此,这一部分要在他们之间进行分配。这种分配的方式会随着社会生产有机体本身的特殊方式和随着生产者的相应的历史发展程度而改变。仅仅为了同商品生产进行对比,我们假定,每个生产者在生活资料中得到的份额是由他的劳动时间决定的。这样,劳动时间就会起双重作用。劳动时间的社会的有计划的分配,调节着各种劳动职能同各种需要的适当的比例。另一方面,劳动时间又是计量生产者在共同劳动中个人所占份额的尺度,因而也是计量生产者在共同产品的个人可消费部分中所占份额的尺度。在那里,人们同他们的劳动和劳动产品的社会关系,无论在生产上还是在分配上,都是简单明了的。

在商品生产者的社会里,一般的社会生产关系是这样的:生产者把他们的产品当做商品,从而当做价值来对待,而且通过这种物的形式,把他们的私人劳动当做等同的人类劳动来互相发生关系。对于这种社会来说,崇拜抽象人的基督教,特别是资产阶级发展阶段的基督教,如新教、自然神教等等,是最适当的宗教形式。[……]只有当实际日常生活的关系,在人们面前表现为人与人之间和人与自然之间极明白而合理的关系的时候,现实世界的宗教反映才会消失。只有当社会生活过程即物质生产过程的形态,作为自由联合的人的产物,处于人的有意识有计划的控制之下的时候,它才会把自己的神秘的纱幕揭掉。但是,这需要有一定的社会物质基础或一系列物质生存条件,而这些条件本身又是长期的、痛苦的发展史的自然产物。

3.《资本论》第一卷(节选):资本主义积累的一般规律①

(1) 在资本构成不变时,对劳动力的需求随积累的增长而增长

我们在这一章要研究资本的增长对工人阶级的命运产生的影响。在这种研究中,最重要的因素就是资本的构成和它在积累过程进行中所起的变化。

资本的构成要从双重的意义上来理解。从价值方面来看,资本的构成是由资本分为不变资本和可变资本的比例,或者说,分为生产资料的价值和劳动力

---

① 马克思,恩格斯. 马克思恩格斯选集:第2卷 [M]. 北京:人民出版社,2012:273-290.

的价值即工资总额的比例来决定的。从在生产过程中发挥作用的物质方面来看，每一个资本都分为生产资料和活的劳动力；这种构成是由所使用的生产资料量和为使用这些生产资料而必需的劳动量之间的比例来决定的。我把前一种构成叫作资本的价值构成，把后一种构成叫作资本的技术构成。二者之间有密切的相互关系。为了表达这种关系，我把由资本技术构成决定并且反映技术构成变化的资本价值构成，叫作资本的有机构成。凡是简单地说资本构成的地方，始终应当理解为资本的有机构成。

投入一定生产部门的许许多多单个资本，在构成上或多或少是不同的。把这些资本的一个个构成加以平均，就得出这个生产部门的总资本的构成。最后，把一切生产部门的平均构成加以总平均，就得出一个国家的社会资本的构成，我们以下要谈的归根到底只是这种构成。

资本的增长包含它的可变组成部分，即转变为劳动力的组成部分的增长。转化为追加资本的剩余价值总要有一部分再转化为可变资本，或追加的劳动基金。假定资本的构成不变，也就是说，为了推动一定量的生产资料或不变资本始终需要同量劳动力，同时其他情况也不变，那么，对劳动的需求和工人的生存基金，显然按照资本增长的比例而增长，而且资本增长得越快，它们也增长得越快。因为资本每年都生产出剩余价值，其中的一部分每年都并入原资本，因为这种增值额本身随着已经执行职能的资本的规模的扩大每年都在增长，最后，因为在特殊的致富欲的刺激下，例如，在由于新发展起来的社会需求而开辟了新的市场、新的投资领域等的情况下，只要改变剩余价值或剩余产品分为资本和收入的比例，积累的规模就能突然扩大，所以，资本的积累需要，能够超过劳动力或工人人数的增加，对工人的需求，能够超过工人的供给，这样一来，工资就会提高。只要上述假定一直不变，这种情况最终一定会发生。因为雇用的工人一年比一年多，所以迟早必定会出现这样的时候：积累的需要开始超过通常的劳动供给，于是工资提高。在整个15世纪和18世纪上半叶，在英国就可以听到这方面的怨言。但是这些多少有利于雇佣工人的维持和繁殖的情况，丝毫不会改变资本主义生产的基本性质。简单再生产不断地再生产出资本关系本身：一方面是资本家，另一方面是雇佣工人。同样，规模扩大的再生产或积累再生产出规模扩大的资本关系：一极是更多的或更大的资本家，另一极是更多的雇佣工人。劳动力必须不断地作为价值增殖的手段并入资本，不能脱离资本，它对资本的从属关系只是由于它时而卖给这个资本家，时而卖给那个资本家才被掩盖起来，所以，劳动力的再生产实际上是资本本身再生产的一个因素。因此，资本的积累就是无产阶级的增加。

在以上所假定的对工人最有利的积累条件下，工人对资本的从属关系是采取可以忍受的，或者如伊登所说的"安适和宽松的"形式。随着资本的增长，这种关系不是更为加强，而只是更为扩大，也就是说，资本的剥削和统治的范围只是随着它本身的规模和它的臣民人数的增大而扩大。在工人自己所生产的日益增加的并且越来越多地转化为追加资本的剩余产品中，会有较大的份额以支付手段的形式流回到工人手中，使他们能够扩大自己的享受范围，有较多的衣服、家具等消费基金，并且积蓄一小笔货币准备金。但是，吃穿好一些，待遇高一些，特有财产多一些，不会消除奴隶的从属关系和对他们的剥削，同样，也不会消除雇佣工人的从属关系和对他们的剥削。由于资本积累而提高的劳动价格，实际上不过表明，雇佣工人为自己铸造的金锁链已经够长够重，容许把它略微放松一点。在关于这一问题的争论中，大都把主要的东西，即资本主义生产的具有代表性的特征忽略了。在这里，购买劳动力，不是为了用它的服务或它的产品来满足买者的个人需要。买者的目的是增殖他的资本，是生产商品，使其中包含的劳动比他支付了报酬的劳动多，也就是包含一个不花费他什么，但会通过商品的出售得到实现的价值部分。生产剩余价值或赚钱，是这个生产方式的绝对规律。劳动力只有在它会把生产资料当作资本来保存，把自身的价值当作资本再生产出来，并且以无酬劳动提供追加资本的源泉的情况下，才能够卖出去。所以，劳动力的出卖条件不管对工人怎样有利，总要使劳动力不断地再出卖，使财富作为资本不断地扩大再生产。我们已经知道，工资按其本性来说，要求工人不断地提供一定数量的无酬劳动。即使完全撇开工资提高而劳动价格同时下降等情况不说，工资的增大至多也不过说明工人必须提供的无酬劳动量的减少。这种减少永远也不会达到威胁制度本身的程度。[……] 由资本积累而引起的劳动价格的提高不外是下列两种情况之一：

一种情况是，劳动价格继续提高，因为它的提高不会妨碍积累的进展；这没有什么值得奇怪的地方，因为，亚·斯密说过，

"即使利润下降，资本还是能增长，甚至增长得比以前还要快……利润小的大资本，一般也比利润大的小资本增长得快"（《国富论》第1卷第189页）。

在这种情况下，很显然，无酬劳动的减少决不会妨碍资本统治的扩大。另一种情况是，积累由于劳动价格的提高而削弱，因为利润的刺激变得迟钝了。积累减少了。但是随着积累的减少，使积累减少的原因，即资本和可供剥削的劳动力之间的不平衡，也就消失了。所以，资本主义生产过程的机制会自行排除它暂时造成的障碍。劳动价格重新降到适合资本增殖需要的水平，而不管这个水平现在是低于、高于还是等于工资提高前的正常水平。可见，在第一种情

况下，并不是劳动力或工人人口绝对增加或相对增加的减缓引起资本的过剩，相反地，是资本的增长引起可供剥削的劳动力的不足。在第二种情况下，并不是劳动力或工人人口绝对增加或相对增加的加速引起资本的不足，相反地，是资本的减少使可供剥削的劳动力过剩，或者不如说使劳动力价格过高。正是资本积累的这些绝对运动反映成为可供剥削的劳动力数量的相对运动，因而看起来好像是由后者自身的运动引起的。用数学上的术语来说：积累量是自变量，工资量是因变量，而不是相反。

作为所谓"自然人口规律"的基础的资本主义生产规律，可以简单地归结如下：资本、积累同工资率之间的关系，不外是转化为资本的无酬劳动和为推动追加资本所必需的追加劳动之间的关系。因此，这决不是两个彼此独立的量，即资本量和工人人口数量之间的关系；相反地，归根到底这只是同一工人人口所提供的无酬劳动和有酬劳动之间的关系。如果工人阶级提供的并由资本家阶级所积累的无酬劳动量增长得十分迅速，以致只有大大追加有酬劳动才能转化为资本，那么，工资就会提高，而在其他一切情况不变时，无酬劳动就会相应地减少。但是，一旦这种减少达到一定点，即滋养资本的剩余劳动不再有正常数量的供应时，反作用就会发生：收入中资本化的部分减少，积累削弱，工资的上升运动受到反击。可见，劳动价格的提高被限制在这样的界限内，这个界限不仅使资本主义制度的基础不受侵犯，而且还保证资本主义制度的规模扩大的再生产。可见，被神秘化为一种自然规律的资本主义积累规律，实际上不过表示：资本主义积累的本性，决不允许劳动剥削程度的任何降低或劳动价格的任何提高有可能严重地危及资本关系的不断再生产和它的规模不断扩大的再生产。在一种不是物质财富为工人的发展需要而存在，相反是工人为现有价值的增殖需要而存在的生产方式下，事情也不可能是别的样子。

(2) 在积累和伴随积累的积聚的进程中资本可变部分相对减少

一旦资本主义制度的一般基础奠定下来，在积累过程中就一定会出现一个时刻，那时社会劳动生产率的发展成为积累的最强有力的杠杆。

如果撇开土壤肥力等自然条件，撇开分散劳动的独立生产者的技能（这种技能更多地表现在质量即制品的优劣上，而不是表现在数量即制品的多寡上），那么，社会劳动生产率的水平就表现为一个工人在一定时间内，以同样的劳动力强度使之转化为产品的生产资料的相对量。工人用来进行劳动的生产资料的量，随着工人的劳动生产率的增长而增长。在这里，这些生产资料起着双重作用。一些生产资料的增长是劳动生产率增长的结果，另一些生产资料的增长是劳动生产率增长的条件。［……］但是，不管是条件还是结果，只要生产资料的量比并入生产资料的劳动力相对增长,这就表示劳动生产率的增长。因而,劳动生产率的增长,表现为劳动的量比它所推动的生产资料的量相对减少,或者说,表现为劳动过程的主观因素的量比它的客观因素的量相对减少。

资本技术构成的这一变化,即生产资料的量比推动它的劳动力的量相对增长,又反映在资本的价值构成上,即资本价值的不变组成部分靠减少它的可变组成部分而增加。[……] 只代表所耗费的生产资料价值或资本不变部分的那个价格要素的相对量,同积累的增进成正比;用来支付劳动或代表资本可变部分的另一价格要素的相对量,一般同积累的增进成反比。

不过,资本可变部分比不变部分的相对减少,或资本价值构成的变化,只是近似地表示出资本的物质组成部分构成上的变化。[……] 原因很简单:随着劳动生产率的增长,不仅劳动所消费的生产资料的量增大了,而且生产资料的价值比生产资料的量也相对地减小了。这样一来,生产资料的价值绝对地增长了,但不是同它的量按比例增长。因此,不变资本和可变资本之间的差额的增大,同不变资本转化成的生产资料的量和可变资本转化成的劳动力的量之间的差额的增大相比,要慢得多。随着后一个差额的增长,前一个差额也增长,但是增长的程度较小。

然而,积累的增进虽然使资本可变部分的相对量减少,但是决不因此排斥它的绝对量的增加。假定资本价值起初分为50%的不变资本和50%的可变资本,后来分为80%的不变资本和20%的可变资本。如果原有资本在此期间从例如6000镑增加到18000镑,那么,它的可变组成部分也要增加1/5。这个可变部分原来是3000镑,现在是3600镑。但是,要使劳动的需求提高20%,以前只需资本增加20%就够了,现在则要求原有资本增加为三倍。

每一单个资本都是生产资料的或大或小的积聚,并且相应地指挥着一支或大或小的劳动军。每一个积累都成为新的积累的手段。这种积累随着执行资本职能的财富数量的增多而扩大这种财富在单个资本家手中的积聚,从而扩大大规模生产和特殊的资本主义的生产方法的基础。社会资本的增长是通过许多单个资本的增长来实现的。假定其他一切条件不变,各单个资本,以及与之相连的生产资料的积聚,会按照它们各自在社会总资本中所占份额的比例而增长。同时,从原资本上会分出枝杈来,作为新的独立资本执行职能。在这方面,资本家家庭内部的分产起着重大作用。因此,随着资本的积累,资本家的人数也多少有所增加。这种直接以积累为基础的或不如说和积累等同的积聚,有两个特征。第一,在其他条件不变的情况下,社会生产资料在单个资本家手中积聚的增进,受社会财富增长程度的限制。第二,社会资本中固定在每个特殊生产部门的部分，分在许多资本家身上，他们作为独立的和互相竞争的商品生产者彼此对立着。所以，积累和伴随积累的积聚不仅分散在许多点上，而且执行职能的资本的增长还受到新资本的形成和旧资本的分裂的阻碍。因此，积累一方面表现为生产资料和对劳动的支配权的不断增长的积聚，另一方面，表现为许多单个资本的互相排斥。

社会总资本这样分散为许多单个资本，或它的各部分间的互相排斥，又遇到各部分间的互相吸引的反作用。这已不再是生产资料和对劳动的支配权的简单的、和积累等同的积聚。这是已经形成的各资本的积聚，是它们的个体独立性的消灭，是资本家剥夺资本家，是许多小资本变成少数大资本。这一过程和前一过程不同的地方就在于，它仅仅以已经存在的并且执行职能的资本在分配上的变化为前提，因而，它的作用范围不受社会财富的绝对增长或积累的绝对界限的限制。资本所以能在这里，在一个人手中大量增长，是因为它在那里，在许多人手中丧失了。这是不同于积累和积聚的本来意义的集中。

资本的这种集中或资本吸引资本的规律，不可能在这里加以阐述。简单地提一些事实就够了。竞争斗争是通过使商品便宜来进行的。在其他条件不变时，商品的便宜取决于劳动生产率，而劳动生产率又取决于生产规模。因此，较大的资本战胜较小的资本。其次，我们记得，随着资本主义生产方式的发展，在正常条件下经营某种行业所需要的单个资本的最低限量提高了。因此，较小的资本挤到那些大工业还只是零散地或不完全地占领的生产领域中去。在那里，竞争的激烈程度同互相竞争的资本的多少成正比，同互相竞争的资本的大小成反比。竞争的结果总是许多较小的资本家垮台，他们的资本一部分转入胜利者手中，一部分归于消灭。除此而外，一种崭新的力量——信用事业，随同资本主义的生产而形成起来。起初，它作为积累的小小的助手不声不响地挤了进来，通过一根根无形的线把那些分散在社会表面上的大大小小的货币资金吸引到单个的或联合的资本家手中；但是很快它就成了竞争斗争中的一个新的可怕的武器；最后，它变成一个实现资本集中的庞大的社会机构。

随着资本主义生产和积累的发展，竞争和信用——集中的两个最强有力的杠杆，也以同样的程度发展起来。同时，积累的增进又使可以集中的材料即单个资本增加，而资本主义生产的扩大，又替那些要有资本的预先集中才能建立起来的强大工业企业，一方面创造了社会需要，另一方面创造了技术手段。因此，现在单个资本的互相吸引力和集中的趋势比以往任何时候都更加强烈。虽然集中运动的相对广度和强度在一定程度上由资本主义财富已经达到的数量和经济机构的优越性来决定，但是集中的进展决不取决于社会资本的实际增长量。

163

这正是集中和积聚——它不过是规模扩大的再生产的另一种表现——特别不同的地方。集中可以通过单纯改变既有资本的分配，通过单纯改变社会资本各组成部分的量的组合来实现。资本所以能在这里，在一个人手中大量增长，是因为它在那里，在许多单个人的手中被夺走了。在一个生产部门中，如果投入的全部资本已融合为一个单个资本时，集中便达到了极限。在一个社会里，只有当社会总资本或者合并在唯一的资本家手中，或者合并在唯一的资本家公司手中的时候，集中才算达到极限。

集中补充了积累的作用，使工业资本家能够扩大自己的经营规模。不论经营规模的扩大是积累的结果，还是集中的结果；不论集中是通过强制的道路进行吞并，——在这种场合，某些资本成为对其他资本的占压倒优势的引力中心，打破其他资本的个体内聚力，然后把各个零散的碎片吸引到自己方面来，——还是通过建立股份公司这一比较平滑的办法把许多已经形成或正在形成的资本融合起来，经济作用总是一样的。工业企业规模的扩大对于更广泛地组织许多人的总体劳动，对于更广泛地发展这种劳动的物质动力，也就是说，对于使分散的、按习惯进行的生产过程不断地变成社会结合的、用科学处理的生产过程来说，到处都成为起点。

不过很明显，积累，即由圆形运动变为螺旋形运动的再生产所引起的资本的逐渐增大，同仅仅要求改变社会资本各组成部分的量的组合的集中比较起来，是一个极缓慢的过程。假如必须等待积累去使某些单个资本增长到能够修建铁路的程度，那么恐怕直到今天世界上还没有铁路。但是，集中通过股份公司转瞬之间就把这件事完成了。集中在这样加强和加速积累作用的同时，又扩大和加速资本技术构成的变革，即减少资本的可变部分来增加它的不变部分，从而减少对劳动的相对需求。

可见，一方面，在积累进程中形成的追加资本，同它自己的量比较起来，会越来越少地吸引工人。另一方面，周期地按新的构成再生产出来的旧资本，会越来越多地排斥它以前所雇用的工人。

4. 资本论第三卷节选：一般利润率（平均利润率）的形成和商品价值转化为生产价格①

资本的有机构成，在任何时候都取决于两种情况：第一，所使用的劳动力和所使用的生产资料量的技术比率；第二，这些生产资料的价格。我们已经知

---

① 马克思，恩格斯. 马克思恩格斯选集：第2卷 [M]. 北京：人民出版社，2012：465-476.

道，资本的有机构成，必须按它的百分比来考察。一个资本的4/5为不变资本，1/5为可变资本，它的有机构成，我们用80c+20v这个公式来表示。其次，在比较时，假定剩余价值率不变，并且可以任意假定这个比率，例如100%。因此，80c+20v的资本产生20m的剩余价值，按总资本计算，利润率为20%。它的产品的实际价值有多大，现在要看不变资本的固定部分有多大，并且要看固定部分中作为损耗加入产品的部分有多大，没有加入产品的部分有多大。但是，因为这种情况对于利润率，从而对于我们现在的研究毫无意义，所以，为了简便起见，假定不变资本到处都是同样地全部加入所考察的资本的年产品。其次还假定，不同生产部门的资本，会和它们的可变部分的量成比例地每年实现同样多的剩余价值，这就是说，把周转时间的差别能在这方面引起的差别暂时撇开不说。这一点以后再研究。

让我们拿五个不同的生产部门来说。投在这五个生产部门的资本的有机构成各不相同，例如：

资本	剩余价值率	剩余价值	产品价值	利润率
Ⅰ. 80c+20v	100%	20	120	20%
Ⅱ. 70c+30v	100%	30	130	30%
Ⅲ. 60c+40v	100%	40	140	40%
Ⅳ. 85c+15v	100%	15	115	15%
Ⅴ. 95c+5v	100%	5	105	5%

在这里我们看到，不同的生产部门，在劳动的剥削程度相等的情况下，按照资本的不同有机构成，有很不相同的利润率。

投在五个部门的资本的总额等于500；它们生产的剩余价值的总额等于110；它们生产的商品的总价值等于610。如果我们把这500看作一个资本，Ⅰ—Ⅴ不过是这个资本的不同部分（好像一个棉纺织厂分成不同部分，如梳棉间、粗纺间、纺纱间和织布间，这些部分的不变资本和可变资本的比率各不相同，而整个工厂的平均比率只有通过计算才能得出，那么是这样一体化好呢？还是只保留利润率最大的部分，而将其余部分转移出去好呢？就后者而言，世上有这么便宜的事吗？若后者的情形存在，其前提是什么？)，那么，首先这个资本500的平均构成是390c+110v，用百分比表示，是78c+22v。既然每个资本100都只是被看作总资本的五分之一，那么它的构成就是这个平均构成78c+22v；同样，每100都有22作为平均剩余价值；因此，平均利润率=22%；最后，这500所生产的总产品的任何五分之一的价格=122。因此，全部预付资本

165

的任何五分之一所生产的产品，都必须按122的价格出售。

但是，为了避免得出完全错误的结论，必须认为不是所有成本价格都=100。

在资本有机构成=80c+20v，剩余价值率=100%时，如果全部不变资本都加入年产品，资本I=100所生产的商品的总价值就=80c+20v+20m=120。在一定条件下，这个结果可以在一定生产部门内发生。但并不是在所有c和v的比率=4∶1的地方，都有这样的结果。因此，在谈到不同资本每100所生产的商品的价值时，必须考虑到，商品价值会由于c的固定组成部分和流动组成部分之间的比率不同而不同，并且不同资本的固定组成部分又会快慢不等地损耗，从而在相同的时间内把不等的价值量加入产品。不过，这对利润率来说没有什么关系。不论80c是把价值80，50或5转移到年产品中去，从而也不论年产品是=80c+20v+20m=120，还是=50c+20v+20m=90，或者=5c+20v+20m=45，在所有这些场合，产品的价值超过它的成本价格的余额，都等于20；并且在所有这些场合，在确定利润率时，这20都按资本100计算；因此，在所有这些场合，资本I的利润率都=20%。

……

一般利润率取决于两个因素：

1. 不同生产部门的资本的有机构成，从而各个部门的不同的利润率；

2. 社会总资本在这些不同部门之间的分配，即投在每个特殊部门因而有特殊利润率的资本的相对量；也就是，每个特殊生产部门在社会总资本中所吸收的相应份额。

我们在第一册和第二册只是研究了商品的价值。现在，一方面，成本价格作为这个价值的一部分而分离出来了，另一方面，商品的生产价格作为价值的一个转化形式而发展起来了。

社会劳动生产力在每个特殊生产部门的特殊发展，在程度上是不同的，有的高，有的低，这和一定量劳动所推动的生产资料量成正比，或者说，和一定数目的工人在工作日已定的情况下所推动的生产资料量成正比，也就是说，和推动一定量生产资料所必需的劳动量成反比。因此，我们把那种同社会平均资本相比，不变资本占的百分比高，从而可变资本占的百分比低的资本，叫作高构成的资本。反之，把那种同社会平均资本相比，不变资本比重小，而可变资本比重大的资本，叫作低构成的资本。最后，我们把那种和社会平均资本有同样构成的资本，叫作平均构成的资本。如果社会平均资本，用百分比表示，由80c+20v构成，那么一个由90c+10v构成的资本就高于社会平均数，一个由70c+30v构成的资本，就低于社会平均数。一般地说，在社会平均资本的构成=mc

+nv，m 和 n 为不变量，并且 m+n=100 时，(m+x) c+ (n-x) v 就代表一个资本或资本群的高构成，(m-x) c+ (n+x) v 则代表一个资本或资本群的低构成。这些资本在平均利润率确定之后，在一年周转一次的前提下，怎样执行职能，可由下表看出。在表内，Ⅰ代表平均构成，因此，平均利润率=20%。

Ⅰ. 80c+20v+20m。利润率=20%。

产品的价格=120。价值=120。

Ⅱ. 90c+10v+10m。利润率=20%。

产品的价格=120。价值=110。

Ⅲ. 70c+30v+30m。利润率=20%。

产品的价格=120。价值=130。

这样，就资本Ⅱ生产的商品来说，价值小于生产价格，就资本Ⅲ生产的商品来说，生产价格小于价值。只有就资本构成偶然是社会平均构成的生产部门的资本Ⅰ来说，价值才等于生产价格。此外，我们把这些符号应用到一定场合时，当然还要考虑到，c 和 v 之比同一般平均数的偏离，在多大程度上不是由技术构成的差别，而只是由不变资本各要素的价值变动引起的。技术在这里的作用是什么。

当然，以上所说，对商品成本价格的定义是一种修改。我们原先假定，一个商品的成本价格，等于该商品生产时所消费的各种商品的价值。但一个商品的生产价格，对它的买者来说，就是成本价格，并且可以作为成本价格加入另一个商品的价格形成。因为生产价格可以偏离商品的价值，所以，一个商品的包含另一个商品的这个生产价格在内的成本价格，可以高于或低于它的总价值中由加到它里面的生产资料的价值构成的部分。必须记住成本价格这个修改了的意义，因此，必须记住，如果在一个特殊生产部门把商品的成本价格看作和生产该商品时所消费的生产资料的价值相等，那就总可能有误差。对我们现在的研究来说，这一点没有进一步考察的必要。无论如何，商品的成本价格总是小于商品的价值这个论点，在这里仍然是正确的。因为，无论商品的成本价格能够怎样偏离商品所消费的生产资料的价值，这个过去的误差对资本家来说是没有意义的。商品的成本价格是既定的，它是一个不以资本家的生产为转移的前提，而资本家生产的结果则是一个包含剩余价值的商品，也就是一个包含超过商品成本价格的价值余额的商品。此外，成本价格小于商品价值的论点，现在实际上变成了成本价格小于生产价格的论点。对生产价格和价值相等的社会总资本来说，这个论点同以前关于成本价格小于价值的论点是一致的。尽管这个论点对特殊生产部门来说要加以修改，但其根据始终是如下的事实：从社会总资本来看，它所生产的商品的成本价格小于价值，或者在这里从所生产的商品总量来看，小于和这个价值相一致的生产价格。商品的成本价格，只是涉及商品中包含的有酬劳动的量；价值，是涉及商品中包含的有酬劳动和无酬劳动的总量；生产价格，是涉及有酬劳动加上不以特殊生产部门本身为转移的一定量无酬劳动之和。

商品的生产价格=k+p，即等于成本价格加上利润，这个公式，现在由于p=kp'（p'代表一般利润率）而得到了进一步的规定，即生产价格=k+kp'。如果k=300，p'=15%，生产价格k+kp'就=300+300×15/100=345。

商品的生产价格，在每个特殊生产部门，都会在下述每个场合发生量的变动：

1. 商品价值不变（也就是说，加入商品生产的死劳动和活劳动的量不变），但一般利润率发生了一种不以该部门为转移的变化。

2. 一般利润率不变，但价值发生了变动，这或是由于该生产部门本身的技术发生了变化，或是由于作为形成要素加入该部门不变资本的商品的价值发生了变动。

3. 上述两种情况共同发生作用。

我们在第一篇已经看到，从量的方面来看，剩余价值和利润是同一的。但是，利润率一开始就和剩余价值率有区别，这首先只表现为不同的计算方式；但因为利润率会在剩余价值率不变时提高或下降，或者反过来，并且因为利润率是资本家实际上唯一关心的事情，所以，这种区别一开始就使剩余价值的真实起源完全模糊了，并且神秘化了。然而，量的差别只存在于剩余价值率和利润率之间，而不是存在于剩余价值和利润本身之间。因为在利润率中，剩余价值是按总资本计算的，是以总资本为尺度的，所以剩余价值本身也就好像从总资本产生，而且同样地从总资本的一切部分产生，这样，不变资本和可变资本的有机差别就在利润的概念中消失了；因此，实际上，剩余价值本身在它的这个转化形式即利润上否定了自己的起源，失去了自己的性质，成为不能认识的东西。但到目前为止，利润和剩余价值的差别，只同质的变化，同形式变换有关，而在转化的这个第一阶段上，实际的量的差别还只存在于利润率和剩余价值率之间，而不是存在于利润和剩余价值之间。

一般利润率，从而与不同生产部门所使用的一定量资本相适应的平均利润一经形成，情况就不同了。

现在，如果一个特殊生产部门实际生产的剩余价值或利润，同商品出售价格中包含的利润相一致，那只是一种偶然的现象。现在，不仅利润率和剩余价值率，而且利润和剩余价值，通常都是实际不同的量。现在，在劳动的剥削程度已定时，一个特殊生产部门生产的剩余价值量，对社会资本的总平均利润，从而对整个资本家阶级，比直接对每个生产部门的资本家更重要。它对每个特殊生产部门的资本家之所以重要，【当然，这里把那种用压低工资，规定垄断价格等办法取得暂时额外利润的可能性撇开不说。[弗·恩·]】只是由于他那个部门生产的剩余价值量作为决定因素之一参与平均利润的调节。但这是一个在他背后进行的过程，这个过程是他所看不见的，不理解的，实际上不关心的。现在，在各特殊生产部门内，利润和剩余价值之间——不仅是利润率和剩余价值率之间——实际的量的差别，把利润的真正性质和起源完全掩盖起来，这不仅对存心要在这一点上自欺欺人的资本家来说是这样，而且对工人来说也是这样。随着价值转化为生产价格，价值规定的基础本身就被掩盖起来。最后，如果在剩余价值单纯转化为利润时，形成利润的商品价值部分，与作为商品成本价格的另一个价值部分相对立，以致对资本家来说，价值概念在这里已经消失，——因为他看到的不是生产商品所耗费的总劳动，而只是总劳动的一部分，即他已经在活的或死的生产资料的形式上支付的部分，——因而在他看来，利润是某种存在于商品的内在价值以外的东西，那么，现在这种看法就完全得到确认，并且固定和僵化起来，因为当我们考察特殊生产部门时，加在成本价格上的利润，的确不是由该部门的价值形成过程的界限决定，而是由完全外在的条件确定的。

五、知识训练

（一）单项选择题

1. 《资本论》中有这样的表述："对上衣来说，无论是裁缝自己穿还是他的顾客穿，都是一样的。"这主要是因为无论谁穿，（　　）

　　A. 上衣都是抽象劳动的结果

　　B. 上衣都起着价值的作用

　　C. 上衣都起着使用价值的作用

　　D. 上衣都是社会劳动的结果

2. 马克思把商品转换成货币称为"商品的惊险的跳跃"，这个跳跃如果不成功，摔坏的不是商品，而一定是商品的占有者。这是因为只有商品变为货币，（　　）

　　A. 货币才能转化为资本

　　B. 价值才能转化为使用价值

C. 抽象劳动才能转化为具体劳动

D. 私人劳动才能转化为社会劳动

3. 分析资本主义生产过程和价值增殖过程的统一，关键是运用（   ）

A. 商品二因素原理

B. 资本区分为不变资本和可变资本的原理

C. 资本区分为固定资本和流动资本的原理

D. 劳动二重性原理

4. 资本主义再生产的实质是（   ）

A. 简单再生产和扩大再生产的统一

B. 劳动过程和价值形成过程的统一

C. 物质资料再生产与劳动力再生产的统一

D. 物质资料再生产与资本主义生产关系再生产的统一

5. 马克思通过对资本主义生产中价值增殖过程的分析，把雇佣工人的劳动时间分为（   ）

A. 生产使用价值的时间和生产价值的时间

B. 转移旧价值的时间和创造新价值的时间

C. 生产生产资料价值的时间和生产剩余价值的时间

D. 再生产劳动力价值的时间和生产剩余价值的时间

6. 资本家普遍获得相对剩余价值是（   ）

A. 单个资本家采用先进技术降低商品个别价值的结果

B. 单个资本家压低劳动力价值缩短工人必要劳动时间的结果

C. 资本家延长工人劳动时间增加工人剩余劳动时间的结果

D. 各个资本家追求超额剩余价值的结果

7. 某资本家经营的企业通过改进技术、提高劳动生产率，使其生产商品花费的劳动时间比社会必要劳动时间少10%，由此形成商品个别价值低于社会价值的那部分是（   ）

A. 超额剩余价值   B. 绝对剩余价值

C. 相对剩余价值   D. 剩余价值

8. 某钢铁厂因铁矿石价格上涨，增加了该厂的预付资本数量，这使得该厂的资本构成发生了变化，所变化的资本构成是（   ）

A. 资本技术构成   B. 资本价值构成

C. 资本物质构成   D. 资本有机构成

9. 产业资金划分为货币资本、生产资本、商品资本的依据是资本各个部分（　　）

　　A. 在价值增殖过程中的作用不同

　　B. 价值周转方式的不同

　　C. 存在的物质形态不同

　　D. 在循环中的职能不同

10. 第二次世界大战以后，资本主义国家经历了第三次科技革命，机器大工业发展到自动化阶段。智能化工厂创造出较高的生产率，显露出巨大的竞争力，企业在"机器换人"中取得了一定的经济效益。这意味着率先使用机器人的个别企业（　　）

　　A. 资本技术构成的提高

　　B. 剩余价值来源的改变

　　C. 所生产商品价值的提高

　　D. 获得更多的社会平均利润

11. 社会生产是连续不断进行的，这种连续不断重复的生产就是再生产。每次经济危机发生期间，总有许多企业或因产品积压、或因订单缺乏等无法继续进行再生产而被迫倒闭。那些因产品积压而倒闭的企业主要是无法实现其生产过程中的（　　）

　　A. 劳动补偿　　　　　　　　B. 价值补偿

　　C. 实物补偿　　　　　　　　D. 增殖补偿

12. 某资本家投资 100 万元，每次投资所获得的利润为 15 万元，假定其预付资本的有机构成为 4∶1，那么该资本家每次投资所实现的剩余价值率为(　　)

　　A. 100%　　　　　　　　　B. 75%

　　C. 50%　　　　　　　　　　D. 125%

13. 某资本家投资 100 万元创办企业从事生产，60 万元用于固定资本，以购买机器设备等，40 万元用于流动资本，以购买原材料和劳动力等（其中购买劳动力支付 10 万元）。一轮生产结束后，该企业的总资本达到了 120 万元，那么该企业的剩余价值率为（　　）

　　A. 20%　　　　　　　　　　B. 50%

　　C. 100%　　　　　　　　　D. 200%

14. 某企业投资汽车生产，生产一辆汽车所耗费的生产资料价值为 15 万元，支付给工人的工资为 5 万元，假定市场的平均利润率为 10%，那么，在自由竞

争条件下,该汽车的生产价格是（　　）

A. 20万元　　　　　　　　　B. 20.5万元
C. 21.5万元　　　　　　　　D. 22万元

15. 在资本主义社会里,资本家雇佣工人进行劳动并支付相应的工资。资本主义工资的本质是（　　）

A. 工人所获得的资本家的预付资本
B. 工人劳动力的价值或价格
C. 工人所创造的剩余价值的一部分
D. 工人全部劳动的报酬

16. 2011年9月以来美国爆发的"占领华尔街"抗议活动中,示威者打出"我们是99%"的标语,向极富阶级表示不满。标语所显示的美国社会财富占有的两极分化是资本主义制度下（　　）

A. 劳资冲突的集中体现　　　B. 生产社会化的必然产物
C. 资本积累的必然结果　　　D. 虚拟资本泡沫化的恶果

17. 马克思在《资本论》中指出:"一个商品占有者出售他现有的商品,而另一个商品占有者却只是作为货币的代表或作为未来货币的代表来购买这种商品。卖者成为债权人,买者成为债务人。由于商品的形态变化或商品的价值形式的发展在这里起了变化,货币也就取得了另一种职能。"这里所论述的货币的"另一种职能"指的是（　　）

A. 价值尺度　　　　　　　　B. 流通手段
C. 贮藏手段　　　　　　　　D. 支付手段

（二）多项选择题

1. 1918年,马寅初在一次演讲时,有一位老农问他:"马教授,请问什么是经济学?"马寅初笑着说,"我给这位朋友讲个故事吧:有个赶考的书生到旅店投宿,拿出十两银子,挑了该旅店标价十两银子的最好房间,店主立刻用它到隔壁的米店付了欠单,米店老板转身去屠夫处还了肉钱,屠夫马上去付清了赊欠的饲料款,饲料商赶紧到旅店还了房钱。就这样,十两银子又到了店主的手里。这时书生来说,房间不合适,要回银子就走了。你看,店主一文钱也没赚到,大家却把债务都还清了,所以,钱的流通越快越好,这就是经济学"。在这个故事中,货币所发挥的职能有（　　）

A. 支付手段　　　　　　　　B. 流通手段
C. 价值尺度　　　　　　　　D. 贮藏手段

2. 价值规律发挥作用的表现形式有（　　）

A. 价格围绕价值上下波动

B. 价格围绕交换价值上下波动

C. 市场价格围绕垄断价格上下波动

D. 市场价格围绕生产价格上下波动

3. 马克思指出，所谓资本原始积累"只不过是生产者和生产资料分离的历史过程。这个过程所以表现为'原始的'，因为它形成资本以及与之相适应的生产方式的前史"。资本原始积累的主要途径有（　　）

A. 用资本手段获取市场暴利

B. 用剥削手段榨取剩余价值

C. 用野蛮手段进行殖民掠夺

D. 用暴力手段剥夺农民土地

4. 当今世界正处在新科技革命和产业革命的交汇点，以机器人技术为代表的科技产业发展十分迅速。机器人在生产过程中的广泛使用，使资本有机构成不断提高。然而就一般意义而言，资本有机构成的提高实际上是（　　）

A. 一个社会增长财富和消除贫困的根本途径

B. 不以人的意志为转移的一般趋势

C. 社会产生相对过剩人口的一个重要原因

D. 由资本的本性决定的

5. 产业资本循环经历不同阶段采取的相应职能形式是（　　）

A. 货币资本　　　　　　　　B. 固定资本

C. 商品资本　　　　　　　　D. 生产资本

6. 马克思说，"一切现实的危机的最终原因始终是：群众贫穷和群众的消费受到限制，而与此相对立，资本主义生产却竭力发展生产力，好像只有社会的绝对的消费能力才是生产力发展的界限"。这段论述表明（　　）

A. 社会的绝对的消费能力导致了经济危机的发生

B. 经济危机的发生根本上在于资本主义社会的基本矛盾

C. 资本积累与无限扩大生产也是经济危机发生的原因

D. 经济危机的发生与群众的贫穷及消费能力受到限制有关

7. 马克思指出："资本主义积累不断地并且同它的能力和规模化成比例地生产出相对的，即超过资本增殖的平均需要的，因而是过剩的或追加的工人人口。""过剩的工人人口是积累或资本主义基础上的财富发展的必然产物，但是这种过剩人口反过来又成为资本主义积累的杠杆，甚至成为资本主义生产方式存在的一个条件。"上述论断表明（　　）

A. 资本主义生产周期性特征需要有相对过剩的人口规律与之相适应
B. 资本主义社会过剩人口之所以相对，是因为它不为资本价值增殖所需要
C. 资本主义积累必然导致工人人口的供给相对于资本的需要而过剩
D. 资本主义积累使得资本主义社会的人口失业规模呈越来越大的趋势

8. 第二次世界大战结束以来，随着国家垄断资本主义的形成和发展，资产阶级国家对经济进行的干预明显加强，从而使得资本主义社会的经济调节机制发生了显著变化。与这种变化相适应，经济危机形态也发生了很大变化。其主要表现是（　　）
A. 经济危机更多地表现为金融危机的频繁发生
B. 经济危机通常由国家间的贸易失衡直接引发
C. 经济危机各阶段的交替过程已不十分明显
D. 经济危机的破坏作用只局限于发达资本主义国家

9. 有一则寓言讲到：狐狸把鱼汤盛在平底的盘子里，请仙鹤来和它一起"平等"地喝鱼汤，结果仙鹤一点也没喝到，全被狐狸喝去了。这个寓言给人们的启示是，尽管资产阶级宣布"法律面前人人平等"，但是（　　）
A. 法律名义上的平等掩盖着事实上的不平等
B. 这种形式上的平等即资本主义的本质
C. 它的实质是将劳资之间经济利益的不平等合法化
D. 这种平等的权利是建立在财产不平等基础之上的权利

10. 人们往往将汉语中的"价""值"二字与金银财宝等联系起来，而这两个字的偏旁却都是"人"，示意价值在"人"。马克思劳动价值论透过商品交换的物与物的关系，揭示了商品价值的科学内涵，其主要观点有（　　）
A. 劳动是社会财富的唯一源泉
B. 具体劳动是商品价值的实体
C. 价值是凝结在商品中的一般人类劳动
D. 价值在本质上体现了生产者之间的社会关系

11. 劳动力是任何社会生产的基本要素，在特定的社会发展阶段和特定的历史条件下，劳动力作为一种特殊商品，其价值的构成包括（　　）
A. 维持劳动者自身生存所必需的生活资料的价值
B. 劳动者在必要时间内创造的价值
C. 劳动者繁育后代所必需的生活资料的价值
D. 培养和训练劳动者所需要的费用

12. 美国导演迈克尔·穆尔在他的最新纪录片《资本主义：一个爱情故事》问世以来，一直颇受关注。"资本主义"为何与"爱情故事"联系起来呢？穆

尔解释说，这是一种"贪欲之爱"，喜爱财富的人不仅爱他们自己的钱，也爱你口袋中的钱……很多人不敢说出它的名字，真见鬼，就说出来吧。这就是"资本主义"。对金钱的"贪欲"与资本主义连为一体，是因为（　　）

A. 资本家是资本的人格化

B. 赚钱体现了人的天然本性

C. 资本的生命在于不断运动和不断增殖

D. 追逐剩余价值是资本主义生产方式的绝对规律

13. 商品经济是一定社会历史条件的产物，商品经济得以产生的社会历史条件有（　　）

A. 生产资料和劳动产品属于不同所有者

B. 社会分工的出现及其存在

C. 商品具有了使用价值和价值两个因素

D. 交换过程中形成了充当一般等价物的商品

14. 为了实现盈利，将人工流水线改造成机器流水线，受经济危机，从市场上采购生产原料价格下降，资本构成发生变化的是（　　）

A. 资本有机构成　　　　　　B. 资本积累构成

C. 资本技术构成　　　　　　D. 资本价值构成

15. 马克思、恩格斯在《共产党宣言》中指出："资产阶级在它的不到一百年的阶级统治中所创造的生产力，比过去一切时代创造的全部生产力还要多，还要大。自然力的征服，机器的采用，化学在工业和农业中的应用，轮船的行驶，铁路的通行，电报的使用，整个大陆的开垦，河川的通航，仿佛用法术从地下呼唤出来的大量人口——过去哪一个世纪料想到在社会劳动里蕴藏有这样的生产力呢？"资本主义社会生产力迅速发展的主要原因是（　　）

A. 资本追逐剩余价值的内在动力

B. 市场激烈竞争的外在压力

C. 无产阶级反对资产阶级的斗争

D. 资本主义国家对市场的全面控制

[单项选择题答案]

1. C　2. D　3. D　4. D　5. D　6. D　7. A　8. B　9. D　10. A　11. B　12. B

13. D　14. D　15. B　16. C　17. D

第三题提示：本题考查的知识点是对资本主义生产过程的理解。剩余价值是资本主义生产过程中生产出来的。资本主义生产过程具有两重性，一方面是物质资料的生产过程，另一方面是剩余价值生产过程，即价值增殖过程。资本主义生产过程是劳动过程和价值增殖过程的统一。这正是劳动二重性原理的运用。正确选项为 D。

[多项选择题答案]

1. ABC 2. ACD 3. CD 4. BCD 5. ACD 6. BCD 7. ABC 8. AC 9. ACD 10. CD 11. ACD 12. CD 13. AB 14. ACD 15. AB

第五章

资本主义的发展及其趋势

一、教学目的和要求

知识框架

私人垄断资本主义的形成及特点
国家垄断资本主义的特点和实质
经济全球化的表现及其影响
第二次世界大战后资本主义的变化及其实质
2008年国际金融危机以来资本主义的矛盾与冲突
资本主义的历史地位及其为社会主义所代替的历史必然性

教学目的

本章围绕资本主义在19世纪末到20世纪以来特别是第二次世界大战以来的发展及其表现出来的发展趋势，需要学生了解资本主义从自由竞争发展到垄断的进程，科学认识国家垄断资本主义和经济全球化的本质。

知识层面：掌握私人垄断资本主义的形成及特点、国家垄断资本主义的特点和实质、经济全球化的表现及其影响、第二次世界大战后资本主义的变化及其实质、2008年国际金融危机以来资本主义的矛盾与冲突、资本主义的历史地位及发展趋势。

能力层面：用唯物史观关于社会基本矛盾运动规律分析资本主义如何由自由竞争阶段发展到私人垄断资本主义阶段与国家垄断资本主义阶段，国家在当代社会的发展变化。

价值层面：理解和掌握垄断资本主义的实质；资本主义的历史地位及其为社会主义所代替的历史必然性；坚定资本主义必然灭亡、社会主义必然胜利的信念。

教学要求

一是从理论上讲清国家垄断、经济全球化和资本主义为社会主义所代替的历史必然性等重点知识点；二是全面系统地结合资本主义100多年变化发展的历史过程，突出现实针对性。

二、重点难点导学

重点导学

1. 资本主义从自由竞争到垄断的发展过程。按照列宁在《帝国主义论》中的科学判断，西方主要资本主义国家大致是从19世纪70年代开始，由自由竞争资本主义逐步向垄断资本主义过渡，特别是在19世纪末20世纪初，垄断代替自由竞争并占据统治地位，垄断资本主义得以形成。

需要认识到的是自由竞争引起生产集中和资本集中，生产集中和资本集中发展到一定阶段必然引起垄断，这是资本主义发展的客观规律。其中，必须掌握生产集中、资本集中和垄断的科学内涵：生产集中是指生产资料、劳动力和商品的生产日益集中于少数大企业的过程，其结果是大企业在整个社会生产中所占的比重不断增加；资本集中是指大资本吞并小资本，或由许多小资本合并而成大资本的过程，其结果是越来越多的资本为少数大资本家所支配。生产集中和资本集中是资本家追求剩余价值的结果。在此基础上，所谓垄断，是指少数资本主义大企业为了获得高额利润，通过相互协议或联合，对一个或几个部门商品的生产、销售和价格进行操纵和控制。

垄断的产生有以下原因：当生产集中发展到相当高的程度，极少数企业就会联合起来，操纵和控制本部门的生产和销售，实行垄断，以获得高额利润；企业规模巨大，形成对竞争的限制，也会产生垄断；激烈的竞争给竞争各方带来的损失越来越严重，为了避免两败俱伤，企业之间会达成妥协，联合起来，实行垄断。

各类垄断组织在本质上是一样的，通过联合实现独占和瓜分商品生产和销售市场；操纵垄断价格；攫取高额垄断利润。垄断并不能消除竞争，反而使竞争变得更加复杂和激烈。这是因为：垄断没有消除产生竞争的经济条件；垄断必须通过竞争来维持；社会生产是复杂多样的，任何垄断组织都不可能把包罗万象的社会生产都包下来。

垄断条件下的竞争同自由竞争相比，具有一些新特点，在竞争目的上，垄断条件下的竞争是为获取高额垄断利润,并不断巩固和扩大自己的垄断地位和统治权力;在竞争手段上,垄断条件下的竞争除了采取各种形式的经济手段外,还采取非经济的手段,使竞争变得更加复杂、激烈;在竞争范围上,在垄断时期,国际市场上的竞争越来越激烈,不仅经济领域的竞争多种多样,而且还扩大到经济领域以外。

2. 垄断利润和垄断价格。垄断资本的实质在于获取垄断利润,垄断利润是垄断资本家凭借其在社会生产和流通中的垄断地位而获得的超过平均利润的高额利润。垄断利润的形成,关键在于垄断组织在经济生活中起了决定性作用,从而阻碍了资本在各部门之间的自由转移,限制了利润平均化的趋势,这样一来,垄断资本家有可能长期获得大大超过平均利润的垄断利润。

垄断资本所获得的高额利润,归根到底来自无产阶级和其他劳动人民所创造的剩余价值。具体来说,垄断利润的来源大体有以下四方面:第一,通过对本国无产阶级和其他劳动人民剥削的加强获得更多利润;第二,由于垄断资本可以通过垄断高价和垄断低价来控制市场,它能获得一些其他企业特别是非垄断企业的利润;第三,通过加强对其他国家劳动人民的剥削和掠夺从国外获取利润;第四,通过资本主义国家政权进行有利于垄断资本的再分配,从而将劳动人民创造的国民收入的一部分变成垄断资本的收入。

垄断利润主要是垄断组织通过制定的垄断价格来实现的。垄断价格公式中,成本价格不能改为成本价。垄断价格是垄断组织在销售或购买商品时,凭借其垄断地位规定的、旨在保证获取最大限度利润的市场价格。

垄断价格包括垄断高价和垄断低价两种形式。垄断高价是指垄断组织出售商品时规定的高于生产价格的价格,垄断低价是指垄断组织在购买非垄断企业所生产的原材料等生产资料时规定的低于生产价格的价格。垄断组织操纵价格带来的结果是抑制了市场上价格的自由波动,垄断价格一定时期内背离生产价格和价值。但是,从全社会看,整个社会商品的价值仍然是由生产它们的社会必要劳动时间决定的,垄断价格既不能增加也不能减少整个社会所生产的价值总量,它只是对商品价值和剩余价值作了有利于垄断资本的再分配。从全社会看,商品的价格总额仍然等于商品的价值总额。所以,垄断价格的产生没有否定价值规律,它是价值规律在垄断资本主义阶段作用的具体体现。

垄断在其发展过程中采取多种多样的组织形式,且不断变化发展,但是它们在本质上是一样的,即通过联合实现独占和瓜分商品生产和销售市场,操纵垄断价格,以攫取高额垄断利润,所以垄断价格的公式是:垄断价格=成本价格+平均利润+垄断利润。

3. 国家垄断资本主义的形成及作用。随着科学技术的进步和生产社会化程度的进一步提高，私人垄断资本与社会化大生产之间的矛盾日益尖锐化，以致严重阻碍生产力的进一步发展，这在客观上推动私人垄断资本与国家政权相结合，金融垄断资本进一步发展，并进而向国际垄断资本扩展，因此，国家垄断资本主义就应运而生了。国家垄断资本主义是国家政权和私人垄断资本融合在一起的垄断资本主义。国家垄断资本主义的产生，是垄断资本主义生产关系在自身范围内的部分质变，标志着资本主义发展进入了新的阶段。

国家垄断资本主义最早产生于第一次世界大战期间。1929—1933年资本主义世界发生的经济危机，是有史以来资本主义世界最严重的经济危机，这场危机深刻动摇了资本主义经济制度的根基，危及资本主义的生存。1933年宣布实施"新政"，加强政府对经济生活干预的美国总统是罗斯福。国家垄断资本主义作为一种新的垄断资本主义生产关系体系最终得以确立是在第二次世界大战后。

国家垄断资本主义的形成和发展不是偶然的，它是科技进步和生产社会化程度进一步提高的产物，是资本主义基本矛盾进一步尖锐化的必然结果。首先，社会生产力的发展，要求资本主义生产资料在更大范围内被支配，从而促进了国家垄断资本主义的产生。其次，经济波动和经济危机的深化，要求产生国家垄断资本主义。在垄断资本主义阶段，在科技革命的推动下，新兴产业不断涌现，社会生产力迅速提高，物质财富生产的规模不断扩大，导致资本主义基本矛盾不断激化，并使资本主义社会经常为经济的剧烈波动乃至经济危机所困扰。危机的发展和加深，靠私人资本的力量根本难以应付，这就要求借助国家的力量以及政府的各种反危机措施来对付危机，消除危机带来的影响。最后，缓和社会矛盾，协调利益关系，要求产生国家垄断资本主义。

国家垄断资本主义的主要形式有五种：第一种是国家所有并直接经营企业，包括满足国家机构自身需要的国有企业，提供公共产品的国有企业，高科技、高风险新兴工业部门中的国有企业和一般工业部门中的国有企业。第二种是国家与私人共有、合营企业，包括国有企业将一部分股份出售给私人，国家和私人共同投资开办合营企业，国有企业和私人企业合并，国有企业对私人企业进行参股和国有企业转由私人租赁或承包经营。第三种是国家通过多种形式参与私人垄断资本的再生产过程，包括国家作为商品和劳务的采购者，向私人垄断企业大量订货，为私人垄断企业提供有保证的国家市场；国家通过各种形式的津贴和补助，直接、间接地资助私人垄断企业；国家通过社会福利开支，提高社会购买力，扩大消费需求，为私人垄断企业创造市场条件。第四种是宏观调节，主要是国家运用财政政策、货币政策等经济手段，对社会总供给和总需求进行调节，以实现经济快速增长、充分就业、物价稳定和国际收支平衡的基本目标。第五种是微观规制，主要是国家运用法律手段规范市场秩序，限制垄断，保护竞争，维护社会公众的合法权益。

国家垄断资本主义是垄断资本主义的新发展，它对资本主义经济的发展产生了积极的作用：一是国家垄断资本主义的出现在一定程度上有利于社会生产力的发展；二是资产阶级国家凌驾于私人垄断资本之上，代表整个垄断资产阶级的利益，调节经济过程和经济活动，这在一定范围内突破了私人垄断资本的狭隘界限；三是通过国家的收入再分配手段，使劳动人民生活水平有所提高；四是在国家垄断资本主义的参与和干预下，各主要资本主义国家的农业、工业、商业、通信业及交通运输业的现代化水平迅速提高，社会生产和社会生活的面貌改观，加快了这些国家国民经济的现代化进程。但是，国家垄断资本主义的出现并没有根本改变垄断资本主义的性质。

金融寡头对国家机器的控制，主要是通过同政府的"个人联合"来实现的。这种联合有多种途径，如金融寡头直接把自己的代理人送进政府或议会；通过掌握政权，利用政治力量为其垄断统治服务；收买政府高官或国会议员，让他们在其政治活动中为金融寡头的利益服务；聘请曾在政府任职的高官到公司担任高级职务；等等。

4. 金融资本、垄断资本在世界范围内的拓展与垄断资本主义的实质。金融自由化的主要内容是：各国政府放松对银行利率的管制，实行浮动汇率制度，取消外汇管制，金融市场相互开放。金融创新的主要内容包括：信用风险防范工具和融资技术不断推陈出新，金融工具不断创新，传统信贷业务逐年减少，债券业务迅速增长，融资方式的证券化迅猛发展。

垄断资本向世界范围扩展的主要经济动因是：将国内过剩的资本输出，以便在国外谋求高额利润；将部分非要害的技术转移到国外，以取得在别国的垄断优势，攫取高额垄断利润；争夺商品销售市场；确保原材料和能源的可靠来源。垄断资本向世界范围扩展的基本形式主要有借贷资本输出、生产资本输出、商品资本输出。

第二次世界大战以来，从事国际经济协调、维护国际经济秩序的国际性协调组织主要有三个，即国际货币基金组织、世界银行、世界贸易组织。对发展中国家来讲，资本的输入对其经济和社会发展产生的积极作用主要有：吸收了经济发展所需要的资金，为经济发展提供了条件；引进了比较先进的机器设备和工艺技术，同时培训了一批适应现代化生产需要的技术人员、熟练工人和企业管理人员；利用外资和技术，建立一批现代工业，改造老企业和旧设备，优化了产业结构；利用外资扩大生产，增加产品产量，提高产品质量，扩大出口，促进了对外贸易的发展；同时推动了经济的发展，增加了就业机会，提高了收入水平。

资本输入给发展中国家带来的不利影响主要有：付出了较大的经济代价以及环境污染、能源资源消耗的代价；产业调整和布局有可能受制于外资的投资战略；外来资本和跨国公司投资增加，冲击本国的民族工业，并影响到国民经济的控制权；债务负担加重，影响经济的持续稳定发展；对国际资本的依赖性增强，容易受到国际经济波动的影响。

资本主义发展到垄断资本主义，进而发展到帝国主义，具有的基本特征包括：垄断组织在经济生活中起决定作用；在金融资本的基础上形成金融寡头的统治；资本输出有了特别重要的意义；瓜分世界的资本家国际垄断同盟已经形成；最大资本主义大国已把世界上的领土瓜分完毕。

5. 经济全球化及其影响。经济全球化是指在生产不断发展、科技加速进步、社会分工和国际分工不断深化、生产的社会化和国际化程度不断提高的情况下，世界各国、各地区的经济活动越来越超出某一国家和地区的范围而相互联系、相互依赖的过程。

"经济全球化"这一概念是在冷战结束以后才流行起来的：19世纪上半期，马克思、恩格斯就详细论述了世界贸易、世界市场、世界历史等问题；到20世纪80年代末90年代初，随着冷战的结束和以信息技术为代表的新科技革命的推动，长期以来美苏对抗带来的世界经济体系的分割局面被打破，技术、资本、商品等真正实现了全球范围的流动，各国之间的经济联系日益密切，相互合作、相互依存大大加强，世界进入经济全球化时代。

经济全球化主要表现在：第一，生产全球化。生产全球化是指随着国际分工进一步深化，生产某些高新技术产品不再由某个国家单独完成，而是多个国家协作完成。第二，贸易全球化。贸易全球化是指商品和劳务在全球范围内的自由流动。第三，金融全球化。金融全球化是指世界各国、各地区在金融业务、金融政策等方面相互协调、相互渗透、相互竞争不断加强，使全球金融市场更加开放、金融体系更加融合、金融交易更加自由的过程。

从本质上讲，经济全球化是生产力发展和社会化大生产的必然要求。导致经济全球化迅猛发展的因素主要有三点：一是科学技术的进步和生产力的发展为经济全球化提供了坚实的物质基础和根本的推动力。特别是20世纪70年代以来的信息技术革命，加快了信息传送的速度，极大降低了信息传送的成本，打破了地域乃至国家的种种限制，把整个世界空前地联系在一起，推动了经济全球化的迅速发展。二是跨国公司的发展为经济全球化提供了适宜的企业组织形式。跨国公司在全球范围内利用各地的优势组织生产，大大地促进了各种生产要素在全球的流动和国际分工，并由此极大地推动了经济全球化进程。三是各国经济体制的变革和国际经济组织的发展是经济全球化的体制与组织保障。所有这些都为国际资本的流动、国际贸易的扩大、国际生产的大规模进行提供了适宜的体制环境和政策条件，促进了经济全球化的发展。

经济全球化对发展中国家的积极作用主要表现在：一是经济全球化为发展中国家提供先进技术和管理经验。经济全球化使技术、管理等生产要素在全球范围内自由流动和优化配置，发展中国家可以利用这一机会引进先进技术和管理经验，提升企业的竞争力，推动产业结构合理优化，缩小与发达国家的差距。二是经济全球化为发展中国家提供更多的就业机会。发展中国家在经济全球化的过程中通过吸引外资在本国投资，为本国创造更多就业条件，扩大劳动者就业，发挥发展中国家丰富的劳动力资源优势。三是经济全球化推动发展中国家国际贸易发展。经济全球化推动了世界市场的深化扩张，发展中国家可以利用不断扩大的国际市场解决国内产品销售问题，以对外贸易拉动本国经济的发展。四是经济全球化促进发展中国家跨国公司的发展。发展中国家借助投资自由化和比较优势组建大型跨国公司，积极参与经济全球化进程，增强经济竞争力，以从中获取更大利益。

经济全球化也是一把"双刃剑"，它在促进经济发展的同时也带来了一些负面影响：发达国家与发展中国家在经济全球化过程中的地位和收益不平等、不平衡；加剧了发展中国家资源短缺和环境污染；一定程度上增加了经济风险。经济全球化加深了世界的经济联系和相互依赖，在有效的全球性经济协调机制没有完全建立起来的情况下，世界上的某一国家或地区爆发的危机将会迅速传导至全球，增加全球经济发展的不稳定性和经济风险。

面对经济全球化发展的历史必然性，面对国际范围内保护主义倾向抬头，国际经贸规则制定出现政治化、碎片化的风险挑战。必须认识到，经济全球化不是一部分国家的独角戏，而是世界各国、各民族共同实现发展的大舞台。在世界经济的大海中，想人为切断各国经济的资金流、技术流、产品流、产业流、人员流，不仅是不可能的，也是不符合历史潮流的。即使像2020年以来的新冠疫情这类全球性重大公共卫生事件，在短期内会对经济全球化产生一定的冲击，但从长期看，不会改变经济全球化的大方向。面对不同国家在生产方式、发展水平、文化背景等方面的差异，要以共同构建人类命运共同体的理念引领经济全球化，以文明交流超越文明隔阂、文明互鉴超越文明冲突、文明共存超越文明优越，推动经济全球化朝着更加开放、包容、普惠、平衡、共赢的方向发展。中国是经济全球化的受益者，更是贡献者。中国在谋求自身发展、受益于经济全球化的同时，也拉动了世界经济增长，为国际社会提供了公共产品，推动了全球治理的发展，对世界经济的发展做出了贡献。

6. 第二次世界大战后资本主义的变化及其原因。第二次世界大战后，资本主义经济政治发生新变化的主要表现有：生产资料所有制的变化；垄断资本形式的变化；劳资关系和分配关系的变化；社会阶层和阶级结构的变化；经济调节机制和经济危机形态的变化；政治制度的变化。

当代西方国家在分配领域发生的新变化，包括职工参与决策；终身雇佣；职工持股；普及化、全民化的社会福利制度。

在当代资本主义生产关系中，社会阶层、阶级结构发生了新的变化，包括：资本家的地位和作用已经发生很大变化；高级职业经理成为大公司经营活动的实际控制者；知识型和服务型劳动者的数量不断增加，劳动方式发生了新变化。

第二次世界大战后，资本主义发生新变化的原因主要有以下四方面：科学技术革命和生产力的发展，是当代资本主义发生新变化的根本推动力量；工人阶级争取自身权利和利益的斗争，是推动当代资本主义发生新变化的重要力量；社会主义制度初步显示的优越性对当代资本主义产生了重要影响；主张改良主义的政党对资本主义制度的改革，也对当代资本主义新变化发挥了重要作用。

第二次世界大战结束后，一些改良主义政党在英、法、联邦德国等发达资本主义国家相继获得执政地位，对资本主义生产关系的个别环节进行了自觉的改良，如在维护私有制的同时推行国有化；在坚持市场调节的同时实施经济的计划调控；在不剥夺私人资本权利的同时对其权利的运用进行一定限制；在不牺牲效率的前提下倡导社会公平，等等。社会主义制度的建立和社会主义的发展促使资产阶级在吸取和总结社会主义国家经验的基础上对资本主义制度进行改良。比如，重视国家对经济的干预；实行计划化管理；重视职工参与管理；实行经济民主；等等。

西方国家出现的治理危机暴露出西式民主的许多弊端和局限，如西式选举往往难以选贤；政党利益可能凌驾于国家利益之上；"民主陷阱"会阻碍国家治理；传统精英政治走向衰落。近年来，西方社会不断出现不同群体、阶层的矛盾与冲突，甚至社会动荡，包括社会极端思潮抬头、社会流动性退化、社会矛盾激化。

7. 资本主义的历史地位。与封建社会相比，资本主义显示了巨大的历史进步性：资本主义将科学技术转变为强大的生产力；资本追求剩余价值的内在动力和竞争的外在压力推动了社会生产力的迅速发展；资本主义的意识形态和政治制度作为上层建筑在战胜封建社会自给自足的小生产的生产方式，保护、促进和完善资本主义生产方式方面起着重要作用，从而推动了社会生产力的迅速发展，促进了社会进步。

资本主义自身的局限性表现在：资本主义基本矛盾阻碍社会生产力的发展；资本主义制度下财富占有两极分化，引发经济危机；资产阶级支配和控制资本主义经济和政治的发展和运行，不断激化社会矛盾和冲突。

8. 资本主义为社会主义所代替的历史必然性。资本主义基本矛盾"包含着现代的一切冲突的萌芽"；资本积累推动资本主义基本矛盾不断激化并最终否定资本主义自身；国家垄断资本主义是资本社会化的更高形式，将成为社会主义的前奏；资本主义社会存在着资产阶级和无产阶级两大阶级之间的矛盾和斗争。

为什么说社会主义代替资本主义是一个长期的历史过程？任何社会形态的存在都有相对稳定性，从产生到衰亡都要经过相当长的时间跨度；资本主义发展的不平衡性决定了过渡的长期性；当代资本主义的发展，还显示出生产关系对生产力容纳的空间，说明资本主义为社会主义所代替尚需长期的过程。

难点导学

1. 列宁的《帝国主义是资本主义的最高阶段》（简称《帝国主义论》）与20世纪以来当代资本主义的新变化。第二次世界大战结束后，资本主义搭载着"全球化"这艘巨轮将自己的政治、经济、意识形态和"资本主义游戏规则"贩卖到世界各地，世界秩序俨然在资本主义的控制之下。与之相对，随着苏联解体，列宁一手缔造的第一个社会主义大国轰然倒塌，社会主义事业似乎正走向深渊。列宁"帝国主义论"所论断的帝国主义必将因其寄生性和腐朽性走向垂死，帝国主义是社会主义革命的前夜，似乎和实际情况渐行渐远。甚至有人放言，帝国主义是腐而不朽、垂而不死的。在列宁帝国主义理论诞生的这百余年来，学界对此众说纷纭，主要有两个相对对立的观点。

一是有用论。持该观点的学者大多数是国内学者。他们认为，列宁"帝国主义论"虽然形成于20世纪初，但其中蕴含着科学而又富有很强预见性的理论、观点，为无产阶级革命和殖民地解放运动起到了重要的指导作用。"与时俱进"是马克思主义的理论品质。有学者因此认为，伴随着时代的发展，特别是全球化进程的不断深入，列宁的"帝国主义论"需要创新。例如，列宁"帝国主义论"可以解释发达资本主义国家之间的关系，但是不足以解释第二次世界大战结束以后，世界殖民体系崩溃后资本主义国家和发展中国家的关系。也有学者指出，列宁"帝国主义论"对于解释当代资本主义新变化背后的实质仍有一定的价值，但无法完整解释当代资本主义出现的新变化和背后的实质。

二是过时论。持这一观点的学者认为，资本主义世界出现了很多新变化，与列宁帝国主义理论的描述大相径庭，该理论已经基本过时，最好多关注列宁早期思想。鲁达科娃认为，列宁"帝国主义论"符合当时的时代状况，在当时是正确的理论，但是现代资本主义表现出越来越多的适应能力，可以放弃列宁的帝国主义理论，该理论已经无法解释时代发展状况。更有学者认为，列宁"帝国主义论"完全无法解释现代资本主义世界出现的新变化及其背后实质，列宁所说的帝国主义具有腐朽性和垂死性，世界将进入无产阶级革命时代的预言没有实现。所以，该理论不可继续使用，是没有价值的。

以上关于列宁"帝国主义论"是否有价值的争论表面上看是"帝国主义论"是否还适用于当代资本主义的问题，但实质上体现的是如何对待列宁主义的问题。对待列宁主义，并不是要照搬照抄列宁主义的本本，而是要进一步将列宁主义的基本立场、基本观点、基本方法同变化了的实际相结合。因而，列宁基于唯物史观对帝国主义研究的方法论和一般原则仍然是当前"帮助我们透视当代资本主义的本质"的主要依据。

首先，当代资本主义出现的新变化并没有改变其垄断本质。列宁在《帝国主义是资本主义的最高阶段》中认为，资本的本性决定着垄断资本必将会向全球扩展，资本主义必将会从国家垄断发展到国际垄断。这样的演进过程只是改变了发生形式，并没有改变其垄断本质，垄断变得更加强大了。第二次世界大战以来，特别是资本主义出现黄金发展时期的20世纪70年代以后，资本主义的统治形式发生了很大变化，但其实质仍然是资本家为了稳固自身的统治地位，在不损害其自身利益和不破坏资本主义制度的前提下做出的某些"改良"。第二次世界大战以后，西方一些学者根据经济全球化和资本发展的新特点，将资本主义的新变化称为"新帝国主义"。其实所谓的"新帝国主义"只是表现形式发生了变化，其实质并没有发生改变，侵略手段不外乎以美其名曰的"民主""人权"等口号对广大发展中国家实行经济、政治、文化等方面的入侵，使之成为本国的附庸国。此外，衍生的各种帝国主义形式实质上都是通过不同的媒介和手段达到垄断目的，都是为金融寡头服务，都是为资本家集团的最大利益化而服务。

其次，金融危机再次证明了当代资本主义的寄生性和腐朽性没有改变，甚至愈演愈烈。2008年金融危机的危害程度和波及范围史无前例，此次经济危机爆发的根本原因依然是资本主义基本矛盾。列宁指出，寄生性、腐朽性将伴随帝国主义发展的始终。美国金融寡头操纵着美国政府，在政治、经济上对世界各国，尤其是广大发展中国家大肆掠夺；对内通过抵押放贷搜刮国内民众。其凭借军事霸权和美元霸权，通过投资、国债、肆意发放金融衍生产品对其他国家和地区疯狂盘剥。在应对危机时，美国为了自身利益采取美元贬值，石油、黄金升值来扩散危机，将经济危机转嫁给世界各国这些做法使得全球资产大幅缩水，以能源进口为主的国家和出口贸易为主的国家经济上受到了极大的冲击。

最后，当代资本主义仍然是世界冲突、战争的祸首。金融寡头控制着资本主义国家的内政外交，为了更好地维护统治对资本主义生产关系做出的一些调整，并没有消灭资本主义生产方式的基本矛盾。相反，随着垄断资本主义从本国扩张到全世界，垄断资本主义的基本矛盾日益加剧。在巨额利润的驱使下，资本向全球的扩张为发达资本主义国家带来了巨大的利益，同时也控制住了许多发展中国家的经济脉门，致使"南北"矛盾不断激化。同时，发达资本主义国家之间也频繁地进行明争暗斗。例如，欧洲通过建立欧洲共同体以及后来的欧洲联盟来摆脱美国的控制，美国通过日元升值来击垮当时高速发展的日本经济。帝国主义的"一个重要特点，就是要争夺世界霸权"。事实证明，"二战"后世界上爆发的局部战争和种种乱象，究其祸根都是垄断资本。为了维护资本利益和在全世界的霸权地位，以美国为首的西方主要资本主义国家挥动贸易大棒、制造科技新冷战，给其他国家特别是广大的发展中国家设置重重关卡，其后果就是局部冲突和战乱频繁爆发。

综上所述，列宁"帝国主义论"形成于百年前，难免会因为时代的变化存在着个别论断和观点的历史局限性。比如，列宁所说的资本垄断不是当下经济全球化的国际资本垄断。列宁对资本主义国家通过改良延续其统治的估计不够充分，等等。

我们不能因为必然会存在的历史局限性而否定列宁"帝国主义论"。正如邓小平同志所说，由于时代的局限性，我们不能要求一百年前的马克思解决一百年后出现的问题，更不可能让他为我国当下出现的现实问题提出具体的措施。同样，列宁也不可能为他逝世后"五十年、一百年所产生的问题提供现成的答案"。所以，列宁"帝国主义论"仍然是透视当代资本主义的一把"钥匙"，特别是在当今世界不确定因素不断增多的背景下，更要充分运用列宁"帝国主义论"认清其"千变万化"背后的本质特征。

2. 从"两个必然""两个决不会"视角深刻把握"社会主义取代资本主义"的历史必然性和长期性。"两个必然"和"两个决不会"思想是马克思科学社会主义的重要组成部分，是不以任何人的意志为转移的客观历史规律，是被历史和现实反复证明了的客观真理。当今社会主义的优越性日益彰显，"两个必然"所阐述的社会发展趋势逐渐显现，在这种社会背景下，更要明确"两个必然"和"两个决不会"的科学内涵和辩证关系，为应对社会主义取代资本主义的长期性和艰巨性做好充分的准备，不断将中国特色社会主义推向新高潮。

第一，"两个必然"和"两个决不会"的科学内涵。马克思关于社会形态的一系列论述，都是在特定的时代环境下提出的。因此要明确"两个必然"和"两个决不会"提出的背景，才能进一步了解其内涵外延及辩证关系。从"两个必然"到"两个决不会"的认识，反映了马克思在不同历史阶段和社会条件下对于社会形态更替演进思想认识的深化和具体。"两个必然"是马克思和恩格斯在1848年发表的《共产党宣言》中，对资本主义的历史作用、资本主义固有的矛盾以及资产阶级和无产阶级斗争的产生、发展分析之后得出的结论，是无产阶级的历史使命。唯物史观认为，生产关系必须与生产力相适应，生产力不断发展，在原有的生产关系不能容纳生产力发展时，必定要发展出新的社会生产关系，人类社会注定要走向更高级的社会形态。资本主义使"整个社会日益分裂为两大敌对阵营，分裂为两大相互直接对立的阶级：资产阶级和无产阶级"。也就是说，在资本主义的生产关系中，还产生了与资产阶级对立的阶级——无产阶级，也作为资本主义的"掘墓人"登上了历史舞台。马克思在1859年1月的《〈政治经济学批判〉序言》中，首次提出"两个决不会"的科学论断，这是马克思社会历史发展理论的完善与发展过程中的重要理论成果。"两个决不会"思想，不是对先前"两个必然"的否定，而是进一步的深化和补充。"两个决不会"意在强调，社会主义代替资本主义的必然性只有在资本主义生产关系无法容纳极高的社会生产力之时，才可以存在。

在《共产党宣言》中，马克思、恩格斯首次阐明了"两个必然"思想："随着大工业的发展，资产阶级赖以生产和占有产品的基础本身也就从它的脚下被挖掉了。它首先生产的是它自身的掘墓人。资产阶级的灭亡和无产阶级的胜利是同样不可避免的。"这就是"两个不可避免"，也就是我们平时说的"两个必然"，即资本主义的必然灭亡和社会主义的必然胜利。马克思在《〈政治经济学批判〉序言》中对社会形态更替提出了必要的历史因素和前提条件——"两个决不会"："无论哪一个社会形态，在它所能容纳的全部生产力发挥出来以前，是决不会灭亡的；而新的更高的生产关系，在它的物质存在条件在旧社会的胎胞里成熟以前，是决不会出现的。"资本主义被社会主义所取代的过程具有长期性和艰巨性，这是因为在资本主义社会内部不断对社会制度进行变革和调整，生产力和生产关系的矛盾得到缓解，资本主义可以继续发展其生产力，从而达到另一个繁荣阶段。这种暂时的稳定和发展说明了资本主义制度赖以存在的经济基础依然十分牢固，无产阶级进行革命所需要的物质准备还没有完全充分。在没有充分的物质基础时，无产阶级取代资产阶级的革命运动是没有实现条件的。我们要认识到资本主义在它所能容纳的全部生产力发挥出来之前决不会灭亡；社会主义在它存在所需的条件在资本主义社会中完全形成，进而使资本主义生产关系分崩离析以前，是决不会实现的。资本主义为缓解矛盾，在自身内部实施着具有社会主义特征的制度变革，可见，社会主义实现所需的条件在资本主义的发展中逐渐成熟，社会主义的实现来日可期。

第二，"两个必然"和"两个决不会"的辩证关系。"两个必然"和"两个决不会"是马克思、恩格斯关于资本主义发展趋势的重要研究结论，两者不是孤立存在的，而是辩证统一的，是一个严密的逻辑体系。"两个必然"解释了人类社会历史形态更替的必然规律，指明了人类从剥削与被剥削走向全人类解放的实现路径，描述了从社会主义走向资本主义的社会发展趋势。"两个决不会"是马克思、恩格斯在观察和总结了工人运动经验和社会发展规律的基础上形成的对于"两个必然"实现条件的阐明论述。一方面，"两个必然"是必然结果，"两个决不会"是内在条件，两者的关系是质量互变关系。"两个必然"是对人类社会发展规律和总体趋势做出的科学论断，主要阐述发展趋势和最终结果。"两个决不会"是对内在要求和前提条件的详细展开。或者说两者是质变与量变的关系，"两个必然"是"两个决不会"中生产力极度发展的必然结果，"两个决不会"意在阐释为"两个必然"发生提供的物质准备。"两个必然"和"两个决不会"之间也存在相互渗透的关系。另一方面，"两个必然""两个决不会"指出人类社会发展是前进性与曲折性的统一。"两个必然"指出，社会主义作为新的社会形态，相较于资本主义来说具有显著的优越性，是人类历史的前进方向，是必将取代资本主义社会形态的更高级的社会形态；"两个决不会"阐明了新的社会形态想要代替旧的社会形态需要做充分的准备，这一过程具有复杂性和长期性的特点，需要面对种种困难和挑战。对社会主义不能简单理解为一蹴而就实现的社会形态，而是要把它理解为交织着高潮与低潮、顺利与挫折的革命运动。"两个必然"的实现过程，并非简单的新旧社会形态间的取代关系，而是表现为社会主义与资本主义长期互相较量、彼此吸收优秀成果、不断改革自身的过程，如今世界上资本主义制度与社会主义制度并存，历史上也曾有过两种意识形态相对立的状态。再有，"两个决不会"是"两个必然"的深化补充，是"两个必然"的题中之意。"两个决不会"意在说明旧的社会形态尚且存在是因为，它可以容纳的生产力还没有完全发挥，更高级的生产关系还没有在现有的物质条件内成熟起来；历史进入新的社会形态需要的条件是，旧的社会形态可以容纳的生产力完全发挥出来，更高级的生产关系已经孕育成熟。欧洲工人运动的热潮和社会主义运动的失败都验证了"两个决不会"思想的正确性，革命运动想要取得胜利，不能仅凭主观因素即工人的革命意识，还需要有充足的客观条件，生产力的高度发展就是革命成功的必要客观物质条件，这才称为时机成熟。也就是说，工人阶级要取得革命的胜利，就要等生产力的发展程度超过资本主义的容纳范围，社会主义的生产关系发展成熟。"两个决不会"让人们认识到"两个必然"实现的必要历史条件，这也是我们认识如今资本主义依然呈现蓬勃发展之势的理论依据。我们既要坚信"两个必然"的现实性，又要把握"两个决不会"，脚踏实地致力于解放和发展生产力，按照客观规律办事。

第三，"两个必然"和"两个决不会"的当代价值。马克思主义创立170多年来，社会主义经历了从理论到实践、从一国到多国的伟大胜利，也经历了东欧剧变、苏联解体的低潮；资本主义出现了多次经济危机，但也伴随着不断完善自身的资本主义新变化。这些波折不能否认"两个必然"的正确性，而恰恰证明了历史的车轮在向前推进，是"两个决不会"的充分体现和对"两个必然"的无限接近。"两个必然"仍然是世界发展大势。正确理解"两个必然"和"两个决不会"思想，对于尝试习近平新时代中国特色社会主义这一世界社会主义的重要实践具有重大意义。

一是为我们正确看待社会主义代替资本主义的长期性和必然性提供理论依据。社会形态的演变必将是一个长期的过程，资本主义消亡和相伴而行的社会主义生产关系的孕育过程是漫长曲折的。首先，当前资本主义国家尽管出现了种种社会矛盾的萌芽，但依旧可以通过调整社会制度的方式使矛盾得以缓解，资本主义制度仍旧能够容纳生产力的发展。其次，社会主义是迄今为止人类社会出现的高级社会形态，社会形态是根据生产关系划分的，因而，社会主义社会巩固、发展与壮大需要生产力的高度发展，还有人的发展，社会政治文明、精神文明等都得到较大发展。社会主义就是要放发展生产力到比资本主义生产力更高级的程度，创造出极大的物质财富，从根本上消灭剥削、消除阶级分化和对立，人人共享物质财富，实现真正的公平公正、民主富强。要实现如此深刻彻底的变革，我们除了要坚定信念之外，还要做好经历长期、艰苦、复杂的历史过程的思想准备。

二是为我们正确看待当代资本主义新变化提供理论依据。从历史发展来看，资本主义在科技革命之后出现了繁荣昌盛之势，相较"二战"之前的资本主义，当代资本主义不间断地调整着自身内在矛盾，在生产资料所有制方面、劳资关系和分配关系方面、社会阶层和阶级结构方面、经济调节机制和经济危机形态方面、政治制度方面，都已经且正在发生着深刻的变革。这种变化可以说是人类社会历史发展的一般规律和资本主义经济规律共同作用下的结果。资本主义在经历多次经济危机后还能继续发展，这本就意味着资本主义本身有着自我调节能力，为跟上科技的进步和生产的社会化发展不断调节自身旧有的生产关系，以维持社会的稳定和繁荣，这种不断改进的资本主义制度必定还能容纳生产力的发展。对此，我们应实事求是地给予肯定。

但我们还应该看到，资本主义的这些新变化是资本主义内部的自我扬弃，并没有改变资本主义制度的本质，并没有克服资本主义基本矛盾，经济和金融危机不可避免地周期性爆发依旧是埋在资本主义土壤中的定时炸弹。以上列举的资本主义新变化也可以看作是社会主义因素在资本主义国家中的出现和成长，当这些因素增长到一定程度，必然会发生社会形态的更替。资本主义的新发展为社会主义取代资本主义创造着条件，新科技革命极大地提高了社会生产力，为走向社会主义积累充足的物质，国家垄断资本主义是国家规范市场竞争和规划生产的有力手段，资本日益走向社会化和国际化，缓和了国家内部资产阶级和无产阶级的矛盾，资本主义离社会主义更近了。

三是为我们正确看待社会主义发展进程中的困难和挫折提供理论依据。社会主义本就有初级阶段和高级阶段之分，更不用说在这个过程中偶尔会出现困难曲折甚至发展倒退的运动。20世纪60年代后世界社会主义革命呈逐渐冷却的态势，尤其80年代末90年代初的东欧剧变和苏联解体是世界社会主义运动的巨大挫折，社会主义跌入了谷底。不能因为世界社会主义运动进入低潮或跌入谷底，或者目前社会主义国家的生产力水平较低于资本主义国家的生产力水平，就否定社会主义，不能把挫折看作结局，应该用发展的眼光看待这个全新的社会形态，正确认识社会发展的总趋势。社会历史发展具有不以人的意志为转移的客观规律可寻，然而在这个过程中人民群众也有自我选择的余地，不同国家都会按照自身实际走不一样的道路，社会前进的每一步都有可能伴随着艰难曲折。在经历了社会主义的空前挫折之后，各国共产党都从失败中汲取经验教训，结合本国实际情况从时代需求出发，探索适合国情的具体道路，尽管这条路曲折漫长，但我们必须认识到它的前途是光明的，坚持共产主义远大理想就是朝着正确的方向前进。

总之，当今时代尽管资本主义和社会主义在内涵和外延方面都发生了很大变化，但是马克思"两个必然"和"两个决不会"理论所揭示的社会形态更替的客观规律不会发生改变。在新的历史条件下，重新认识"两个必然"和"两个决不会"的深刻内涵及辩证关系，对我们正确处理新形势下的两制关系、全面认识资本主义新变化，在实践中不断坚定中国特色社会主义的道路自信具有重要的现实意义。

知识融会

学习唯物史观关于社会基本矛盾理论是学习本章内容的基础。生产方式中的生产力与生产关系的内在矛盾导致了资本主义由自由竞争阶段发展到私人垄断阶段，进而发展到国家垄断资本主义阶段。需要根据生产力与生产关系的内在矛盾原理去理解战后资本主义的发展尤其是生产关系中的法人资本所有制，理解资本主义生产方式的过渡性。

经济全球化的发展需要根据唯物史观关于交往的原理进行认识。

本章内容与第四章内容关联度更高。资本主义自由竞争产生生产集中，而生产集中发展到一定阶段就导致垄断，是资本主义发展的一般的和基本的规律；资本积累理论，学习资本主义社会的基本矛盾知识是学习本章知识的重要基础。

资本主义的社会化大生产为进入更高级社会准备了物质条件，本章内容是学习科学社会主义的理论背景。

三、案例解析

案例1

2008年金融危机再审视

在2008年全球金融风暴中，处于风口浪尖的进出口行业受到的冲击最直接也最严重。首先，危机从金融层面转向经济层面，直接影响出口。美国消费支出占GDP的70%以上，2007年美国国内消费约10万亿美元，而同期中国消费者支出约为1万亿美元。短期内，中国国内需求的增加无法弥补美国经济对华进口需求的减少。据测算，美国经济增长率每降1%，中国对美出口就会降5%~6%。其次，次贷危机进一步强化了美元的弱势地位，加速了美元的贬值速度，从而降低了出口产品的优势。美国联邦储备局不断降低利率、为银行注入流动性资金与我国紧缩性的货币政策形成矛盾，导致大量热钱流入中国，加速了美元贬值和人民币升值的进程,从而使中国出口产品价格优势降低,对美出口形成挑战。在上述因素的作用下,中国出口呈现减速迹象。上半年中国继续延续出口增长减速的趋势。从出口金额看,上半年同比增长21.87%,比2007年同期27.55%的增长速度降低近6个百分点;从出口数量看,上半年同比增长8.44%,也明显低于2007年同期10.11%的增长速度。除了出口数量减少外,受金融危机的影响,海外企业的违约率也开始上升,出口企业的外部信用环境进一步恶化。据中国出口信用保险公司浙江分公司统计,前5个月收到的报损案件金额高达3034万美元,同比增长80%;已支付赔款895万美元,同比增长525.6%。其中,2008年理赔量比2007年同期增长525.6%,本地企业的海外坏账率增长约为268%。

具体到行业,保险业近年来总体处于上升状态,虽然受到国际金融危机的严重影响,保费增速降低,但是仍超过10%。纺织行业等传统劳动密集型企业受到的影响比较严重。海关总署数据显示,2008年9月,纺织品服装出口较8月减少近6亿美元,较上年同月仅小幅增加约3亿美元,9月出口延续了8月微幅增长的趋势。随着美国金融危机愈演愈烈,以美元计价的纺织出口接近零增长,以人民币汇率计价的出口额持续负增长,20%的纺织企业出现亏损。汽车行业受美国金融危机的影响,总体表现低迷。据中国汽车工业协会最新数据统计,2008年1—8月,乘用车产销463.24万辆和455.03万辆,同比增长13.67%和13.15%,与上年同期相比,增幅回落8.32个百分点和10.94个百分点。从8月的汽车销量来看,欧洲同比锐减16%,北美降幅达15.5%,日本汽车销量下降14.9%。而中国国内汽车销量同比下降了5.4%,环比下降了6.0%。船舶行业也深受其害。由于金融危机,世界船舶融资的形势也日益严峻,欧洲许多银行都暂停了船舶融资业务,预订船舶但未获融资的比例明显上升。一些船东被迫取消船舶订单,如香港金辉船务取消了在大连船舶重工订购2艘VLCC的订单,雅典OceanautInc取消9艘7亿美元散货船订单,韩国、印度中小船东也相继出现了取消订单的情况。就地区而言,东部地区由于以外向型经济为主导,所受损失相对较严重。广东有2万至3万家大大小小的工厂倒闭,其中影响最大的是合俊集团旗下的两家玩具加工厂倒闭,6500名员工面临失业,这是受金融危机冲击中国实体企业倒闭规模最大的案例。就出口国家来看,中国对美国出口金额增速下降较为明显,对欧盟和大洋洲的出口并未受到明显影响,而对拉美和非洲等发展中地区的出口金额则出现了强劲增长态势,上半年中国对拉美、非洲出口金额增长都在40%以上,远远高于对欧洲和北美的出口金额增长速度。金融危机的进一步发展与扩散,致使中国对欧洲国家,甚至部分发展中国家的出口也会受到影响,从而对中国整体出口增长构成严峻挑战。

金融危机对世界经济的影响是深远的。中国社科院金融研究所提供的数据显示,次级债券衍生合约的市场规模被放大至近400万亿美元,相当于全球GDP的7倍之高。日本媒体报道这次危机将导致全球金融资产缩水27万亿美元。美联储前主席格林斯潘撰文指出:"有一天,人们回首今日,可能会把美国当前的金融危机评为二战结束以来最严重的危机。"危机对实体经济的影响现已显现,世界经济下滑几成定局。中国是这次危机中受损最小的发展中国家,直接损失较小,但是间接影响也不可小视。作为拉动经济增长的"三驾马车"之一的出口,总量将减少,其作用开始削弱;投资者的信心有所动摇,投资积极性不高;银行"惜贷",国内流动性不足。目前,扩大内需,尤其是刺激消费已成为政府和学界统一的经济调整口径,但仅依靠个体经济行为(个人与家庭消费和企业投资)促进经济发展显然有些"牵强附会"。

经济领域的剧变带来了人心理上的改变,他们越来越失去安全感。从这个意义上来说,此次排山倒海般到来的金融危机不啻美国经济领域的"9·11"。美国人开始质疑美国政府的决策能力,美国数家新闻媒体公布的民意调查结果显示,78%的接受调查的人认为,当前美国国家路线不对。民心的这种微妙变化,无疑在白热化的美国大选中发挥"威力",因此当时美国两党总统候选人奥巴马和麦凯恩都在不遗余力地批评现政府的决策之余,还热情洋溢地发布解决经济困境的"妙招",为的就是争取这部分选民。

金融危机也直接冲击到个人的生活。通货膨胀、企业倒闭、经济困境降低了人们的支付能力,这不仅使得还不起房贷的人增多,也大大降低了许多人的生活质量。从2009年开始,就不断有普通美国人抱怨,连日常开支都要一再思量、一再缩减。

思考题:

1. 2008年金融危机对美国等西方国家造成深刻的影响的根源在哪里?

2. 通过2008年金融危机,你认为应该如何深化对当代资本主义本质问题的认识?

案例点评:

资本主义的经济危机是资本主义社会的基本矛盾,本案例通过全面系统呈现2008年金融危机的深刻具体影响,希望学习者认识到这一危机的影响绝不是仅仅体现在"虚拟经济"、经济生活中,也是一次当代资本主义社会的系统性危机。

案例 2

经济全球化视野中的人类命运共同体理念与实践

2015年9月，国家主席习近平在纽约联合国总部出席第七十届联合国大会一般性辩论时发表重要讲话，指出："当今世界，各国相互依存、休戚与共。我们要继承和弘扬联合国宪章的宗旨和原则，构建以合作共赢为核心的新型国际关系，打造人类命运共同体。"世界格局正处在一个加快演变的历史性进程之中，和平、发展、进步的阳光足以穿透战争、贫穷、落后的阴霾，经济全球化、社会信息化极大解放和发展了社会生产力，创造了前所未有的发展机遇；同时，恐怖主义、金融动荡、环境危机等问题愈加突出，给我们带来前所未有的挑战。面对全球性挑战，没有哪个国家可以置身事外、独善其身，世界各国需要以负责任的精神同舟共济、协调行动。人类生活在同一个地球村，各国相互联系、相互依存、相互合作、相互促进的程度空前加深，国际社会日益成为一个你中有我、我中有你的命运共同体。

2017年10月18日，习近平总书记在党的十九大报告中指出，我们呼吁，各国人民同心协力，构建人类命运共同体，建设持久和平、普遍安全、共同繁荣、开放包容、清洁美丽的世界。要相互尊重、平等协商，坚决摒弃冷战思维和强权政治，走对话而不对抗、结伴而不结盟的国与国交往新路。要坚持以对话解决争端、以协商化解分歧，统筹应对传统和非传统安全威胁，反对一切形式的恐怖主义。要同舟共济，促进贸易和投资自由化、便利化，推动经济全球化朝着更加开放、包容、普惠、平衡、共赢的方向发展。要尊重世界文明多样性，以文明交流超越文明隔阂、文明互鉴超越文明冲突、文明共存超越文明优越。要坚持环境友好，合作应对气候变化，保护好人类赖以生存的地球家园。

构建人类命运共同体重要战略思想，是习近平总书记着眼人类发展和世界前途提出的中国理念、中国方案，符合世界历史发展规律，受到国际社会的广泛赞誉和热烈响应。当前，我们要以正在做以及将要做的事情为中心，直面国内外现实问题，结合实践深入理解构建人类命运共同体的重要意义。

第一，彰显中国智慧的理念和方案。当今世界正处于大发展大变革、大调整时期，世界多极化、经济全球化、社会信息化、文化多样化深入发展，全球治理体系和国际秩序变革加速推进，各国相互联系和依存日益加深，和平发展大势不可逆转。同时，世界面临的不稳定性不确定性突出，人类面临许多共同挑战。面对这样的世界形势，党的十八大以来，习近平总书记在一系列重大场合反复提及人类命运共同体理念,如在2015年3月的博鳌亚洲论坛、2015年9月第七十届联合国大会、2017年1月联合国日内瓦总部的演讲,以及党的十九大等。构建人类命运共同体已被多次写入联合国相关文件和决议中,产生日益广泛而深远的影响,为当今世界的和平与发展提供了深具中国智慧的解答方案。就历史合理性而言,这一重要理念顺应了和平、发展、合作、共赢的时代潮流,回应了时代要求,凝聚了各国共识,为人类社会实现共同发展、持续繁荣、长治久安绘制了蓝图;就道义正当性而言,它表现了人类社会长久以来的和平期盼和发展愿景,是对旧的国际关系和格局的超越,开辟了人类更加美好的发展前景。构建人类命运共同体是理念与方案的统一,在目标、途径等各个方面具有很强的实践性。党的十九大报告提出,持久和平是基石,普遍安全是保障,共同繁荣是核心,开放包容是特征,清洁美丽是底色。随着经济的大幅进步和国家综合实力的不断提升,中国日益走近世界舞台中央,开始更多地考虑自身的大国责任。我们将继续发挥负责任大国作用,积极参与全球治理体系改革和建设,不断贡献中国智慧和力量,坚持推动构建人类命运共同体,共同创造人类的美好未来。

第二,求同存异、开放包容。习近平总书记指出,文明的繁盛、人类的进步,离不开求同存异、开放包容,离不开文明交流、互学互鉴。历史呼唤着人类文明同放异彩,不同文明应该和谐共生、相得益彰,共同为人类发展提供精神力量。"求同"是客观现实的要求。随着人类社会的发展,各国相互交流日益频繁。科学技术的迅猛发展、经济全球化的日益深入,形成了事实上的地球村,使得各国形成了你中有我、我中有你的命运共同体。我们生活的世界充满希望,也充满挑战。面对全球的重大问题、重大挑战,尽管世界各国有这样那样的分歧矛盾,也免不了产生这样那样的磕磕碰碰,但我们都生活在同一片蓝天下、拥有同一个家园,需要相互理解、相互包容,共同解决人类发展的难题,共享人类文明进步的成果。从现实看,人类文明多样性是世界的基本特征,不同国家之间发展水平参差不齐,社会制度多种多样,文化发展各有优劣,而开放包容奠定了人类共同进步的基础。"存异"最重要的是包容,让不同的文明在构建人类命运共同体的过程中都得到繁荣发展。近代以来西方霸权式的求同,是用自己的强力改变其他国家,这条路是不利于文明交流发展的。而西方的治理理念、体系和模式越来越难以适应新的国际格局和时代潮流,各种弊端积重难返,甚至连西方大国自身都治理失灵、问题成堆。我们的求同是尊重世界文明多样性和发展模式多样化的求同,是着眼于人类整体发展和寻求各方利益的最大公约数,促进各国合作共赢。世界命运应该由各国共同掌握,国际规则应该由各国共同书写，全球事务应该由各国共同治理，发展成果应该由各国共同分享。不同国家应该增进互信、加强沟通、密切协作，探索在新型国际关系的基础上建立求同存异、相互尊重、互学互鉴的新型关系，搭建多种形式、多种层次的国际交流合作网络，汇聚构建人类命运共同体的强大力量。只要彼此理解，求同存异，人类一定能够共同消除现实生活中的文化壁垒，共同打破阻碍人类交往的精神隔阂，让各种文明和谐共存。

第三，促进世界和平与发展。构建人类命运共同体体现了中华文化的和谐理念。世界各国尤其是强国之间没有和平相处，一切都无从谈起。近代以来的战争给人类带来的苦难刻骨铭心。人们从来没有像现在（2015年）这样珍视和平，从来没有像现在（2015年）这样强烈渴望免于战乱。和平、和睦、和谐的追求深深植根于中华民族的精神世界之中，深深溶化在中国人民的血脉之中。历史上，中国曾经长期是世界上最强大的国家之一，但没有留下殖民和侵略他国的记录。今天，我们坚决摒弃冷战思维和强权政治，坚持平等协商，走对话而不对抗、结伴而不结盟的国与国交往新路，始终做世界和平的建设者、全球发展的贡献者、国际秩序的维护者。但我们也要认识到，世界并不太平，兵戎相见时有发生，强权政治阴魂不散，发展鸿沟仍在扩大，恐怖袭击此起彼伏等。社会是在矛盾运动中前进的，有矛盾就会有斗争。构建人类命运共同体一样面临各种艰难险阻，不可能一蹴而就，也不可能一帆风顺，需要付出长期艰苦的努力。中国将始终不渝走和平发展道路，无论发展到哪一步，永不称霸、永不扩张、永不谋求势力范围。我们要树立世界眼光，更好把国内发展与对外开放统一起来，把中国发展与世界发展联系起来，把中国人民利益同各国人民共同利益结合起来，不断扩大同各国的互利合作，以更加积极的姿态参与国际事务，共同应对全球性挑战，努力为全球发展做出新贡献。

思考题：

1. 习近平总书记提出并倡导的人类命运共同体理念和实践有何重大理论和实践价值？

2. 人类命运共同体理念与实践对深化、拓展"新型全球化"有哪些启示与思考？

案例点评：

本案例通过简要呈现习近平总书记自2015年以来提出、倡导的人类命运共同体理念，并在国际关系中积极推动这一理念深化发展的事实，希望学习者能够从以中国为代表的发展中国家2022年来开展的新全球化问题有进一步的了解，并着力深化对包括经济在内的全球化问题有更加辩证的认识和深入的思考。

这一内容与本章第一节的经济全球化问题直接相关。

四、知识拓展

(一) 背景知识

1. 列宁的著作《帝国主义是资本主义的最高阶段》

本书是无产阶级革命家列宁创作的政治经济学著作，通常简称为《帝国主义论》。该书写于1916年上半年，发表于1917年4月，出版于1917年9月。这是列宁论述帝国主义的专著，全书继承并发展了马克思的《资本论》，用较为通俗易懂的语言，阐述了帝国主义的意义、发展特点和在各个方面的表现。深刻分析了帝国主义的本质、特征和基本矛盾，揭示了帝国主义产生、发展和必然灭亡的客观规律，批判了卡尔·考茨基（Karl Kautsky）的超帝国主义论等错误思想。列宁通过分析垄断的资本主义，得出了帝国主义是寄生的和腐朽的结论。列宁还认为，腐朽的趋势不能排除资本主义的迅速发展，不仅在个别工业部门、个别资产阶级阶层、个别国家表现出不同的发展趋势，而且就整体来说，资本主义的发展比从前要快得多，但这种发展会造成更大的不平衡。各国经济政治发展不平衡，必然在争夺和兼并中加紧民族压迫，因而使反抗加剧，使帝国主义国家与殖民地、半殖民地、经济政治落后国家之间的矛盾尖锐起来。这就决定了帝国主义的历史地位，即帝国主义是过渡的资本主义，是垂死的资本主义，帝国主义是无产阶级社会革命的前夜。《帝国主义是资本主义的最高阶段》标志着无产阶级帝国主义理论的创立，因为它将帝国主义的研究安置在正确的方法论基础上，将帝国主义这个概念加以改造，认为它是资本主义的一个历史阶段——垄断阶段，并分析了在这个阶段上生产力和资本主义生产关系的矛盾，指出它必然被更高级的生产关系所代替。

在学术史上，特别是共产主义理论史上，《帝国主义是资本主义的最高阶段》具有重要的地位。学习和研究该书，具有重要的理论意义和现实意义。列宁根据大量的实际经济情况，经过分析研究，提出了垄断代替自由竞争、资本主义已进入垄断阶段，也就是最高阶段的新理论，这实质上是对《资本论》的进一步运用和发展，对资本主义经济两个不同发展阶段作了科学而正确的划分，对于研究当代现实存在的资本主义经济有重大的指导作用。列宁在该书中所提出的垄断资本主义经济理论，不仅正确地分析了当时的一系列经济问题，而且对现在资本主义垄断的高级阶段的分析，仍然具有科学的指导意义。

2. 凯恩斯主义

约翰·梅纳德·凯恩斯（John Maynard Keynes，1883—1946年）生于英国剑桥。他对1929—1933年的资本主义经济危机进行深入的思考，于1936年发表的《就业、利息和货币通论》一书，创立了现代宏观经济学的理论体系，实现了经济学演进中的第三次革命，这在西方经济学史上是具有划时代意义的事件。凯恩斯主义（也称"凯恩斯主义经济学"）是建立在凯恩斯著作《就业、利息和货币通论》的思想基础上的经济理论。主张国家采用扩张性的经济政策，通过增加需求促进经济增长，即扩大政府开支，实行赤字财政，刺激经济，维持繁荣。凯恩斯的经济理论指出，宏观的经济趋向会制约个人的特定行为。18世纪晚期以来的政治经济学或者经济学建立在不断发展生产从而增加经济产出的观点上。而凯恩斯则认为，对商品总需求的减少是经济衰退的主要原因。由此出发，他指出维持整体经济活动数据平衡的措施可以在宏观上平衡供给和需求。因此凯恩斯的和其他建立在凯恩斯理论基础上的经济学理论被称为宏观经济学，同注重研究个人行为的微观经济学相区别。

3. 经济全球化

经济全球化（Economic Globalization）是指世界经济活动超越国界，通过对外贸易、资本流动、技术转移、提供服务、相互依存、相互联系而形成的全球范围的有机经济整体的过程。

"经济全球化"这个词最早是由T.莱维于1985年提出的，至今没有一个公认的定义。国际货币基金组织（International Monetary Fund，简称IMF）认为："经济全球化是指跨国商品与服务贸易及资本流动规模和形式的增加，以及技术的广泛迅速传播使世界各国经济的相互依赖性增强。"经济全球化，有利于资源和生产要素在全球的合理配置，有利于资本和产品在全球性流动，有利于科技在全球性的扩张，有利于促进不发达地区经济的发展，是人类发展进步的表现，是世界经济发展的必然结果。但它对每个国家来说，都是一柄双刃剑，既是机遇，也是挑战。特别是对经济实力薄弱和科学技术比较落后的发展中国家，面对全球性的激烈竞争，所遇到的风险、挑战将更加严峻。经济全球化中急需解决的问题是建立公平合理的新的经济秩序，以保证竞争的公平性和有效性。经济全球化是指贸易、投资、金融、生产等活动的全球化，即生产要素在全球范围内的最佳配置。从根源上说是生产力和国际分工的高度发展，要求进一步跨越民族和国家疆界的产物。进入21世纪以来，经济全球化与跨国公司的深入发展，既给世界贸易带来了重大的推动力，同时也给各国经贸带来了诸多不确定因素，使其出现许多新的特点和新的矛盾。

4. 虚拟资本

虚拟资本（德语：Fiktives Kapital）是马克思对政治经济学的批判所使用的概念。它在《资本论》第三卷第二十五章中出现。虚拟资本与马克思所说的"实际资本"和"货币资本"形成鲜明对比，后者是实际投资于生产资料和工人的实物资本，而"货币资本"是持有的实际资金。虚拟资本资产的市场价值根据这些资产未来的预期收益或收益的变化而变化，马克思认为这仅仅是与实际产量的增长间接相关。实际上，虚拟资本代表"对未来生产的累计索偿，合法所有权"，更具体地说，是对由该生产产生的收入的索偿。虚拟资本可以定义为财产所有权的资本化。这种所有权是真实的，并依法得到强制执行，从中获得的利润也是如此，但所涉及的资本是虚构的；就是"没有任何实质性商品或生产活动基础的作为货币投入的货币"。

虚拟资本也可以被定义为"可交易的书面财富声明"，尽管有形资产本身在某些条件下也可能价格大幅上涨。就主流金融经济学而言，虚拟资本是预期未来现金流量的净现值。

与实体经济相比，虚拟经济是经济虚拟化（西方称为"金融深化"）的必然产物。经济的本质是一套价值体系，包括物质价格体系和资产价格体系。与基于成本和技术的物质价格体系不同，资产价格体系是基于资本化定价的特定价格体系，也称为虚拟经济。由于资本化定价，人们的心理因素将对虚拟经济产生重要影响。换句话说，虚拟经济在其运行中具有内在的波动性。广义上讲，虚拟经济不仅包括金融业和房地产业，还包括体育经济、赌博业和收藏业。虚拟经济的过度发展将带来泡沫经济。

（二）经典文论

1. 列宁：帝国主义是资本主义的最高阶段（节选）[①]

第一部分：生产集中和垄断

资本主义最典型的特点之一，就是工业蓬勃发展，生产集中于愈来愈大的企业的过程进行得非常迅速。现代工业调查提供了说明这一过程的最完备最确切的材料。

例如在德国，每1000个工业企业中，雇用工人50人以上的大企业，1882年有3个，1895年有6个，1907年有9个。每100个工人中，这些企业的工人分别占22人、30人、37人。但是生产集中的程度要比工人集中的程度大得多，

[①] 列宁. 列宁选集：第2卷 [M]. 北京：人民出版社，2012：584-597.

因为在大企业中劳动的生产率要高得多。蒸汽机和电动机的材料可以说明这一点。拿德国所谓广义的工业（包括商业和交通运输业等在内）来说，情况如下：在3265623个企业中，大企业有30588个，只占0.9%。在1440万工人中，它们的工人占570万，即占39.4%；在880万蒸汽马力中，它们占有660万马力，即占75.3%；在150万千瓦电力中，它们占有120万千瓦，即占77.2%。

不到1%的企业，竟占有总数3/4以上的蒸汽力和电力！而297万个小企业（雇佣工人不超过5人的），即占总数91%的企业，却只占有7%的蒸汽力和电力！几万个最大的企业就是一切，数百万个小企业算不了什么。

德国在1907年雇用工人1000人和1000人以上的企业，有586个。它们的工人几乎占总数的1/10（138万），它们的蒸汽力和电力几乎占总数的1/3（32%）。下面我们可以看到，货币资本和银行使极少数最大企业的这种优势变成更强大的而且是名副其实的压倒优势，就是说，几百万中小"业主"，甚至一部分大"业主"，实际上完全受几百个金融富豪的奴役。

在另一个现代资本主义先进国家北美合众国，生产集中发展得更加迅猛。美国统计把狭义的工业单独列出，并且按全年产值的多少把这种企业分成几类。1904年，产值在100万美元和100万美元以上的最大的企业有1900个（占企业总数216180个的0.9%），它们有140万工人（占工人总数550万的25.6%），产值为56亿美元（占总产值148亿美元的38%）。5年之后，即1909年，相应的数字如下：3060个企业（占企业总数268491个的1.1%），有200万工人（占工人总数660万的30.5%），产值为90亿美元（占总产值207亿美元的43.8%）。

美国所有企业的全部产值，差不多有一半掌握在仅占企业总数百分之一的企业手里！而这3000个大型企业包括258个工业部门。由此可见，集中发展到一定阶段，可以说就自然而然地走到垄断。因为几十个大型企业彼此之间容易达成协议；另一方面，正是企业的规模巨大造成了竞争的困难，产生了垄断的趋势。这种从竞争到垄断的转变，不说是最新资本主义经济中最重要的现象，也是最重要的现象之一，所以我们必须比较详细地谈一下。但是，我们首先应当消除一个可能产生的误会。

美国的统计资料说：在250个工业部门中有3000个大型企业。似乎每个部门只有12个规模最大的企业。

但事实上并非如此。并不是每个工业部门都有大企业；另一方面，资本主义发展到了最高阶段，有一个极重要的特点，就是所谓联合制，即把不同的工业部门联合在一个企业中，这些部门或者是依次对原料进行加工（如把矿石炼成生铁，把生铁炼成钢，可能还用钢制造各种成品），或者是一个部门对另一个部门起辅助作用（如加工下脚料或副产品，生产包装用品，等等）。

希法亭写道："联合制把各种行情拉平，从而保证联合企业有更稳定的利润率。第二，联合制导致贸易的消除。第三，联合制使技术改进有可能实现，因而与'单纯'企业，〈即没有联合的企业〉相比，能够获得更多的利润。第四，联合制使联合企业的地位比'单纯'企业巩固，使它在原料跌价赶不上成品跌价的严重萧条〈营业呆滞，危机〉时期的竞争中得到加强。"

德国资产阶级经济学家海曼写了一部描述德国钢铁工业中"混合"（即联合）企业的专著，他说："单纯企业由于原料价格高、成品价格低而纷纷倒闭。"结果是：

"一方面剩下几个采煤量达几百万吨的大煤业公司，它们紧密地组成一个煤业辛迪加；其次，是同它们有密切联系的、组成钢铁辛迪加的一些大铸钢厂。这些大型企业每年生产40万吨钢，采掘大量的矿石和煤炭，生产钢制品，有1万个住在工厂区集体宿舍中的工人，有的还有自己专用的铁路和港口。这种大型企业是德国钢铁工业的典型代表。而且集中还在不断地发展。某些企业愈来愈大；同一工业部门或不同工业部门的企业结合为大型企业的愈来愈多，而且有柏林的6家大银行作它们的靠山和指挥者。德国采矿工业确切地证实了卡尔·马克思关于集中的学说是正确的，诚然，这里指的是用保护性的关税和运费率来保护采矿工业的国家。德国采矿工业已经成熟到可以被剥夺的地步了。"

这就是一个诚实的（这是一个例外）资产阶级经济学家势必得出的结论。必须指出，他把德国似乎看得很特殊，因为德国工业受到高额保护关税的保护。但是这种情况只能加速集中，加速企业家垄断同盟卡特尔、辛迪加等等的形成。特别重要的是，在自由贸易的国家英国，集中同样导致垄断，尽管时间较晚，形式也许有所不同。请看赫尔曼·莱维教授根据大不列颠经济发展材料写的专著《垄断组织——卡特尔和托拉斯》中的一段话：

"在大不列颠，正是企业的巨大规模和高度技术水平包含着垄断的趋势。一方面，由于集中的结果，对每一企业必须投入大量资本，因此，新企业在必要资本方面面临着愈来愈高的要求，这就使新企业难以出现。另一方面，（我们认为这一点更重要），每个新企业要想同时集中所造成的那些大型企业并驾齐驱，就必须生产大量的过剩产品，而这些产品只有在需求异常增加的时候才能有利地销售出去，否则这种产品过剩就会使价格跌到无论对新工厂或各垄断同盟都不利的程度。"英国和那些有保护关税促进卡特尔化的国家不同，在这里，企业家垄断同盟卡特尔和托拉斯，多半是在互相竞争的主要企业的数目缩减到"一两打"的时候才产生的。"集中对产生大工业垄断组织的影响,在这里表现得非常明显。"

在半个世纪以前马克思写《资本论》的时候,绝大多数经济学家都认为自由竞争是一种"自然规律"。官方学者曾经力图用缄默这种阴谋手段来扼杀马克思的著作,因为马克思对资本主义所做的理论和历史的分析,证明了自由竞争产生生产集中,而生产集中发展到一定阶段就导致垄断。现在,垄断已经成了事实。经济学家们正在写大堆大堆的著作,叙述垄断的某些表现,同时却齐声宣告:"马克思主义被驳倒了。"但是,英国有句谚语说得好:事实是顽强的东西,不管你愿意不愿意,你都得重视事实。事实证明:某些资本主义国家之间的差别,例如实行保护主义还是实行自由贸易,只能在垄断组织的形式上或产生的时间上引起一些非本质的差别,而生产集中产生垄断,则是现阶段资本主义发展的一般的和基本的规律。

对于欧洲,可以相当精确地确定新资本主义最终代替旧资本主义的时间是20世纪初。在最近出版的一本关于"垄断组织的形成"的历史的综合性著作中,我们看到有下面几段话:

"我们可以从1860年以前的时代里举出资本主义垄断组织的个别例子;从这些例子可以看出现在极常见的那些形式的萌芽;但是这一切无疑还是卡特尔的史前时期。现代垄断组织的真正开始,最早也不过是19世纪60年代的事。垄断组织的第一个大发展时期,是从19世纪70年代国际性的工业萧条开始,一直延续到19世纪90年代初期。""如果从欧洲范围来看,60年代和70年代是自由竞争发展的顶点。当时,英国建成了它的那种旧式资本主义组织。在德国,这种组织同手工业和家庭工业展开了坚决的斗争,开始建立自己的存在形式。"

"大转变是从1873年的崩溃时期,确切些说,是从崩溃后的萧条时期开始的;这次萧条在欧洲经济史上持续了22年,只是在20世纪80年代初稍有间断,并在1889年左右出现过异常猛烈然而为时甚短的高涨。""在1889—1890年短促的高涨期间,人们大力组织卡特尔来利用行情。轻率的政策使价格比没有卡特尔时提高得更快更厉害,结果所有这些卡特尔差不多全都不光彩地埋葬在'崩溃这座坟墓'里了。后来又经过了5年不景气和价格低落的时期,但是这时笼罩在工业界的已经不是从前那种情绪了。人们已经不把萧条看成什么当然的事情,而认为它不过是有利的新行情到来之前的一种间歇。"

于是卡特尔运动进入了第二个时期。卡特尔已经不是暂时的现象,而成了全部经济生活的基础之一。它占领一个又一个的工业部门,而首先是占领原料加工部门。早在19世纪90年代初,在组织焦炭辛迪加(后来的煤业辛迪加就是仿照它建立的）时，卡特尔就创造了后来基本上再没有发展的组织卡特尔的技术。19世纪末的巨大高涨和1900—1903年的危机，至少在采矿和钢铁工业方面，都是第一次完全在卡特尔的标志下发生的。当时人们还觉得这是一种新现象，而现在社会上则普遍认为，经济生活的重大方面通常不受自由竞争的支配，是一种不言而喻的事情了。"

综上所述，对垄断组织的历史可以做如下的概括：（1）19世纪60年代和70年代是自由竞争发展的顶点即最高阶段。这时垄断组织还只是一种不明显的萌芽。（2）1873年危机之后，卡特尔有一段很长的发展时期，但卡特尔在当时还是一种例外，还不稳固，还是一种暂时现象。（3）19世纪末的高涨和1900—1903年的危机。这时卡特尔成了全部经济生活的基础之一。资本主义转化为帝国主义。

卡特尔彼此商定销售条件和支付期限，等等。它们彼此划分销售地区，它们规定所生产的产品的数量，它们确定价格，它们在各个企业之间分配利润，等等。

德国的卡特尔在1896年约有250个，在1905年有385个，参加卡特尔的企业约有12000个。但是，大家都承认，这是缩小了的数字。从上面引用的1907年的德国工业统计材料可以看出，单是这12000个最大的企业，就集中了大约占总数一半以上的蒸汽力和电力。北美合众国的托拉斯在1900年是185个，在1907年是250个。美国的统计把所有的工业企业分为属于个人的和属于合伙商行、公司的。后者在1904年占企业总数的23.6%，在1909年占25.9%，即1/4以上。这些企业的工人，在1904年占工人总数的70.6%，在1909年占75.6%，即3/4；产值分别是109亿美元和163亿美元，即占总产值的73.7%和79%。

一个工业部门的生产总量，往往有十分之七八集中在卡特尔和托拉斯手中。莱茵—威斯特伐利亚煤业辛迪加在1893年成立时，集中了该地区总采煤量的86.7%，到1910年则已经达到95.4%。这样造成的垄断，保证获得巨额的收入，并导致组成规模极大的技术生产单位。美国著名的煤油托拉斯（美孚油公司），是1900年成立的。"它的资本是15000万美元。当时发行了1亿美元的普通股票和10600万美元的优先股票。1900—1907年，每年支付的优先股票的股息分别为：48%、48%、45%、44%、36%、40%、40%、40%，共计36700万美元。1882—1907年的纯利为88900万美元，其中60600万付股息，其余的作为后备资本。""钢铁托拉斯（美国钢铁公司）所有企业的职工，在1907年达210180人。德国采矿工业中最大的企业盖尔森基兴矿业公司在1908年有46048名职工。"钢铁托拉斯在1902年就生产了900万吨钢。它的钢产量在1901年占美国全部钢产量的66.3%，在1908年占56.1%。它的矿石开采量，在1901年占43.9%，在1908年占46.3%。

美国政府专门委员会关于托拉斯的报告中说："它比竞争者优越，是因为它的企业规模大，技术装备优良。烟草托拉斯从创办的时候起，就竭力在各方面大规模地采用机器来代替手工劳动。为此目的，它收买了与烟草加工多少有关的一切发明专利权，在这方面花费了巨额款项。有许多发明起初是不适用的，必须经过在托拉斯供职的工程师的改进。在1906年年底设立了两个分公司，专门收买发明专利权。为了同一目的，托拉斯又设立了自己的铸造厂、机器厂和修理厂。设在布鲁克莱恩的一个这样的工厂有大约300名工人；这个厂对有关生产纸烟、小雪茄、鼻烟、包装用的锡纸和烟盒等的发明进行试验，在这里还对各种发明进行改进。""其他托拉斯也雇有所谓技术开发工程师，他们的任务就是发明新的生产方法，进行技术改良的试验。钢铁托拉斯给那些在提高技术或减少费用方面有发明创造的工程师和工人以高额奖金。"

德国的大工业，例如近几十年来获得巨大发展的化学工业，也是这样组织技术改良工作的。到1908年，生产集中的过程已经在这个工业中造成了两大"集团"，它们也都按自己的方式逐步走向垄断。起初，这两个集团都是由两对大工厂组成的"双边联盟"，各有资本2000万—2100万马克：一对是美因河畔赫希斯特的前行东……颜料厂和美因河畔法兰克福的卡塞拉公司；另一对是路德维希港苯胺苏打厂和爱北斐特的前拜尔公司。后来，一个集团在1905年，另一个集团在1908年，又各同另一个大工厂达成了协议。结果构成了两个"三边联盟"，各有资本4000万—5000万马克，而且这两个"联盟"已经开始"接近"，"商定"价格等等。

竞争转化为垄断，生产的社会化有了巨大的进展，就连技术发明和技术改进的过程也社会化了。

从前是各个业主自由竞争，他们是分散的，彼此毫不了解，他们进行生产都是为了在情况不明的市场上去销售，现在则完全不同了。集中已经达到了这样的程度，可以对本国的，甚至像下面所说的，对许多国家以至全世界所有的原料来源（例如蕴藏铁矿的土地）做出大致的估计。现在不但进行这样的估计，而且这些来源完全操纵在一些大垄断同盟的手里。这些同盟对市场的容量也进行大致的估计，并且根据协议"瓜分"这些市场。他们垄断熟练的劳动力，雇用最好的工程师，霸占交通路线和交通工具，如美国的铁路、欧美的轮船公司。帝国主义阶段的资本主义紧紧接近最全面的生产社会化，它不顾资本家的愿望与意识，可以说是把他们拖进一种从完全的竞争自由向完全的社会化过渡的新的社会秩序。

生产社会化了，但是占有仍然是私人的。社会化的生产资料仍旧是少数人的私有财产。在形式上被承认的自由竞争的一般架子依然存在，而少数垄断者对其余居民的压迫却更加百倍地沉重、显著和令人难以忍受了。

德国经济学家克斯特纳写了一本专论"卡特尔与局外人斗争情况"的著作，所谓"局外人"，就是未加入卡特尔的企业家。他给这本著作取名为《强迫加入组织》，其实，如果不粉饰资本主义，就应该说是强迫服从垄断者同盟。单是看看垄断者同盟为了这种"组织"而采取的种种现代的、最新的、文明的斗争手段，也是大有教益的。这些手段有：（1）剥夺原料（"……强迫加入卡特尔的主要手段之一"）；（2）用同盟方法剥夺劳动力（即资本家和工会订立合同，使工会只接受卡特尔化企业的工作）；（3）剥夺运输；（4）剥夺销路；（5）同买主订立合同，使他们只同卡特尔发生买卖关系；（6）有计划地压低价格（为了使"局外人"即不服从垄断者的企业破产，不惜耗费巨资，在一段时间内按低于成本的价格出售商品……（7）剥夺信贷；（8）宣布抵制。

现在已经不是小企业同大企业、技术落后的企业同技术先进的企业进行竞争。现在已经是垄断者在扼杀那些不屈服于垄断、不屈服于垄断的压迫和摆布的企业了。下面就是这一过程在一位资产阶级经济学家意识中的反映。

克斯特纳写道："甚至在纯粹经济的活动方面，也在发生某种转变，原先意义上的商业活动转变为投机组织者的活动。获得最大成就的，不是最善于根据自己的技术和商业经验来判断购买者需要，找到并且可以说是'开发'潜在需求的商人，而是那些善于预先估计到，或者哪怕只是嗅到组织上的发展，嗅到某些企业与银行可能发生某种联系的投机天才（?!）……"

译成普通人的语言，这就是说：资本主义已经发展到这样的程度，商品生产虽然依旧"占统治地位"，依旧被看作全部经济的基础，但实际上已经被破坏了，大部分利润被那些干金融勾当的"天才"拿去了。这种金融勾当和欺骗行为的基础是生产的社会化，人类历尽艰辛所达到的生产社会化这一巨大进步，却造福于……投机者。下面我们会看到，那些对资本帝国主义作小市民式的反动批评的人，怎样"根据这一点"而梦想开倒车，恢复"自由的"、"和平的"、"诚实的"竞争。

克斯特纳说："由卡特尔的组成引起的价格长期上涨，至今还只有出现在最重要的生产资料方面，特别是煤、铁和钾碱等方面，而在成品方面则从来没有过。随之而来的收益的增加，同样也只限于生产生产资料的工业。对此还要做一点补充：原料（而不是半成品）加工工业不仅因组成卡特尔而获得高额利润，使那些进一步加工半成品的工业受到损失,而且它还取得了对这一工业的一定的统治关系,这是自由竞争时代所没有的。"

我们作了着重标记的几个字,说明了问题的实质,这个实质是资产阶级经济学家很不愿意并且很少承认的,也是以卡·考茨基为首的当代的机会主义辩护士所竭力支吾搪塞、避而不谈的。统治关系和由此产生的强制,正是"资本主义发展的最新阶段"的典型现象,正是势力极大的经济垄断组织的形成所必然引起而且已经引起的结果。

我们再举一个说明卡特尔如何经营的例子。凡是可以把全部或主要的原料产地抓在手里的地方,卡特尔的产生和垄断组织的形成就特别容易。但是,如果以为在无法霸占原料产地的其他工业部门中不会产生垄断组织,那就错了。水泥工业的原料是到处都有的。但是在德国,就连这个工业也高度卡特尔化了。水泥厂联合成了区域性的辛迪加,如南德辛迪加、莱茵—威斯特伐利亚辛迪加等。规定了垄断价格:成本为180马克的一车皮水泥,售价竟达230—280马克!企业支付12%—16%的股息,而且不要忘记,现代的投机"天才"除分得股息外,还能使大量的利润滚进自己的腰包。为了从如此盈利的工业部门中排除竞争,垄断者甚至使用各种诡计:散布谣言,说水泥工业情况很坏;在报上登匿名广告说,"资本家们!当心,别在水泥业投资!";最后是收买没有参加辛迪加的"局外人"的企业,付给他们6万、8万至15万马克的"出让费"。垄断组织在一切地方用一切办法为自己开辟道路,从偿付"微薄的"出让费起,直到像美国那样"使用"炸药对付竞争者为止。

用卡特尔消除危机是拼命为资本主义涂脂抹粉的资产阶级经济学家的无稽之谈。相反,在几个工业部门中形成的垄断,使整个资本主义生产所特有的混乱现象更加厉害,更加严重。作为一般资本主义生产特点的农业和工业发展不相适应的现象,变得更加严重了。卡特尔化程度最高的所谓重工业,尤其是煤铁工业的特权地位,使其余工业部门"更加严重地缺乏计划性",正如论述"德国大银行与工业的关系"的最佳著作之一的作者耶德尔所承认的那样。

资本主义最无耻的辩护士利夫曼说:"国民经济愈发展,就愈是转向更带冒险性的企业或国外的企业,转向需要长时间才能发展的企业,或者转向那些只有地方意义的企业。"冒险性的增大,归根到底是同资本的大量增加有关,资本可以说是漫溢出来而流向国外,如此等等。同时,技术的加速发展,又使国民经济各部门不相适应的因素、混乱和危机的因素日益增加。同一个利夫曼不得不承认说:"大概在不久的将来,人类又会碰到技术方面的一些也会影响到国民经济组织的大变革"……如电力、航空……"在发生这种根本性的经济变动的时候，通常而且照例会有很厉害的投机事业发展起来……"

危机（各种各样的危机，最常见的是经济危机，但不是只有经济危机）又大大加强了集中和垄断的趋势。我们知道，1900年的危机，是现代垄断组织史上的转折点。关于这次危机的意义，耶德尔斯有一段非常值得注意的论断：

"遭到1900年危机的，除了各主要工业部门的大型企业以外，还有许多在今天说来结构上已经过时了的'单纯'企业〈即没有联合起来的企业〉，它们是乘着工业高涨的浪头浮上来的。价格的跌落，需求的减少，使这些'单纯'企业陷于灾难的境地，这种情况，大型的联合企业或者根本没有遇到过，或者仅仅在极短的时期内碰到过。因此，1900年的危机引起的工业集中，其程度远远超过了1873年的危机。1873年的危机虽然也起了一种淘汰作用，使一些较好的企业保存下来，但是在当时的技术水平下，这种淘汰并没有能够使那些顺利地度过危机的企业获得垄断地位。长期地占据这种垄断地位的，是现在的钢铁工业和电力工业中的大型企业（因为它们的技术复杂，组织分布很广，资本雄厚），而且垄断程度很高；其次是机器制造业以及冶金工业、交通运输业等某些部门的企业，不过垄断程度较低。"

垄断正是"资本主义发展的最新阶段"的最新成就。但是，如果我们不注意到银行的作用，那我们对于现代垄断组织的实际力量和意义的认识，就会是极不充分、极不完全和极其不足的。

（三）学者新论

1. 经济全球化在曲折中继续前行[①]

当今世界正经历百年未有之大变局，经济全球化的发展也伴随着各种动荡和曲折。在新冠疫情的影响下，人员、货物流动受到了极大冲击，一些人对全球化能否持续下去产生了分歧，出现了类似"去全球化""慢球化"一类的表述。7月21日，南非比勒陀利亚大学经济学教授艾莎贝·洛茨（Elsabe Loots）于对话网发文，分析了全球化的演变历程。围绕当前的全球化发展进程等问题，本报记者采访了有关学者。

全球化发展历程

世界经济论坛将此前的全球化历程分为四波浪潮。第一波始于19世纪后期，于1914年结束。彼时在工业革命的推动下，交通和通信技术得到极大改善。第二波以1945年为起点，于1989年结束。第三波始于1991年苏联解体，

[①] 王俊美. 经济全球化在曲折中继续前行［EB/OL］. 中国社会科学网，2022-08-12.

至2008年全球金融危机结束。2010年，随着全球经济从金融危机中复苏，数字经济、人工智能兴起，中国的国际影响力日益提高，世界迎来了第四波全球化浪潮。目前，人们关于全球化的讨论主要集中于这样两个问题：现在世界是否正在经历第四波全球化的退潮？各国是否准备好迎接第五波全球化的来临？有不少学者提出，第一波全球化的回落期与当前世界局势具有相似性，但这些相似之处是否意味着全球化退潮，当今世界是否正在经历"去全球化"或"慢球化"，目前来看，各种观点都缺乏足够的证据。

洛茨认为，1914—1945年，全球化的回落主要受第一次世界大战和第二次世界大战影响。其他的影响因素还包括1918—1920年的西班牙流感，1929年美国股市崩盘以及20世纪30年代美国大萧条。这一时期全球化退潮的表现特征是地方保护主义高涨、关税和其他贸易壁垒增加以及国际贸易普遍收缩。洛茨表示，当前的全球背景与以上时期情况确实存在一定的相似之处。例如，当前世界仍在与新冠疫情做斗争；俄罗斯与乌克兰的冲突加剧了全球不确定性和粮食短缺，同时导致天然气价格上涨，进一步影响全球价值链；各种消费品和能源价格的上涨给总体价格水平带来压力；全球通货膨胀持续，美国、欧洲多国通胀率达到40年来最高水平；地缘政治挑战进一步加剧，导致贸易伙伴关系和地区主义的潜在变化。

迎接第五次全球化浪潮

洛茨表示，"去全球化"意味着世界各国之间的联系逐渐变少，其特点是更强势的民族国家、本地化的解决方案、更严格的边境管制。此外，近期还出现了一种"慢球化"的说法，指的是通过贸易、金融和其他要素的流动来持续整合全球经济的速度明显放缓。经济全球化的相关数据表明，即使在2020年新冠疫情席卷全球之前，全球化的减速也是显而易见的，主要表现在以下方面：第一，世界商品和服务出口。2008年第三次全球化浪潮结束时，世界商品和服务出口占全球GDP总量的31%，创历史新高。2011—2019年，这一数据缓慢降至全球GDP的28%，并在疫情到来后进一步降至26%。第二，外国直接投资流入。这一数据在2016年达到2万亿美元的峰值，随后呈下降趋势，在2019年降至1.48万亿美元。到2020年，外国直接投资流入比2009年全球金融危机时的水平还低了20%。第三，外国直接投资占全球GDP的百分比。该百分比在2007年达到5.3%的峰值后不断回落，在2015年和2016年时仅为3.5%，2019年下降到1.7%，2020年下降到1.4%。第四，跨国企业数量。2008年，联合国贸易和发展会议报告的跨国企业数量为8万多家，2017年该数字下降到约6万家。第五，世界私人资本流动。经济合作与发展组织的相关数据显示，2014年参与调查国家的私人资本流动达到4140亿美元，随后呈下降趋势，2019年跌至2290亿美元。

当前，有关全球化发展态势存在诸多争议。例如，各国是否会像全球化第一波浪潮之后那样退出全球化；近年来的全球化放缓态势到底是"去全球化"的前奏，还是因世界经济从疫情中缓慢复苏而呈现的"慢球化"现象。洛茨表示，第一波全球化退潮的教训使世界各国意识到，盲目地与他国公司签订合同和协议可能会存在问题，需要谨慎地选择贸易和投资伙伴。虽然由此导致了保护主义和内向型政策的蔓延，但这与彻底的"去全球化"还有很远的距离。当前，最有可能发生的是供应链的区域化和碎片化，这将致使全球化进程中的"去全球化"和"慢球化"特征越来越明显。一系列全球外部冲击，需要人们对全球化进程进行全面思考、重新定位和改革，从而引领经济全球化继续发展。

调整政策以提高韧性

英国《卫报》4月刊文称，"去全球化"的趋势并不意味着全球化的终结。可以肯定的是，加强国际合作是一件好事，全球性问题的解决还是需要全球性方案，各国总是会在合适的时间开始寻求合作。但目前全球能源价格高企，将货物运往其他国家的成本很高且不可持续。在新一轮全球化浪潮到来之前，各国希望能够更好地掌握自己的经济命运，避免金融危机的发生。然而，人们对生活成本上升、生活水平下降和不平等加剧感到不满，会引发对全球化的逆反情绪。

美国卡内基国际和平基金会欧洲研究所访问学者锡南·乌尔根表示，面对人们对全球化的不满情绪，政策制定者必须重新构建全球化框架，同时保证促进全球化增长的核心动力始终存在。各国需要花大力气对制定全球治理规则的相关机构进行改革，不仅要减轻全球化造成的负面影响，还要积极增强其正面外部性。目前，有的国家已经提出了重新连接全球化的各种建议，然而，这些合理的要求与全球化改革的现实之间仍然存在较大差距，有待进一步完善。

中国在全球化进程中获得了快速发展。澳大利亚格里菲斯大学经济学教授托尼·马金（Tony Makin）在接受本报记者采访时表示，中国加入世界贸易组织之后，国际贸易壁垒的放开极大地促进了中国的国际商品贸易。相关数据显示，2008年，中国贸易进出口总额占世界的7.7%，比2001年增长了近4倍。虽然全球金融危机对中国的出口势头造成了一定影响，但中断是短暂的，2021年中国出口额飙升，远高于2008年前的峰值。相对于世界上大多数发达经济体，中国对全球化的拥抱使其成为一个高度开放的经济体。

马金表示，中国与世界其他地区的贸易伙伴"一荣俱荣"，全球经济放缓减少了对中国出口的需求,导致中国经济增长放缓;而经济增长放缓又反过来使中国对进口的需求减少,进而降低了世界其他地区的国内生产总值。自全球金融危机以来,中国采取了重新平衡经济的政策。中国经常账户顺差占同期国内生产总值的比重处于合理均衡区间,这表明中国在实现经济增长时更加注重内需驱动。这将对贸易和商品价格产生溢出效应,进而产生深远的国际影响。内需驱动有助于增强中国经济的韧性,更好地应对"去全球化"的冲击。

2. 新时代的马克思主义政治经济学[①]

党的十九届六中全会指出,习近平新时代中国特色社会主义思想是当代中国马克思主义、21世纪马克思主义,是中华文化和中国精神的时代精华,实现了马克思主义中国化新的飞跃。

作为习近平新时代中国特色社会主义思想的重要组成部分,习近平经济思想立足习近平新时代中国特色社会主义实践,创造性继承、创新性发展了马克思主义政治经济学,是具有鲜明时代特征和实践特色的马克思主义政治经济学。

坚持党对经济工作集中统一领导这一最高政治原则,为发展马克思主义政治经济学做出了原创性贡献。

正确处理经济基础和上层建筑之间的辩证关系,是马克思主义政治经济学的精髓。中国共产党是当今中国最高政治领导力量,全面加强党对经济工作的领导,是上层建筑对经济基础发生积极作用、正确处理上层建筑与经济基础辩证关系的具体体现。习近平经济思想关于党的领导与经济关系的主要理论内涵包括:坚持党对经济工作的集中统一领导,保证我国经济始终沿着正确方向发展,对党的领导与经济发展的关系做出了马克思主义的质的规定;科学阐明加强和完善党对经济工作领导的基本思路和科学方法,为党领导经济工作指明方向;坚持把党的领导贯穿于经济社会发展全过程和各领域,确保党始终总揽全局、协调各方。因此,习近平经济思想拓展了马克思主义政治经济学的基本框架,丰富了马克思主义政治经济学的科学内涵,为发展马克思主义政治经济学做出了原创性贡献。

坚持唯物史观,坚持以人民为中心的发展思想,坚守了马克思主义政治经济学的根本立场。

马克思主义的人民观把满足人的需要作为经济发展的出发点,强调人的自由而全面的发展是未来社会的重要特征和价值目标。习近平经济思想坚持唯物史观,坚持以人民为中心的发展思想,其主要内涵包括:坚持以人民为中心的

[①] 范希春. 新时代的马克思主义政治经济学 [N]. 经济日报, 2021-12-16 (10).

根本立场，确立以人民为中心的价值取向和发展目标；强调以保障和改善民生为重点，实现好、维护好、发展好最广大人民根本利益；强调经济发展中人民的主体性地位和作用，坚持共建共治共享，促进人的全面发展、全体人民共同富裕。坚持以人民为中心的发展思想，体现了马克思主义关于人的自由而全面的发展的根本立场和价值目标，明确了发展社会主义市场经济的根本目的，对中国特色社会主义政治经济学做出了本质规定。

坚持唯物辩证法原则，继承发展了马克思主义的社会有机体理论，创新了马克思主义的发展观。

马克思主义的社会有机体理论认为，人、自然、社会是一个有机体，只有实现人与社会、人与自然，以及社会各个因素、各个领域、各个方面的全面协调发展，才能实现人类社会的整体发展。习近平经济思想坚持了辩证唯物主义全面、联系、发展的基本观点，立足习近平新时代中国特色社会主义实践，依据新发展要求，创造性地提出了创新、协调、绿色、开放、共享五大发展理念，是马克思主义的社会有机体理论在新的时代条件下的创新与发展，是具有原创性的新的发展理念，极大地丰富了马克思主义的发展观，谱写了中国特色社会主义政治经济学的新篇章，可谓运用唯物辩证法原则处理当代发展问题的典范。

坚持使市场在资源配置中起决定性作用，更好发挥政府作用，明确了市场和政府的关系与定位。

马克思主义认为，人类的"第一个历史活动"，就是物质资料的生产活动。在社会经济运行过程中，社会生产两大部类的生产即生产资料生产和消费资料生产必须协调发展，而市场是配置社会资源的基本方式，在其中起重要作用的是价值规律。习近平总书记关于"适应把握引领经济发展新常态""坚持以供给侧结构性改革为主线""建设现代化经济体系"等一系列重要论述，为马克思主义政治经济学注入了新的理论内涵。习近平经济思想进一步明确了市场和政府在经济社会发展中的定位与作用，做出使市场在资源配置中起决定性作用和更好发挥政府作用的重大论断，正确处理市场和政府的关系；强调继续在社会主义基本制度与市场经济的结合上下功夫，发挥两个方面的优势，坚持了社会主义市场经济改革的正确方向。习近平经济思想深化了对社会主义市场经济的规律性认识和把握，为推动发展方式深刻变革、生产关系深刻调整，为社会主义市场经济的健康发展，提供了理论依据、明确了基本路径，在理论和实践上实现了重大突破。

创新发展了社会主义基本经济制度，在理论和实践层面对制度建设做出了新的探索和贡献。

马克思主义认为,生产资料所有制结构是社会经济制度的基础,是决定社会基本性质和发展方向的根本因素。马克思主义经济制度理论追求的价值目标是共同富裕和人的全面发展。习近平经济思想关于基本经济制度的理论的主要内涵包括:坚持和完善社会主义基本经济制度,毫不动摇巩固和发展公有制经济,毫不动摇鼓励、支持、引导非公有制经济发展,促进多种所有制经济共同发展,着力构建高水平的社会主义市场经济体制;混合所有制经济是基本经济制度的重要实现形式;坚持社会主义基本经济制度与分配制度的统筹协调,强调二者的有机结合与统一。习近平经济思想立足新时代实践,既体现了马克思主义经济制度理论的本质内涵,又丰富和发展了社会主义经济制度理论,对社会主义经济制度建设做出了新的理论探索和新的实践贡献。

创新发展了马克思主义关于分配与公正的理论,强调促进社会公平正义,体现了社会主义的本质要求。

公平正义既是一种道德评价,也体现了一种经济关系。马克思主义关于分配的原则指明了实现社会公平的正确途径。公平正义是中国特色社会主义的内在逻辑与本质要求,习近平经济思想从理论和实践两个维度丰富和发展了马克思主义公平正义观,主要体现为:坚持和完善社会主义基本分配制度,调整国民收入分配格局,持续增加城乡居民收入,不断缩小收入差距,共享发展成果,体现社会主义社会的分配原则和制度公正;强调做大"蛋糕"和分好"蛋糕",努力实现社会公平正义;实施乡村振兴战略,实现城乡、区域统筹协调发展;实施精准扶贫,保障和改善民生,做好社会政策托底工作;注重制度保障,强调通过制度安排实现统筹协调发展、包容性发展,逐步实现共同富裕。习近平经济思想从社会生产、社会分配、社会发展、制度保障建构等方面阐明了社会公平这一理论问题和实践问题,坚持了马克思关于社会分配理论与社会公平的主张,体现了社会主义的本质要求,是对马克思主义社会分配理论和公平正义观的理论创新和实践创新。

创新发展了马克思主义的自然观,强调坚持绿色发展,坚持走生产发展、生活富裕、生态良好的文明发展道路。

马克思主义的自然观认为,自然界是人类赖以存在和发展的基础,但人的活动不能超越自然所能接受的限度,不能违反自然规律,强调人与自然环境的统一性。习近平经济思想关于坚持绿色发展的内涵主要体现在:绿色发展注重的是解决人与自然和谐问题,坚持人与自然和谐共生;强调绿水青山就是金山银山,深刻揭示了生态、经济、发展之间的辩证统一关系,指明了保护和发展相统一的原则和路径;强调保护生态环境就是保护生产力,改善生态环境就是发展生产力，深刻阐明了生态环境与生产力之间的关系；强调良好生态环境是最普惠的民生福祉，进一步明确了社会主义生态文明建设的立场和价值取向。习近平经济思想创造性继承、创新性发展了马克思主义的自然观，阐明了自然要素之间、自然和人之间构成的生态系统原理，人与自然、经济发展与生态环境保护之间的辩证关系。

创新发展了马克思主义世界市场理论，为世界经济发展贡献了中国智慧、中国方案、中国力量。

马克思主义认为，生产力的发展是推动世界市场形成和发展的根本动力。共产主义"是以生产力的普遍发展和与此相联系的世界交往为前提的"。习近平经济思想对马克思主义世界市场理论的创造性继承、创新性发展主要表现在：坚持对外开放基本国策，在更大范围、更宽领域、更深层次上扩大对外开放，构建开放型经济新体制；提出共建"一带一路"等，体现了马克思主义世界市场理论在经济全球化时代条件下的新实践；构建开放型世界经济，推动经济全球化朝着更加开放、包容、普惠、平衡、共赢的方向发展，推动形成更加公正合理的国际经济秩序，推动构建人类命运共同体，是对马克思主义世界市场理论的超越与创新。习近平总书记关于全球经济治理的一系列重要讲话精神，科学回答了当今时代经济全球化条件下世界经济发展进程中所遭遇的一系列根本问题，为消除世界范围内新的不平等和矛盾，为破解当今世界面临的世纪性经济难题，为建立公正合理的国际经济秩序，提供了中国智慧、中国方案、中国力量。

总之，习近平经济思想坚持马克思主义的立场、观点、方法，统筹把握中华民族伟大复兴战略全局和世界百年未有之大变局，立足习近平新时代中国特色社会主义实践，对马克思主义政治经济学的发展做出了一系列原创性的重大贡献，为中国特色社会主义政治经济学谱写了新篇章、开辟了新境界，是新时代的马克思主义政治经济学。

五、知识训练

（一）单项选择题

1. 在垄断资本主义阶段，占统治地位的资本形式是（　　）

A. 工业资本　　　　　　　　B. 银行资本
C. 金融资本　　　　　　　　D. 垄断资本

2. 垄断代替自由竞争并占据统治地位是在（　　）

A. 19世纪70年代以前　　　　B. 19世纪70年代开始

C. 19 世纪末 20 世纪初　　　　　　D. 20 世纪 30 年代后

3. 国家垄断资本主义的产生，从根本上说是（　　）

A. 生产社会化发展的必然结果

B. 资本主义基本矛盾深化的必然结果

C. 资本主义经济宏观调控的必然结果

D. 市场经济发展的一般规律

4. 为国家垄断资本主义奠定理论基础的杰出人物及著作是（　　）

A. 亚当·斯密的《国富论》

B. 马歇尔的《经济学原理》

C. 穆勒的《政治经济学原理》

D. 凯恩斯的《就业、利息和货币通论》

5. 国际垄断同盟（　　）

A. 在领土上瓜分世界　　　　　　B. 其趋势基本结束

C. 在当代以混合联合公司为主　　D. 在经济上瓜分世界

6. 20 世纪 70 年代之后，为应对"滞胀"，西方国家提升经济竞争力的主要做法是（　　）

A. 发展科学技术　　　　　　　　B. 改善劳资关系

C. 国有企业私有化　　　　　　　D. 完善法律法规

7. 垄断价格是（　　）

A. 生产成本+利润　　　　　　　B. 生产成本+平均利润

C. 成本价格+垄断利润　　　　　D. 成本价格+平均利润+垄断利润

8. 垄断资本主义国家实际的控制者是（　　）

A. 垄断组织　　　　　　　　　　B. 金融寡头

C. 官僚集团　　　　　　　　　　D. 金融资本

9. 当代资本主义发生新变化的根本推动力量是（　　）

A. 科学技术革命和生产力的发展

B. 工人阶级争取自身权利和利益的斗争

C. 社会主义制度初步显示的优越性的影响

D. 改良主义政党的改革

10. 在马克思、恩格斯看来，将为社会主义革命提供直接的物质前提，并是无产阶级社会主义革命的入口处的是（　　）

A. 资本国有化　　　　　　　　　B. 资本的个人所有制

C. 股份资本所有制　　　　　　　D. 法人资本所有制

(二) 多项选择题

1. 资本家追求剩余价值，必然会导致（　　）
   A. 生产集中　　　　　　　　　　B. 资本集中
   C. 自由竞争　　　　　　　　　　D. 垄断

2. 垄断条件下竞争的新特点有（　　）
   A. 竞争目的是获取高额垄断利润
   B. 竞争手段主要运用经济手段
   C. 竞争手段主要运用非经济手段
   D. 竞争范围扩大到经济领域以外进行

3. 垄断价格之所以没有否定价值规律，是因为（　　）
   A. 垄断价格不能完全脱离商品的价值
   B. 垄断价格围绕价值上下波动
   C. 全社会的商品价值总额和商品价格总额大体上一致
   D. 垄断价格改变的只是价值规律作用的表现形式

4. 战后国家垄断资本主义迅速发展的原因是（　　）
   A. 生产关系适合生产力规律的作用和要求
   B. 资本主义防止经济波动和经济危机的需要
   C. 资本主义基本矛盾尖锐化的要求
   D. 用暴力剥夺小资产阶级的需要

5. 金融寡头的统治主要是（　　）
   A. 在经济领域通过"参与制"实现的
   B. 通过掌握一定数量的股票来层层控制企业
   C. 在政治领域通过同政府的"个人联合"来实现的
   D. 直接介入或者把自己的代理人送进政府和议会

6. 国家垄断资本主义的实质是（　　）
   A. 资本主义生产关系发生了根本的变化
   B. 私人垄断资本利用国家政权，并将其作为服务其利益的手段
   C. 资本主义经济制度内的经济关系调整
   D. 资本主义生产关系的局部调整

7. 经济全球化的表现主要有（　　）
   A. 国际分工进一步深化　　　　　B. 贸易全球化
   C. 金融全球化　　　　　　　　　D. 企业生产经营全球化

8. 当代资本主义阶层和阶级结构发生的新变化有（　　）

A. 资本家的地位和作用发生很大变化

B. 知识型和服务型劳动者数量增加

C. 实现了从传统劳动方式向现代劳动方式的转变

D. 高级职业经理成为大公司经营活动的实际控制者

9. 当代资本主义政治制度的变化表现在（　　）

A. 改良主义的影响日益扩大

B. 国家行政机构的权限不断加强

C. 政治制度出现多元化的趋势

D. 重视并加强法制建设

10. 2008 年国际金融危机以来，资本主义出现的矛盾和冲突主要表现在（　　）

A. 经济发展"失调"　　　　B. 政治体制"失灵"

C. 社会融合机制"失效"　　D. 国家治理"失序"

［单项选择题答案］

1. C　2. C　3. A　4. D　5. D　6. C　7. D　8. B　9. A　10. A

［多项选择题答案］

1. AB　2. ACD　3. ACD　4. ABC　5. ABCD　6. BCD　7. ABCD　8. ABCD　9. ACD　10. ABC

（三）材料分析题

材料分析题一

材料1：国有化早在自由竞争资本主义时期就已产生。当时如矿山、港口、河道、铁路、公路等私人资本难以经营的企业和设施就已部分地转归国家所有。到了帝国主义时期，国有化有了显著的发展。但是，第二次世界大战以前，国有化大多是在战争和经济危机期间发展得较快；一旦战争结束，经济危机过去，国有化企业就会大大收缩。第二次世界大战以后，资本主义的国有化有了长足的发展，通过国有化扩大资本主义国家所有制经济，已成为垄断资本主义国家发展国家垄断资本主义的主要形式。实行国有化的主要方法是资本主义国家高价收买私人企业的产权，或由国家向私人企业投资。其形式主要有：国营、国有私营和公私合营等。

材料2：20 世纪 80 年代，法国工业国有化的程度达到了 40%，意大利为

35%，奥地利为28%，联邦德国为21%，英国为11%。

材料3：1982年，法国推行国有化除涉及基础工业和重化工业之外，还包括电子、原子能等新兴工业部门，以及纺织、造纸、建材等制造行业，甚至深入航空工程、信息技术、新材料、生物工程等高科技领域。1982年，法国国有企业在钢铁行业的比重为80%，航空运输行业为87%；在邮政、电讯、铁路运输、烟草以及煤气生产方面，国有企业的控制程度甚至高达100%；在基础化学、人造纤维、有色金属等行业，国有企业的比重也超过了50%。

思考讨论：
(1) 题目反映了资本主义生产资料所有制出现了什么样的新变化？
(2) 谈谈你对这种新变化实质的认识？

答案解析：(1) 题目反映的资本主义生产资料所有制发生新的变化，就是国家资本所有制形成并发挥重要作用。国家资本所有制指生产资料由国家占有并服务于垄断资本的所有制形式。其主要特点是，国家作为出资人，拥有国有企业的所有权和控制权。

(2) 国有制的性质随国家的性质而定。在国家垄断资本主义条件下，私人资本，特别是私人垄断资本构成社会经济的基础，它决定国家这个上层建筑只能是资产阶级国家，理想的总资本家。由于这种性质的国家实行国有化，占有生产力，毫无疑问仍旧是资本主义所有制，体现着总资本家剥削雇佣劳动者的关系。国有制企业的工人，虽不再受雇于和隶属于某一个别的或集团的资本家，但受雇于资产阶级的国家和国有企业。

材料分析题二

此段材料摘自W.E.哈拉尔，《新资本主义》，社会科学文献出版社1999年版。

据估计，当今在美国有6000家公司推行"雇员拥有股票计划"，其中包括西尔斯-罗伯克百货公司、美国电话电报公司等。"雇员拥有股票计划"在这些公司的准行，使工人们积极地经营他们的公司，产生了一种充满活力的责任感，在生产率、高质量和低成本等方面取得了巨大的成就。美国争取雇员拥有股票全国委员会对350家高技术公司所做的一项调查发现，利用雇员拥有股票计划的公司要比没有利用这种计划的公司发展快2—4倍。随着这一计划的推行，2000年，全美国有25%的雇员分享他们公司的所有权。这种迅速出现的"工人资本主义"概念也适用于相当大部分的美国经济。但是工人拥有股票不会经易转变为工人管理。有的工人股东说："我看不出有什么变化。一切都和以前一模一样。"也有的工人股东认为,在"雇员拥有股票计划"下,越是尽力干,得到的就越多。

思考讨论:

(1) 根据材料分析当代资本主义社会实行"雇员拥有股票计划"的原因。

(2) 评析工人股东的两种看法。

答案解析:(1) 随着当代科技的迅速发展,生产社会化程度的日益提高,资本主义国家为了缓和、克服资本主义基本矛盾,在资本主义制度范围内进行着生产关系的不断调整,以适应生产社会化发展的要求。"雇员拥有股票计划"的实行正是调整资本主义生产关系以适应生产社会化发展要求的一种措施。

(2) 工人股东的第一种看法主要是从当代资本主义的本质方面来看的,也就是说,这一措施并没有改变资本主义社会中资本与雇佣劳动关系的实质,仍然是剥削与被剥削的对立关系。工人拥有股票只能说明剥削锁链稍有放松,但不可能改变雇佣劳动者的阶级地位。工人股东的第二种看法看到了当代资本主义的新变化,看到了推行这一措施对经济发展的作用,这些作用主要有:使工人积极参与企业的生产管理活动,从而提高企业的生产效率;缓和了劳资冲突和分配不平等的矛盾,有利于资本家的利润得到实现,有利于资本主义经济的稳定发展。但是,这种看法忽视了资本与雇佣劳动之间关系的实质。

第六章

社会主义的发展及其规律

一、教学目的和要求

知识框架

社会主义五百年的历史进程
科学社会主义基本原则与中国特色社会主义
经济文化相对落后国家建设社会主义的长期性
社会主义发展道路的多样性
社会主义在实践中开拓前进

教学目的

本章内容为社会主义五百年的发展及其规律，要求从总体上了解社会主义五百年的发展历程，准确把握科学社会主义基本原则及其与中国特色社会主义的关系，科学把握社会主义的发展规律。

知识层面：掌握社会主义五百年的发展历程、科学社会主义基本原则、经济文化相对落后国家建设社会主义的必然性和长期性、社会主义发展道路的多样性、社会主义在实践中开拓前进的发展规律。

能力层面：运用历史唯物主义方法如历史分析法、阶级分析法，以大历史观分析世界社会主义的发展历程；运用辩证唯物主义方法论，如矛盾特殊性与普遍性原理分析科学社会主义基本原则与中国特色社会主义的关系；坚持客观规律性与主观能动性相统一，树立科学实践观，在实践中增强探索现实社会主义发展规律的能动性。

价值层面：深刻认识世界社会主义五百年发展的历程，掌握科学社会主义的基本原则，从中汲取社会主义发展历史的经验教训，增强在实践中探索社会主义发展规律、践行科学社会主义基本原则的主动性、积极性和创造性，增强对中国特色社会主义的认知和认同，坚定社会主义理想信念。

教学要求

本章围绕"社会主义的发展及其规律"这一核心问题，要求讲清楚社会主义五百年发展历程、科学社会主义基本原则；澄清经济文化相对落后国家建设社会主义的必然性和长期性，社会主义发展道路的多样性；把握社会主义在实践中开拓前进的发展规律，明确以昂扬奋进的姿态推进社会主义事业走向光明未来的现实要求。

二、重点难点导学

重点导学

1. 社会主义五百年的发展历程。在社会主义五百年的历史进程中，社会主义经历了从空想到科学、从理论到实践、从理想到现实、从一国到多国的发展，也经历了从东欧剧变到中国特色社会主义蓬勃兴起的过程。中国特色社会主义进入新时代，意味着科学社会主义在 21 世纪的中国焕发出强大生机活力。在世界上高高举起了中国特色社会主义伟大旗帜。

2. 科学社会主义基本原则的内容。科学社会主义基本原则是社会主义事业发展规律的集中体现，是马克思主义政党领导人民进行社会主义革命、建设、改革的基本遵循。无产阶级政党对待科学社会主义基本原则，必须把坚持和发展统一起来。

3. 经济文化相对落后国家建设社会主义的长期性。经济文化相对落后的国家率先进入社会主义，不可避免地会遇到一系列困难与问题，从而使这些国家的社会主义建设不能不具有长期性。

4. 社会主义发展道路的多样性。社会主义在发展过程中，由于各国国情的特殊性，社会主义的发展道路不是单一性的，而是必然呈现出多样性的特点，努力探索适合本国国情的社会主义发展道路是无产阶级执政党领导全国人民为之奋斗的神圣使命和光荣任务。

5. 社会主义在实践中开拓前进。社会主义是在实践中开拓前进、不断发展的。实践探索中出现某种曲折并不改变社会主义的前进趋势。我们要充分估计中国特色社会主义的成功实践对世界社会主义发展的意义，以自信担当、开拓奋进的姿态走向社会主义光明未来。

难点导学

1. 科学社会主义基本原则的内容、特征及其与中国特色社会主义的逻辑关系。厘清空想社会主义与科学社会主义的区别，即科学社会主义相较于空想社会主义的进步性；深刻解析东欧剧变、苏联解体的根本原因；理解科学社会主义原则是在社会主义革命和建设中得到了证实、丰富和发展的。

2. 现实中社会主义的发展特征及其规律。探究在经济文化相对落后国家建设社会主义的长期性的原因；社会主义发展道路是多样性的，因而探索符合国情的中国特色社会主义发展道路具有十分重要的意义；社会主义的实践性表现在哪些方面；社会主义的实践与个人的发展实践具有密不可分的联系。

知识融会

马克思创立了剩余价值论和唯物史观，为科学社会主义的建立奠定了理论基础。马克思主义哲学和马克思主义政治经济学是科学社会主义的两大理论前提，科学社会主义是马克思主义哲学和马克思主义政治经济学的落脚点。科学社会主义是马克思主义的精髓和实质所在，是指导无产阶级解放运动的行动科学。以唯物史观和剩余价值论作为科学社会主义的理论基础，阐明了无产阶级的历史作用和历史使命，认定生产社会化与生产资料资本主义私人占有之间的矛盾是导致资本主义社会必然灭亡、社会主义必然胜利的根本依据。无产阶级是资本主义的"掘墓人"和社会主义、共产主义的建设者，无产阶级与资产阶级的阶级对立和阶级斗争必然导致无产阶级取代资产阶级。

科学社会主义研究的是改变资本主义世界、建设社会主义世界的一般规律。这也意味着，科学社会主义所研究的不仅是社会主义世界，而且还有资本主义社会，它是以资本主义社会和社会主义社会这两个社会形态作为研究客体。在唯物史观中，马克思论证了社会存在决定社会意识，生产力决定生产关系，经济基础决定上层建筑；同时指明了社会意识、生产关系与上层建筑又有重大的反作用，生产力的进步是人类社会发展的根本动力，阶级斗争是阶级社会发展的重要推力。这些唯物史观的基本原理是马克思、恩格斯研究无产阶级解放和全人类解放这一主题的基点。他们进而运用唯物史观的基本原理，将研究视域聚焦于资本主义社会，尤其是注重研究资本主义社会的经济发展规律，发现了剩余价值，也揭开了资本主义剥削的秘密，论证了社会化大生产与资本主义私有制的矛盾，指明了资本主义发展到社会主义的历史必然性。

三、案例解析

案例 1

共产主义就是苏维埃政权加全国电气化

列宁在全俄苏维埃第八次代表大会上指出:"共产主义就是苏维埃政权加全国电气化,不然我国仍然是一个小农国家,这一点我们必须清楚地认识到。我们不仅在世界范围内比资本主义弱,在国内也比资本主义弱。这是大家都知道的。我们已经认识到这一点,并且一定要努力把经济基础从小农的变成大工业的。只有当国家实现了电气化,为工业、农业和运输业打下了现代大工业的技术基础的时候,我们才能彻底取得胜利。"

这是列宁在1920年1月读了苏维埃国务活动家和科学家格·马·克尔日扎诺夫斯基写的《工业电气化的任务》一文后提出来的。列宁对这篇文章大加赞赏,并立即写信让克尔日扎诺夫斯基拟出一个"电气化"的方案。随后,在列宁的倡议和领导下,苏维埃政权于1920年组织两百多名科学技术专家,制定了争取在十至二十年内实现全国电气化的计划。

全国电气化计划就是在电气化基础上实现国家工业化的计划。列宁非常重视全俄电气化的计划工作,他把俄罗斯国家电气化委员会制定的《俄罗斯苏维埃社会主义共和国电气化计划》称为第二个党纲,认为这是一个将俄国转到共产主义所必需的经济基础的伟大的经济计划。针对苏维埃俄国当时仍是小农国家的特点,列宁指出,只有当国家实现电气化,为工业、农业和运输业打下现代大工业的技术基础的时候,无产阶级才能取得最后的胜利,否则就不能彻底战胜资本主义,并最终实现共产主义。正是在这个意义上,列宁提出了"共产主义就是苏维埃政权加全国电气化"这一著名公式。

思考讨论:
1. 列宁为什么重视工业电气化?
2. 列宁共产主义公式的理论意义是什么?

案例点评:

这一案例引用了列宁对关于什么是共产主义而提出的一个重要公式,可用于第六章第一节中"社会主义在苏联一国的实践"的教学。十月革命夺取政权以后,发展生产力摆在了首要的位置,列宁的话就是体现了要发展生产力的愿望。面对俄国落后的发展现状,列宁强调,实现全俄电气化是建立社会主义物质基础的真正需要,是改变俄国贫穷落后面貌的根本出路,是最终战胜资本主义的重要基础。因此,只有有了技术,只有在农业中大规模地使用拖拉机和机器,只有大规模地实行电气化,才能解决经济落后这个问题。

在马克思主义看来,生产力是社会发展的最终决定力量,新社会取代旧社会,最终只能靠新社会在发展生产力方面取得优势。共产主义社会作为人类社会的最高发展阶段,必须要有高度发达的生产力水平,马克思主义经典作家所展望的共产主义社会,正是生产力高度发达的社会。

在列宁的这个公式中,电气化实际上是指当时苏维埃俄国建设社会主义必须建立的物质技术基础。强调只有建立起这个物质技术基础,并在这个基础上取得比资本主义更发达的生产力才能最终战胜资本主义。在当代,世界经济发展一日千里,社会主义建设的物质基础也必须紧跟世界的最新水平。这个公式的精髓在于说明了取得高度发达的生产力对于共产主义最终取得胜利的意义。

案例2

中国共产党百年辉煌与中国现代化(节选)[①]

中国共产党自成立之日起就把实现中华民族伟大复兴作为自己的历史使命,不懈探索中国现代化道路、推进中国现代化事业。中国共产党的百年辉煌,深刻体现在中国特色社会主义现代化建设的宏伟事业上;中国特色社会主义现代化建设的伟大成就,深深镌刻在中国共产党百年奋进的光辉史册中。

为中国现代化奠定根本政治前提和制度基础

鸦片战争之后,由于西方列强的入侵,由于封建统治的腐败,中国山河破碎、战乱不已,人民饥寒交迫、备受奴役。无数仁人志士进行了艰难探索,为民族振兴不懈奋斗、为国家现代化奔走呐喊。1921年,中国共产党应运而生。这是近现代中国历史发展的必然,是中国人民在救亡图存斗争中顽强求索的必然。从此,中国人民谋求民族独立、人民解放和国家富强、人民幸福的斗争就有了主心骨,中国人民就从精神上由被动转为主动。

近代以来,中国人民面临着争取民族独立、人民解放和实现国家繁荣富强、人民共同富裕两大历史任务。中国共产党团结带领人民为实现这两大历史任务而不懈奋斗。在党的七届二中全会上,毛泽东同志提出:"在革命胜利以后,迅速地恢复和发展生产,对付国外的帝国主义,使中国稳步地由农业国转变为工

---

① 顾海良.中国共产党百年辉煌与中国现代化 [N].人民日报,2021-04-22(09).

业国,把中国建设成一个伟大的社会主义国家。"

新中国成立后,中国共产党创造性地完成由新民主主义到社会主义的过渡,确立了社会主义基本制度,完成了中华民族有史以来最为广泛而深刻的社会变革,为当代中国一切发展进步奠定了根本政治前提和制度基础,开启了在社会主义道路上进行现代化建设的历史征程。

走出一条中国式的现代化道路

党的十一届三中全会拉开了改革开放的大幕。中国共产党带领全党全国各族人民在新的历史时期探索中国式的现代化道路,提出"三步走"战略目标,我国现代化建设取得了巨大成就。

在中国特色社会主义实践探索中,邓小平同志提出:"现在搞建设,也要适合中国情况,走出一条中国式的现代化道路。""我们摆在第一位的任务是在本世纪末实现现代化的一个初步目标,这就是达到小康的水平。""这个小康社会,叫作中国式的现代化。"这些重要论述,深刻阐明了中国现代化的内涵,生动概括了中国现代化的特征,是我们党在新的历史时期对现代化建设理论和实践认识的升华。"中国式的现代化"与"小康社会"建设有机统一、相互促进,深化了我国现代化建设的战略规划、发展步骤和阶段目标,彰显了中国共产党领导中国现代化进程的思想境界。

20世纪80年代初,我们党提出经济建设"三步走"战略,规划了从"解决人民的温饱问题"到"人民生活达到小康水平"再到"人民生活比较富裕,基本实现现代化"的发展步骤。这成为我国制定经济社会发展规划的重要指导思想,成为接续推进"中国式的现代化"的路标。在"三步走"战略的前两步目标基本实现时,党的十五大对"三步走"战略进一步具体化,提出在21世纪第一个10年,"使人民的小康生活更加宽裕,形成比较完善的社会主义市场经济体制";再经过10年的努力,到中国共产党成立100年时,"使国民经济更加发展,各项制度更加完善";到21世纪中叶中华人民共和国成立100年时,"基本实现现代化,建成富强民主文明的社会主义国家";并强调社会主义初级阶段"是逐步摆脱不发达状态,基本实现社会主义现代化的历史阶段""是逐步缩小同世界先进水平的差距,在社会主义基础上实现中华民族伟大复兴的历史阶段"。

"中国式的现代化"与"两个一百年"奋斗目标和中华民族伟大复兴相结合的宏伟蓝图,丰富了社会主义现代化的内涵,彰显了中国共产党对社会主义现代化道路认识的深化。立足中国国情,中国共产党带领中国人民开辟和拓展了中国特色社会主义道路,从社会主义初级阶段的实际出发,把我国社会主义现代化建设的目标具体化为切实可行的战略步骤，体现了坚持远大目标与实事求是的统一，体现了推动经济发展、社会进步、人民生活水平提高和实现社会主义本质要求的统一。

全面建成小康社会、乘势而上开启全面建设社会主义现代化国家新征程

党的十八大以来，以习近平同志为核心的党中央团结带领全党全国各族人民，统揽伟大斗争、伟大工程、伟大事业、伟大梦想，对习近平新时代中国特色社会主义发展做出战略安排，推动党和国家事业取得历史性成就、发生历史性变革。在迎来中国共产党成立100周年的重要时刻，我国脱贫攻坚战取得全面胜利，全面建成小康社会取得伟大历史性成就，开启了全面建设社会主义现代化国家新征程。

提出建设社会主义现代化强国的奋斗目标。进入新时代，我国社会主要矛盾已经转化为人民日益增长的美好生活需要和不平衡不充分的发展之间的矛盾。解决好发展不平衡不充分问题，必须统筹推进"五位一体"总体布局、协调推进"四个全面"战略布局，大力提升发展质量和效益，更好满足人民在经济、政治、文化、社会、生态等方面日益增长的需要，更好推动人的全面发展、社会全面进步。党的十九大报告强调，要"以经济建设为中心，坚持四项基本原则，坚持改革开放，自力更生，艰苦创业，为把我国建设成为富强民主文明和谐美丽的社会主义现代化强国而奋斗"。社会主义现代化强国的奋斗目标与"五位一体"总体布局相统一、相对应，进一步丰富了党的基本路线的目标内涵。

提出推进国家治理体系和治理能力现代化的目标。党的十八届三中全会提出了全面深化改革的总目标，就是完善和发展中国特色社会主义制度、推进国家治理体系和治理能力现代化。这是我们党的一个重大理论创新。习近平总书记指出："在邓小平同志战略思想的基础上，提出要推进国家治理体系和治理能力现代化。这是完善和发展中国特色社会主义制度的必然要求，是实现社会主义现代化的应有之义。"

对实现第二个百年奋斗目标做出分两个阶段推进的战略安排。习近平总书记在党的十九大报告中提出："我们既要全面建成小康社会、实现第一个百年奋斗目标，又要乘势而上开启全面建设社会主义现代化国家新征程，向第二个百年奋斗目标进军。"从2020年到21世纪中叶可以分两个阶段来安排：从2020年到2035年"基本实现社会主义现代化"；从2035年到21世纪中叶"建成富强民主文明和谐美丽的社会主义现代化强国"。这一战略安排，完整勾画出我国社会主义现代化建设的时间表、路线图，不仅把基本实现社会主义现代化的时间提前了15年，而且提升了第二个百年奋斗目标的内涵和要求，从我国实际出发

提出了更加振奋人心的发展目标。

思考讨论：
1. 为什么社会主义能够在中国焕发出强大生机活力？
2. 中国特色社会主义的世界意义表现在哪些方面？

案例点评：

本案例梳理了中国共产党领导中国现代化道路的发展历程，可以用于第六章"社会主义在中国焕发出强大生机活力"和"社会主义在实践中开拓前进"内容的教学。

作为一个人口约占人类五分之一的超大规模国家，中国的社会主义现代化道路无先例可循。同既有的一些现代化模式相比，中国的现代化道路没有对外侵略和扩张、没有在海外建立殖民地、没有牺牲他国利益、没有掠夺海外资源、没有建立自己的势力范围，完全是在坚持社会主义基本原则的基础上，通过自身改革创新，探索出在实现自身发展的同时，与外部世界保持合作共赢、共同发展的一种新型现代化模式。这条道路迥然有别于近代以来一些国家通过海外殖民和扩张实现现代化的模式，既对世界和平发展做出了贡献，也为其他想要加快发展的国家提供了新的参考和借鉴。

中国特色社会主义的伟大实践和历史性成就，生动回答了经济文化落后的国家要实现什么样的现代化以及如何实现现代化的重大理论和现实问题，向世人展示了与西方不一样的现代化，为广大发展中国家提供了可资借鉴的样板。这种现代化体现出四个方面的鲜明特征。

一是以国家独立自强为基础。新中国成立后，中国共产党团结带领人民独立自主探索社会主义建设道路，虽然走过一段弯路，但是在维护国家主权独立与安全、确立社会主义基本制度、建立完整的工业和国防体系、秉持和平共处五项原则拓展国际空间方面取得了伟大成就。改革开放以来，中国共产党继续团结带领人民顺应时代潮流，主动融入国际经济体系，进行新的伟大革命，破除阻碍国家和民族发展的一切思想和体制障碍，开辟中国特色社会主义道路，建立并不断完善社会主义市场经济，大力推动科技创新，进一步保障了主权、治权和发展权的独立，奏响了从站起来、富起来到强起来的"三部曲"。

二是以"为人民谋幸福"为使命。在理念上，从"人民当家作主"到"全心全意为人民服务"，从"全面建成小康社会"到"人民对美好生活的向往就是我们的奋斗目标"，以人民为中心的发展思想始终是中国特色社会主义的鲜明特色。在实践中，中国共产党作为中国特色社会主义的领导者，始终把维护好、发展好人民的根本利益作为一切工作的出发点，让人民共享现代化成果。这与

"绝大多数人服务少数人""1%民有、1%民治、1%民享"的资本主义现代化有着本质区别。

三是善用和节制资本。中国特色社会主义兼顾效率与公平，实现了社会主义制度与市场经济、公有制经济与其他多种所有制经济、按劳分配与按生产要素分配的有机结合。一方面，严厉打击官商勾结和腐败寻租，把权力关进制度的笼子，防止其对市场规则的干扰破坏，有效利用资本，使市场在资源配置中起决定性作用；另一方面，提升国家和政府的宏观调控能力，大力规范市场，制约资本逐利性，防止资本及其衍生品对政治、社会和文化领域的负面影响。

四是坚持人与自然和谐共生。中国特色社会主义继承了天人合一、和合共生等中华传统哲学理念，并以马克思主义关于人的自由全面发展思想为指导，倡导人与人、人与社会、人与自然和谐共生。从"又快又好发展"到科学发展观再到新发展理念，中国特色社会主义超越了掠夺自然和浪费资源的发展思路，树立了绿水青山就是金山银山的发展理念，形成了绿色发展方式和生活方式，使中国成为全球生态文明建设的重要贡献者和引领者。

概言之，中国特色社会主义逐步打破了近代以来西方国家对现代化话语权的垄断，形成了包容与公正的现代化道路，使现代化不再建立在扩张领土、奴役他国的基础之上，为广大发展中国家保持独立性与开放性的平衡、迅速摆脱在世界体系中的边缘地位，做出了表率、提供了借鉴。

四、知识拓展

（一）背景知识

1. 19世纪初期的空想社会主义代表人物：圣西门、傅立叶、欧文

圣西门

克劳德·昂利·德·卢夫罗阿·圣西门是19世纪初期法国杰出的空想社会主义者。他的一生经历了从"查理大帝的后裔"到"工人阶级的代言人"的曲折转变。1760年10月17日，圣西门出生在巴黎一个旧式贵族家庭。父亲巴尔塔·昂利·圣西门是伯爵，母亲出身于法国北部皮卡迪圣西门家族。圣西门和路易十四时期著名的圣西门公爵同族，家谱可以追溯到查理大帝。圣西门在《生平自述》中曾宣称："我是查理大帝的后裔，圣西门公爵的嫡亲。"

圣西门最具有代表性的成熟著作差不多都是在19世纪20年代上半期发表的。《论实业制度》出版于1821年。他在这本书中论证了实业制度代替现存社会制度的必要性和必然性，阐明了实业制度的内容。1823年3月9日，圣西门

曾经一度意志消沉而举枪自杀，虽侥幸未死，但造成了右目失明。此后，他很快摆脱了意志消沉的状态，重新振作起来，继续从事写作。《实业家问答》就是他在自杀未遂后写的第一部著作。《实业家问答》出版于 1823—1824 年，这部著作是《论实业制度》的继续和发展。全书共分四册，以问答形式阐述了实业制度学说。其中第三册是他的学生孔德执笔的，圣西门写了序言。

1825 年 5 月 19 日，圣西门逝世，终年 65 岁。圣西门的思想丰富，目光远大，为后来的社会主义者留下了一份丰厚的思想材料。恩格斯高度评价说："在圣西门那里发现了天才的远大眼光，由于他有这种眼光，后来的社会主义者的几乎所有并非严格意义上的经济学的思想都以萌芽状态包含在他的思想中。"

傅立叶

沙利·傅立叶，19 世纪初期法国伟大的空想社会主义者。傅立叶于 1772 年 4 月 7 日诞生在法国东部贝桑松的一个呢绒富商家庭中。他的父亲曾担任过当地的商业法庭庭长。母亲家也是富商，舅父还有贵族称号。在这种家庭环境中成长起来的傅立叶，严重地受到资产阶级思想的影响。傅立叶在家乡接受中等教育，他喜爱几何、物理、数学、音乐、诗歌等学科，尤其喜爱数学的精确性、艺术的表现力和讽刺的尖锐性。

1803 年，傅立叶第一次公布自己的思想。在这一年他发表了重要论文《全世界和谐》，在这篇论文中，傅立叶指出了现存的文明制度是不合理和不公正的，它并不是人类的最后命运，它将被和谐制度所代替。这篇文章标志着傅立叶的空想社会主义已经初步形成。同年，他还发表了致政府的公开信，宣告文明制度即将崩溃；和谐制度即将来临。从 1803 年到 1807 年，是傅立叶学说一个重要的发展时期。他写下了大量手稿，后来由他的学生整理发表。

1808 年，傅立叶匿名发表了重要的理论著作《关于四种运动和普遍命运的理论》，简称《四种运动论》。《四种运动论》分为三个部分，分别论述了哲学和社会问题、和谐制度问题、现存社会制度问题。按照傅立叶的计划，这部著作只是他构思中的六卷本巨著的一个绪论。《四种运动论》一书文字比较晦涩，结构比较零乱。傅立叶后来也说，这部著作确实有"很多的错误"，包括"很离奇古怪的片段"，甚至还有"完全无稽之谈"。但是，这部著作系统地阐述了傅立叶的世界观和历史观，批判了资本主义制度，提出了对未来社会的主张，标志着傅立叶空想社会主义的产生。

傅立叶于 1837 年 10 月 10 日逝世。参加追悼会的除了傅立叶的学生和知识界人士以外，还有一些工人群众。傅立叶的墓石上刻着"沙利·傅立叶之墓：谢利叶分配和谐引力与天竞相适应"字样，以纪念他建树的主要理论。

欧文

罗伯特·欧文（1771—1858）是19世纪初叶英国伟大的空想社会主义者，空想共产主义的实践家。马克思和恩格斯称欧文是英国共产主义的代表，"社会主义者运动的创始人"。

欧文在无产阶级中进行了30年的活动，成为英国工人运动的领导者。在这些活动中，欧文在一定程度上看到了无产阶级的力量和作用。他认为无产阶级"为社会创造着一切财富和一切知识"，却处于社会的最下层，最受剥削和压迫。他坚信，无产阶级"将成为所有等级中最有力量的等级"，他们的解放是不可阻挡的。他力图把改造现实社会和工人运动联系起来，并取得了一定的成绩。正如恩格斯所说："当时英国的有利于工人的一切社会运动、一切实际进步，都是和欧文的名字联在一起的。"

1839年，欧文发表了《论婚姻、宗教和私有财产》，进一步批判现存制度。同年，欧文和他的学生们在英格兰汉普郡金伍德组织了一个示范性公社，名为"协和大厦"或"皇后林新村"，坚持5年的共产主义试验，后来又失败。恩格斯在批判杜林时还曾说过："欧文不仅宣传了'明确的共产主义'，而且还在汉普郡的'和谐大厦'这一移民区实行了为期5年（19世纪30年代末和40年代初）的共产主义，那里的共产主义就其明确性来说是没有什么可挑剔的。"1845年，欧文到美国，在纽约召开了国际社会主义者大会，但没有多大影响。1848年欧洲革命期间，欧文在巴黎印发许多小册子，仍宣传自己和平改造社会的主张，对工人群众起了麻醉的作用。次年，欧文出版了《人类思想和实践中的革命》，概述了他以前的思想，包括哲学和社会历史观点、新拉纳克的实践经验、向理想社会过渡的措施等。欧文还继承了温斯坦莱、摩莱里等通过拟订法律条文规定未来社会原则的形式，在这本书中拟订了《以不变的自然法为基础的普遍适用的理性宪法》。欧文不仅制定了法的条文，在每一条立法下还论述了本条的立法理由。马克思认为这是"一本非常重要的著作……欧文在这本书中对自己的全部学说作了简要概述"。

欧文始终没有找到实现共产主义的正确道路，但是，他对于解放无产阶级的信念坚定不移。在晚年仍积极参加社会活动，宣传共产主义理论。1851年5月18日，欧文在伦敦约翰街为庆祝他的八十诞辰发表讲演，马克思曾出席聆听了欧文的演讲。1858年11月初，他在于利物浦召开的全国社会科学促进协会代表大会上做报告。他的报告还没有讲完，身体就不能支持了。

1858年11月17日，欧文在故乡纽汤镇逝世，终年87岁。

资料来源：王伟光. 社会主义通史：第1卷 [M]. 北京：人民出版社，

2011: 305-315.

2. 马克思、恩格斯对巴黎公社革命经验的总结

巴黎公社革命发生后,马克思恩格斯就密切关注革命的发展进程。4月18日,马克思就向第一国际建议就巴黎公社革命问题发表一篇宣言。总委员会决定委托马克思起草这篇宣言。马克思根据搜集到的有关公社的情况,很快写出了《法兰西内战》的初稿和二稿。接着便着手进行定稿工作。5月30日,即巴黎公社失败后的第二天,总委员会一致通过了马克思所写的《法兰西内战》,第一国际的宣言定稿。1891年,恩格斯为20年前马克思所著的《法兰西内战》写了导言,对此书做了重要的补充,在此书上做了发挥。此外,马克思、恩格斯还在不同的场合写了大量的文献,对巴黎公社革命做了许多重要的论述。《法兰西内战》及其他的文献揭露了法国资产阶级的反革命嘴脸,用事实粉碎了国际资产阶级对巴黎公社的诬蔑,全面论述了巴黎无产阶级所创造的丰功伟绩,深刻总结了巴黎公社革命的经验教训,丰富和发展了科学社会主义的理论。

（1）无产阶级不能掌握现存的国家机器并运用它来达到自己的目的

马克思、恩格斯关于无产阶级必须通过暴力革命打碎旧的反动的国家机器的思想萌芽在《共产党宣言》中已经有了。在总结1848年欧洲革命的经验时,他们又进一步阐述了这个问题,根据巴黎公社革命的经验,马克思进一步得出结论说：无产阶级不能掌握现存的国家机器并运用它来达到自己的目的。这是马克思、恩格斯在总结巴黎公社革命经验教训时得出的一个最重要的结论。他们把这一结论写进了《共产党宣言》1872年德文版序言,作为对《共产党宣言》的重要补充。马克思总结的巴黎公社革命的这一重要经验主要有两层意思：

第一,无产阶级必须通过革命暴力打碎资产阶级反动的国家机器。在总结欧洲1848年革命经验时,马克思根据法国大革命以来国家政权演变的历史曾指出,无产阶级必须打碎旧的国家机器。巴黎公社革命后,马克思对这个问题又有进一步的阐述和发挥。马克思认为,资产阶级的国家机器只能由无产阶级革命予以打碎。他说："巴黎工人阶级所必须打倒的就是国家政权这种最后的和最低贱的形式,它的最高级的也是最低劣的现实,而且也只有这个阶级能够使社会摆脱它。"

无产阶级为什么要用暴力打碎资产阶级国家机器呢？因为资产阶级反动的国家机器本身就是镇压无产阶级和广大人民群众的暴力工具,是奴役人民群众的工具。反革命暴力只能用革命暴力来摧毁。奴役他们的政治工具不能当作解放他们的政治工具来使用。马克思在讲打碎旧的国家机器时是指打碎旧的国家的反动机器,而不是它的合理的社会职能。他说："旧政府权力的纯粹压迫机关

应该铲除，而旧政府权力的合理职能应该从妄图驾于社会之上的权力那里夺取过来，交给社会负责的公仆。"

第二，必须用无产阶级专政的国家来代替被打碎的旧的国家机器。过去，马克思、恩格斯提出无产阶级要用暴力革命推翻资产阶级而建立自己的统治。但是，用什么样的国家形式来代替被打碎的旧的国家机器呢？他们没有明确回答。巴黎公社革命提供了这方面的经验。马克思说："这次革命的新的特点还在于人民组成了公社，从而把他们这次革命的真正领导权握在自己手中，同时找到了在革命胜利时把这一权力保持在人民自己手中的办法，即用他们自己的政府机器去代替统治阶级的国家机器、政府机器。"马克思认为，公社的真正秘密在于：它实质上是工人阶级的政府，是生产者阶级和占有者阶级斗争的结果，是终于发现的、可以使劳动在经济上获得解放的政治形式。

……

（2）从资本主义向共产主义过渡是一个长期的过程

在《共产党宣言》中，马克思、恩格斯曾指出，无产阶级夺取国家政权后的任务是进行生产资料所有制的改造，尽快发展生产力，经过一段时间的发展，当阶级和阶级差别消失后，公众的权力就失去政治性质。他们在总结欧洲1848年革命经验时又指出，无产阶级专政不过是达到消灭一切阶级和进入无阶级社会的过渡，实际上提出了过渡时期的思想。马克思在总结巴黎公社革命经验时，进一步丰富和发展了过渡时期的思想，认为从资本主义社会过渡到共产主义社会是一个长期发展的过程。马克思指出："为了谋求自己的解放，并同时创造出现代社会在本身经济因素作用下不可遏制地向其趋归的那种更高形式，他们必须经过长期的斗争，必须经过一系列将把环境和人都加以改造的历史过程。"为什么需要这个长期过程呢？因为"以自由的联合的劳动条件去代替劳动受奴役的经济条件，只能随着时间的推进而逐步完成（这是经济改造）；他们不仅需要改变分配，而且需要一种新的生产组织……还需要在全国范围内和国际范围内进行协调的合作。……这一革新的事业将不断地受到既得利益和阶级自私心理的抗拒，因而被延缓、被阻挠。……目前'资本和地产的自然规律的自发作用'只有经过新条件的漫长发展过程才能被'自由的、联合的劳动的社会经济规律的自发作用'所代替，正如过去'奴隶制经济规律的自发作用'和'农奴制经济规律的自发作用'之被代替一样。"

（3）无产阶级必须同农民结成巩固的联盟，才能取得革命的胜利

无产阶级的同盟军问题是无产阶级革命成败的关键问题之一。马克思、恩格斯在总结欧洲1848年革命经验时，就阐明了工农联盟问题的重要性。在巴黎

公社革命期间，由于公社领导开始对联合农民的重要性认识不足，后来又由于敌人的包围，公社未能做到有效地向农民宣传自己的主张，未能充分地实现自己的纲领，因而各省农民没有能够及时行动起来以支持巴黎公社的革命。马克思说，如果公社的巴黎同外省自由交往起来，那么不出三个月就会爆发普遍的农民起义。那时，巴黎公社革命将会是另一种景象。正因为如此，梯也尔政府加紧对巴黎实施封锁，防止巴黎同外省联系。由于没有农民运动的支持，巴黎公社革命最后失败了。巴黎公社的经验又一次证明，无产阶级如果不与广大城乡劳动者，尤其是农民结成巩固的联盟，要取得无产阶级革命的胜利是不可能的，胜利后要巩固胜利也是不可能的。

（4）无产阶级政党的正确领导是无产阶级革命胜利的根本

保证巴黎公社革命失败的一个最重要的原因就是当时没有一个以马克思主义理论为指导的成功的无产阶级政党的领导。当时的公社委员分为多数派和少数派。多数派是布朗基主义者，他们在国民自卫军中央委员会中也占统治地位；少数派是国际工人协会会员，他们多半是蒲鲁东社会主义学派的信徒。那时，绝大多数布朗基主义者不过凭着无产阶级的革命本能才是社会主义者；这两个派别都不信奉马克思主义，他们虽然都宣称自己是社会主义者，但实际上都是小资产阶级社会主义者。尽管他们在巴黎公社期间，凭着无产阶级的革命本能采取了一些违背他们信条的正确措施，但在政治上、组织上他们都不能保持一致，甚至还闹分裂。布朗基派主张建立少数人的强有力的专政，而蒲鲁东派则主张尽可能地实行自治，反对集中和专政。5月1日，当公社决定成立由5人组成的拥有最广泛权力的民众救亡委员会时，两派就发生了严重的分歧。公社委员会中属于蒲鲁东派的22名委员认为这样做是独裁，因而投了反对票，随后他们登报声明退出公社，并在报纸上指责布朗基派是叛徒，应该处以死刑。布朗基派则从许多重要岗位上用自己的人换上了蒲鲁东派的成员，甚至撇开公社委员会而在自己的派系会议上擅自决定重大问题。他们在报纸上斥责蒲鲁东派为懦夫、逃兵，并建议把他们交付法庭审判和枪毙。在面对强大的敌人包围的情况下，领导集团中这种分裂行为不可避免地削弱了自己的力量。根据巴黎公社的教训，马克思、恩格斯强调指出："无产阶级在反对有产阶级联合力量的斗争中，只有把自身组织成为与有产阶级建立的一切旧政党不同的相对立的独立政党，才能作为一个阶级来行动。"无产阶级这样组织成为政党是必要的，为的是保证社会革命获得胜利和实现这一革命的最终目标——消灭阶级。这一条后来补充到了《国际工人协会共同章程》中。巴黎公社革命后，欧美许多国家的无产阶级为建立独立的政党而斗争。此外，马克思、恩格斯还高度重视巴黎公社所体现出来的无产阶级国际主义精神等。

资料来源：王伟光. 社会主义通史：第2卷［M］. 北京：人民出版社，2011：194-201.

3. 社会主义的五百年历程及其现实启示

通过梳理社会主义五百年波澜壮阔、跌宕起伏的历史进程，不难发现社会主义一路走来，既有高歌猛进，又有坎坷曲折。"以史为鉴，可以知兴替。"社会主义五百年的发展中，留下了许多极其珍贵的经验与教训，学习社会主义的发展历史，就是要看清人类历史发展的大趋势，顺应历史潮流，把中国特色社会主义推向前进。

（1）社会主义是源远流长的历史性现象，要用贯通性视野和历史性思维来观察和思考社会主义的根源和脉络。从社会主义五百年的历程可以看到，社会主义是一种源远流长的历史性现象。它不是现在和近期才有的，而是已经有了5个多世纪的绵延和演化。认识到这一点，有助于我们打开自己的历史视野，从大历史观中看清楚社会主义运动在人类历史长河中的地位，从而进一步看清楚中国特色社会主义的历史方位。由于长期以来我们在宣传教育中着重强调社会主义的科学性和现代性，着重从马克思主义诞生起讲授社会主义，因而使有的人产生一种错误的印象，似乎认为社会主义只有很短暂的历史，是很不成熟的现象，其实不然。社会主义源远流长，它的根深深地扎在人类历史的深处。因此，我们在看待和思考社会主义时，要有大的历史视野，要运用历史思维加以把握。这就有助于我们更系统全面地认识社会主义，从人类历史中找到社会主义的根和脉，坚定我们的社会主义和共产主义理想信念。

（2）社会主义是浩浩荡荡的世界性潮流，要用世界性眼光和战略性思维来观察和把握社会主义的影响和大势。从社会主义在五百年历史发展中波及的范围来看，它是一种全球性的现象和世界性的潮流。它并不只是某一个或几个国家的事情，而是扩展到多个国家甚至全世界。只要找一本介绍世界社会主义的书，就可以看到社会主义不只是在欧洲国家，而且在亚非拉国家都有表现和回响。不仅社会主义国家在进行探索，而且一些非社会主义国家中的共产党也在进行社会主义探索。由此出现的社会主义思潮、流派和实践探索是数目繁多的。这绝不是偶然的，因为社会主义就其性质和使命而言，本身就是世界性的，是属于全人类的。这就表明社会主义不是离开人类文明大道的个别现象，而是人类历史发展中具有广泛性和普遍性的现象，是一种浩浩荡荡的世界性潮流。这样的全球性现象，无疑比单个民族或国家范围内的现象具有更大的影响力，也体现出更显著的历史必然性。我们要打开眼界看待社会主义，看到社会主义的世界性存在和影响。

（3）社会主义是在曲折中发展、在实践中开拓的现实性运动，要用发展的眼光和辩证的思维来观察和把握社会主义的前途和命运。从社会主义五百年的进程看，它并不是一帆风顺的，而是具有曲折性，是在曲折中不断前进的。一定曲折的发生，既有主观的原因，也有时代条件的局限，是无法完全避免的。不论哪一个社会主义国家，在探索自己的建设道路的过程中，都可能出现一定的失误，包括我们自己也出现过严重的失误。而且在特定的国际条件下，甚至会发生像东欧剧变、苏联解体那样的世界性重大挫折，使世界社会主义陷入低潮。但是，我们要用辩证的思维和发展的眼光来看待世界社会主义。要看到，五百年来不论社会主义遇到过怎样的困难和障碍，都没有阻挡住社会主义的发展；不论道路如何曲折，社会主义仍然在实践中开拓前进。东欧剧变后，虽然社会主义国家的数量减少了，但世界社会主义运动并没有止步，而是逐渐从低潮中苏醒过来，重新恢复并集聚自己的力量，呈现出某种复兴的态势。特别是中国特色社会主义的辉煌，使人们看到了社会主义的希望。

（二）经典文论

1. 马克思、恩格斯：批判的空想的社会主义和共产主义[1]

在这里，我们不谈在现代一切大革命中表达过无产阶级要求的文献（巴贝夫等人的著作）。

无产阶级在普遍激动的时代、在推翻封建社会的时期直接实现自己阶级利益的最初尝试，都不可避免地遭到了失败，这是由于当时无产阶级本身还不够发展，由于无产阶级解放的物质条件还没有具备，这些条件只是资产阶级时代的产物。随着这些早期的无产阶级运动而出现的革命文献，就其内容来说必然是反动的。这种文献倡导普遍的禁欲主义和粗陋的平均主义。

本来意义的社会主义和共产主义的体系，圣西门、傅立叶、欧文等人的体系，是在无产阶级和资产阶级之间的斗争还不发展的最初时期出现的。关于这个时期，我们在前面已经叙述过了（见《资产阶级和无产阶级》）。

诚然，这些体系的发明家看到了阶级的对立，以及占统治地位的社会本身中的瓦解因素的作用。但是，他们看不到无产阶级方面的任何历史主动性，看不到它所特有的任何政治运动。

由于阶级对立的发展是同工业的发展步调一致的，所以这些发明家也不可

---

[1] 马克思，恩格斯. 马克思恩格斯选集：第1卷 [M]. 北京：人民出版社，2012：430-433.

能看到无产阶级解放的物质条件，于是他们就去探求某种社会科学、社会规律，以便创造这些条件。

社会的活动要由他们个人的发明活动来代替，解放的历史条件要由幻想的条件来代替，无产阶级的逐步组织成为阶级要由一种特意设计出来的社会组织来代替。在他们看来，今后的世界历史不过是宣传和实施他们的社会计划。

诚然，他们也意识到，他们的计划主要是代表工人阶级这一受苦最深的阶级的利益。在他们的心目中，无产阶级只是一个受苦最深的阶级。

但是，由于阶级斗争不发展，由于他们本身的生活状况，他们就以为自己是高高超乎这种阶级对立之上的。他们要改善社会一切成员的生活状况，甚至生活最优裕的成员也包括在内。因此，他们总是不加区别地向整个社会呼吁，而且主要是向统治阶级呼吁。他们以为，人们只要理解他们的体系，就会承认这种体系是最美好的社会的最美好的计划。

因此，他们拒绝一切政治行动，特别是一切革命行动；他们想通过和平的途径达到自己的目的，并且企图通过一些小型的、当然不会成功的试验，通过示范的力量来为新的社会福音开辟道路。

这种对未来社会的幻想的描绘，在无产阶级还很不发展，因而对本身的地位的认识还基于幻想的时候，是同无产阶级对社会普遍改造的最初的本能的渴望相适应的。

但是，这些社会主义和共产主义的著作也含有批判的成分。这些著作抨击现存社会的全部基础。因此，它们提供了启发工人觉悟的极为宝贵的材料。它们关于未来社会的积极的主张，例如消灭城乡对立、消灭家庭、消灭私人营利、消灭雇佣劳动、提倡社会和谐、把国家变成纯粹的生产管理机构——所有这些主张都只是表明要消灭阶级对立，而这种阶级对立在当时刚刚开始发展，它们所知道的只是这种对立的早期的、不明显的、不确定的形式。因此，这些主张本身还带有纯粹空想的性质。

批判的空想的社会主义和共产主义的意义，是同历史的发展成反比的。阶级斗争越发展和越具有确定的形式，这种超乎阶级斗争的幻想，这种反对阶级斗争的幻想，就越失去任何实践意义和任何理论根据。所以，虽然这些体系的创始人在许多方面是革命的，但是他们的信徒总是组成一些反动的宗派。这些信徒无视无产阶级的历史进展，还是死守着老师们的旧观点。因此，他们一贯企图削弱阶级斗争，调和对立。他们还总是梦想用试验的办法来实现自己的社会空想，创办单个的法伦斯泰尔，建立国内移民区，创立小伊加利亚，即袖珍版的新耶路撒冷。而为了建造这一切空中楼阁，他们就不得不呼吁资产阶级发善心和慷慨解囊。他们逐渐地堕落到上述反动的或保守的社会主义者的一伙中去了。所不同的只是他们更加系统地卖弄学问，狂热地迷信自己那一套社会科学的奇功异效。

因此，他们激烈地反对工人的一切政治运动，认为这种运动只是由于盲目地不相信新福音才发生的。

在英国，有欧文派反对宪章派，在法国，有傅立叶派反对改革派。

2. 马克思：公社（社会措施）①

巴黎工人发动了目前这次革命，并且以英勇的自我牺牲精神承受着这场战斗带来的主要打击——这并不是新鲜事。这是历次法国革命的突出特点！这只是往事的重复！革命以人民群众的名义，并且是公开为着人民群众即生产者群众的利益而进行，这是这次革命和以前历次革命相同之点。这次革命的新的特点在于人民在首次起义之后没有解除自己的武装，没有把他们的权力拱手交给统治阶级的共和主义骗子们；这次革命的新的特点还在于人民组成了公社，从而把他们这次革命的真正领导权握在自己手中，同时找到了在革命胜利时把这一权力保持在人民自己手中的办法，即用他们自己的政府机器去代替统治阶级的国家机器、政府机器。这就是他们的滔天大罪！工人们竟敢侵犯"一万个上层人"的统治特权，竟敢宣布他们决心破坏这种运用社会的有组织的国家力量来谋取私利的阶级专制的经济基础！使欧洲的以及美国的体面阶级狂怒的正是这一点；这也说明他们为什么大叫这是亵渎神灵，说明他们为什么要疯狂号召屠杀人民，要从他们的议会讲坛和他们的仆从报社发出粗野的叫骂和诽谤！

公社的最伟大的措施就是它本身的存在，它在闻所未闻的困难情况下工作着、行动着！巴黎公社升起的红旗实际上只是标志着巴黎的工人政府的建立！工人们已经清楚地、有意识地宣告他们的目的是解放劳动和改造社会！但是他们的共和国的真正"社会"性质仅仅在于工人管理巴黎公社这一点！至于他们的各项措施，由于实际情况所决定，不得不主要限于巴黎的军事防卫和粮食供应！

工人阶级的一些以保护人自居的朋友们，一方面甚至对很少的几项他们认为是"社会主义的"措施——其实这些措施除了倾向之外根本没有什么社会主义的东西——也很难掩饰他们的厌恶；另一方面他们又表示满意，并企图用他们的重大发现来诱导"士绅们"同情巴黎公社。他们的大发现是：工人们毕竟

---

① 马克思,恩格斯. 马克思恩格斯选集：第3卷［M］. 北京：人民出版社，2012：152-154.

是有理智的人,他们无论何时执掌政权,一定会坚决背弃社会主义事业的!事实上,工人们并不想在巴黎成立什么法伦斯泰尔,也不想成立什么伊加利亚。真是当代的聪明人!这些对于工人阶级的真正理想和真正运动一窍不通的好心的保护人忘记了一点。所有的社会主义宗派的创始人都属于那样一个时期,那时工人阶级自己一方面还没有在资本主义社会本身的发展进程中得到足够的锻炼并被充分地组织起来,因此还没有作为历史动力登上世界舞台;另一方面,他们取得解放的物质条件在旧世界本身内部也还没有完全成熟。工人阶级的贫困状态是存在着的,但是他们开展自己的运动的条件则尚未具备。各乌托邦宗派的创始人虽然在批判现存社会时明确地描述了社会运动的目的——消除雇佣劳动制度和这一制度下的阶级统治的一切经济条件,但是他们既不能在社会本身中找到改造社会的物质条件,也不能从工人阶级身上发现运动的有组织的力量和对运动的认识。他们企图用新社会的幻想图景和方案来弥补运动所缺乏的历史条件,并且认为宣传这些空想的图景和方案是真正的救世之道。从工人阶级运动成为现实运动的时刻起,各种幻想的乌托邦消逝了——这不是因为工人阶级放弃了这些乌托邦主义者所追求的目的,而是因为他们找到了实现这一目的的现实手段——取代乌托邦的,是对运动的历史条件的真正理解以及工人阶级战斗组织的力量的日益积聚。但是,乌托邦主义者所宣布的运动的两个最终目的,也是巴黎革命和国际所宣布的最终目的。只是手段不同,运动的现实条件也不再为乌托邦寓言的云雾所掩盖。因此,无产阶级的这些以保护人自居的朋友们之百般曲解这次革命所响亮地宣布的社会主义趋向,只不过是受自己无知的欺骗而已。如果这些人认为工人运动的先知们所创造的那些乌托邦寓言仍然是"社会革命",也就是说,如果他们认为社会革命仍然是"乌托邦式的",那么过错并不在巴黎无产阶级身上。

(三) 学者新论

1. 科学社会主义基本原则的内在逻辑

科学社会主义本身包含着三个基本问题:社会主义为什么必然代替资本主义?社会主义社会大致是什么样的?如何实现社会主义?科学社会主义基本原则是一个具有"问题逻辑"和"阶段逻辑"的科学体系。所谓"问题逻辑",就是科学社会主义三个基本问题之间的内在联系和逻辑,不应把回答不同问题的基本原则混在一起,而应按照这三个基本问题的逻辑联系来划分和归纳基本原则。所谓"阶段逻辑",指的是社会主义实现过程诸阶段之间的内在联系和逻辑,应把"夺取政权以前"和"夺取政权以后的过渡时期"等几个不同阶段的基本原则区分开，不应把这个阶段的原则随意搬到另外一个阶段去。科学社会主义基本原则是一个包含"社会主义理论的基本原则""社会主义制度的基本原则"和"社会主义运动的基本原则"在内的科学体系。

科学社会主义基本原则不是哪个人主观臆造出来的，不是抽象的，而是现实的具体的，是始终与无产阶级解放运动的实践联系在一起的。它来源于实践，顺应无产阶级解放运动的实践需要而产生，同时又是对无产阶级解放运动实践的经验教训的科学总结，反过来又指导无产阶级解放运动的伟大实践。正如马克思、恩格斯所说："共产党人的理论原理，决不是以这个或那个世界改革家所发明或发现的思想、原则为根据的。这些原理不过是现存的阶级斗争、我们眼前的历史运动的真实关系的一般表述。"因此，科学社会主义基本原则的研究必须运用马克思主义的辩证唯物主义和历史唯物主义的世界观方法论，必须结合无产阶级和全人类解放的崇高事业及其每个阶段面临的具体任务和问题，必须结合170多年来世界社会主义运动的经验教训。

资料来源：石镇平．论科学社会主义基本原则的内在逻辑[J]．马克思主义研究，2020（05）：46-56．

2. 在中苏改革的比较中看中国改革开放方向和道路的正确选择

第一，必须坚持党在意识形态领域的领导权。话语权就是领导权。意识形态浓缩的是党的基本主张，是党的思想理论旗帜，旗帜是党带领大众前进的指引和方向，理论是党说服大众的思想工具。所以，意识形态既是党自身本质的说明，又是党执政的重要理论武器，这就是理直才能气壮。

第二，必须坚持党的领导。有些人总以为，我们总讲坚持党的领导，不过是为了维护自己的执政党地位，不过是一个政治宣传口号而已。戈尔巴乔夫却用一个活生生的苏联例子，告诉我们：不坚持党的领导，其结果就是另一个苏联的下场。

第三，必须维护党的领导核心。如何才能坚持党的领导呢？党的十八届六中全会强调：坚持党的领导，首先是坚持党中央的集中统一领导。一个国家、一个政党，领导核心至关重要。核心就是权威，就是向内的凝聚力。如果人心散了，社会分化、国家分裂就成为必然。没有了苏共领导的整个苏联像被瓜分了的土地一样。事实上，解体前的苏联，已经没有全国统一的政治力量和权力核心了。

第四，不能简单照搬西方模式。亡党亡国是苏联改革照搬西方模式的最生动的诠释。改革初期的经济"加速运动"和"反酗酒运动"失败后，戈尔巴乔夫把改革转向政治体制的同时，更加亦步亦趋地追随西方。他在思想上提倡多元化、自由化，政治上主张多党制，经济上取消国有制。向西方卖萌之彻底，连西方国家都没想到。

苏共放弃意识形态建设的教训警示我们，无论我们在经济上取得多大的成绩，都不能忽视党在意识形态领域的领导权。意识形态领导权的实现要靠党在思想理论阵地的主导地位。主导地位来自党对思想理论的创新驾驭和对广大人民群众的说服力，来自党对中华文化的继承发展。

资料来源：孙劲松，闫丽娟．苏联解体前放弃意识形态主导权的惨痛教训[J]．科学社会主义，2020（05）：148-153.

3. 巴黎公社自由原则的当代启示

巴黎公社的自由原则，在150年后的今天依旧具备强大的现实性。它对于中国共产党永葆执政初心、坚持以人民为中心，对于社会主义中国完善人民民主、推进国家治理现代化，对于中国共产党人坚定理想信念、稳步迈向共产主义目标，都有着重要的启示意义。

首先，巴黎公社向社会复归的本质属性，启示着马克思主义政党坚定以人民为中心、为人民谋幸福的执政初心。公社的本质在于它是一个最广大劳动人民的政府，"它实质上是工人阶级的政府"。公社杜绝国家机器的异化，就是为人民群众的自由发展创造条件；公社实现国家向社会的复归，就是确保公共资源向人民群众的真实反哺。公社的这一本质，印证了中国共产党以人民为中心的发展思想，启发着我们共产党人把人民对美好生活的向往作为自己的奋斗目标。习近平指出："学习马克思，就要学习和实践马克思主义关于坚守人民立场的思想"，"我们要始终把人民立场作为根本立场，把为人民谋幸福作为根本使命，坚持全心全意为人民服务的根本宗旨"，"始终保持同人民群众的血肉联系"，"团结带领人民共同创造历史伟业"。在这个意义上，巴黎公社的经验为当前中国的社会主义事业提供了宝贵的历史资源。

其次，巴黎公社委员会的制度设计，启示着社会主义国家不断完善人民民主，推进国家治理现代化。公社委员会的制度设计，打造了一种实干的、议行合一的机构，避免了资产阶级的恶性竞选和清谈馆式的民主政治，为无产阶级专政的具体模式做出了有益的探索。而这一制度创举对于中国的社会主义制度也具有借鉴意义。习近平指出："学习马克思，就要学习和实践马克思主义关于人民民主的思想"，"我们要坚定不移走中国特色社会主义政治发展道路"，"不断加强人民当家作主的制度保障，加快推进国家治理体系和治理能力现代化，充分调动人民的积极性、主动性、创造性,更加切实、更有成效地实施人民民主。"学习巴黎公社的历史经验,为不断完善我国社会主义民主制度,使之成为一套避免清谈、更加实干、更加高效的人民民主制度,提供制度借鉴。

最后,巴黎公社扬弃国家的历史走向,启示着共产党人树立共产主义远大理想,为实现这一目标而不懈奋斗。在经典作家的理论定位中,巴黎公社作为"无产阶级的革命专政"的一个典范,正处于向共产主义过渡的历史环节。同样,我国作为人民民主专政的社会主义国家,也正处在建设社会主义、朝着共产主义不断迈进的历史阶段。习近平指出:"马克思主义第一次站在人民的立场探求人类自由解放的道路,以科学的理论为最终建立一个没有压迫、没有剥削、人人平等、人人自由的理想社会指明了方向。"巴黎公社追求普遍自由的伟大尝试,为后继者指明了一条扬弃资本主义的共产主义之路,一条扬弃阶级和国家的人类解放之路。自巴黎公社以来150年的社会主义发展史,特别是百年来中国共产党领导的革命与建设的光辉历史,时刻提醒着当代的马克思主义者坚定共产主义远大理想,把为崇高理想奋斗的伟大实践不断推向前进。

资料来源:刘恩至. 无产阶级专政与自由——巴黎公社的原则及其意义[J]. 思想理论教育导刊,2021(10):4-10.

五、知识训练

(一) 单项选择题

1. 科学社会主义的直接理论来源是( )

　　A. 早期空想社会主义

　　B. 空想平均共产主义

　　C. 19世纪初期以圣西门、傅立叶、欧文为代表的空想社会主义

　　D. 唯物史观和剩余价值学说

2. 社会主义由空想发展为科学是由于创立了( )

　　A. 空想社会主义学说　　　　　　B. 德国古典哲学

　　C. 唯物史观和剩余价值学说　　　D. 英国古典政治经济学

3. 科学社会主义诞生的标志性文献是( )

　　A. 《德意志意识形态》　　　　　B. 《共产党宣言》

　　C. 《法兰西内战》　　　　　　　D. 《哥达纲领批判》

4. 马克思在( )著作中高度赞扬巴黎工人的伟大创举,科学总结了巴黎公社的历史经验。

　　A. 《法兰西内战》

B. 《哥达纲领批判》

C. 《1848 年至 1850 年的法兰西阶级斗争》

D. 《德意志意识形态》

5. 列宁得出社会主义可能在一国或数国首先取得胜利的结论依据是(　　)

A. 资本主义必然灭亡、社会主义和共产主义必然胜利的规律

B. 帝国主义时代资本主义政治经济发展不平衡的规律

C. 资本主义国家无产阶级与资产阶级斗争的规律

D. 无产阶级是最先进、最革命的阶级的原理

6. 新经济政策的主要特征是（　　）

A. 发展商品经济　　　　　　B. 实行计划经济

C. 实行社会主义市场经济　　D. 取消商品货币关系

7. 邓小平指出："社会主义究竟是个什么样子，苏联搞了很多年，也并没有完全搞清楚。可能列宁的思路比较好，搞了个新经济政策，但是后来苏联的模式僵化了。"列宁新经济政策关于社会主义的思维之所以"比较好"，是因为（　　）

A. 提出了比较系统的社会主义建设纲领

B. 根据俄国的实际情况来探索社会主义建设的道路

C. 为俄国找到了一种比较成熟的社会发展模式

D. 按照马克思主义关于未来社会主义的设想来建设社会主义

8. 东欧剧变、苏联解体的教训，不包括（　　）

A. 放弃社会主义道路

B. 不注重发展生产力，改善人民生活水平

C. 放弃共产党的领导地位

D. 进行社会主义体制改革

9. 社会主义的发展道路必然呈现出多样性的特点，社会主义发展道路多样性的现实原因是（　　）

A. 各个国家生产力的发展状况

B. 历史文化传统的差异性

C. 时代和实践的不断发展

D. 革命传统不同

10. 社会主义改革根源在于（　　）

A. 社会主义社会的基本矛盾

B. 社会主义社会的主要矛盾

C. 经济发展水平的落后

D. 文化发展水平的落后

(二) 多项选择题

1. 19 世纪初期的三大空想社会主义者是（　　）

A. 圣西门　　　　　　　　　B. 傅立叶

C. 蒲鲁东　　　　　　　　　D. 欧文

2. 1956 年，英国人托马斯·莫尔发表了《乌托邦》一书，标志着空想社会主义的诞生。1848 年，马克思、恩格斯发表了《共产党宣言》，标志着科学社会主义的产生，社会主义实现了从空想到科学的历史性飞跃。科学社会主义超越空想社会主义之处在于（　　）

A. 对资本主义进行了无情的批判

B. 对未来社会进行了细致的描绘

C. 揭示了资本主义必然灭亡的经济根源

D. 找到了实现理想社会的现实道路

3. 1921 年 3 月，俄共（布）召开十大，决定从战时共产主义政策过渡到新经济政策。在实施新经济政策期间，列宁对苏维埃俄国如何建设社会主义进行了深刻的理论思考，提出了许多精辟的论述，其主要内容包括（　　）

A. 允许多种经济成分并存，可以利用商品、货币和市场发展经济

B. 把大力发展生产力、提高劳动生产率放在首要地位

C. 把建设社会主义作为一个长期探索、不断实践的过程

D. 可以利用资本主义来建设社会主义

4. 1871 年巴黎公社革命，马克思、恩格斯总结的经验主要有（　　）

A. 无产阶级政权是为人民服务的机关

B. 必须打碎旧的国家机器建立无产阶级政权

C. 无产阶级革命取得成功并保持果实的首要条件是要有革命的武装

D. 必须建立无产阶级政党，发挥党的政治领导作用

[单项选择题答案]

1. C　2. C　3. B　4. B　5. A　6. B　7. D　8. C　9. A　10. A

[多项选择题答案]

1. ABD　2. CD　3. ABCD　4. ACD

（三）材料分析题

中国特色社会主义是前无古人的伟大事业。经过几十年的理论和实践探索，我们党对社会主义的认识，对中国特色社会主义规律的把握，已经达到了一个前所未有的新高度。同时也要看到，我国社会主义还处在初级阶段，我们还面临很多没有弄清楚的问题和待解的难题，尤其是在思想理论领域，对一些重大而基础性的理论问题的认识还需要不断深化。

……

要从根本上说清楚中国特色社会主义与科学社会主义到底是什么关系。

习近平总书记在新进中央委员会的委员、候补委员学习贯彻党的十八大精神的研讨班上指出："中国特色社会主义是社会主义而不是其他什么主义，科学社会主义基本原则不能丢，丢了就不是社会主义。"他还回顾了科学社会主义发展的历史进程，指出社会主义思想从提出到现在，经历了六个时间段："空想社会主义产生和发展，马克思、恩格斯创立科学社会主义理论体系，列宁领导十月革命胜利并实践社会主义，苏联模式的逐步形成，新中国成立后我们党对社会主义的探索和实践，我们党做出进行改革开放的决策、开创和发展中国特色社会主义。"这一段话应该成为我们认识中国特色社会主义与科学社会主义关系的根本依据。

第一，它说明了判断一个社会是不是社会主义的标准。社会主义这个概念是随着资本主义的发展出现的。资本主义的发展暴露出许多矛盾，有人就设想用一种新的、合理的、能够克服资本主义弊病的社会制度来取代资本主义，这种新的社会制度就叫社会主义。然而由于人们的阶级地位不一样，追求的利益不一样，所以设想的新制度也不一样，这就出现了各色各样的"社会主义"。据说从17世纪以来关于社会主义的定义有300多种。谁只要说资本主义有弊病，就可以自称为社会主义。那么，究竟什么叫社会主义？判断社会主义有没有一个标准？

……

马克思、恩格斯在批判以往各种"社会主义"的同时，根据工人阶级摆脱压迫和剥削、获得解放的这一根本要求，在历史唯物主义的世界观和方法论指导下，在运用剩余价值学说分析资本主义矛盾的基础上，创立了科学社会主义，使社会主义从空想变成了科学。自从马克思、恩格斯创立了科学社会主义学说以来，我们再谈论社会主义，就是指科学社会主义了。社会主义不再是可随意粘贴的标签，也就是说，不是自己说是"社会主义"就真的是社会主义，也不是揭露点资本主义的弊病就可以称为"社会主义"了，而是有了一个客观的标准。这个标准按照习近平总书记的概括,就是:是否坚持科学社会主义基本原则。坚持科学社会主义基本原则,就是社会主义;抛弃、否定科学社会主义基本原则,就不能叫作社会主义。中国特色社会主义之所以是社会主义,而不是别的什么主义,更不是像某些人议论的那样是什么"中国特色资本主义",或者是"国家资本主义",就是因为我们始终坚持科学社会主义基本原则毫不动摇。尽管在具体运行层次上,在具体的管理方法、经营机制上,我们向资本主义国家学习、借鉴了一些具体做法,但在社会制度的本质层次上始终贯彻科学社会主义的基本原则。这就是说,中国特色社会主义的根是科学社会主义,这个"根"始终没有变,因而我们搞的始终是社会主义。

第二,它说明了中国特色社会主义的历史渊源。中国特色社会主义不是从天上掉下来的,不是什么"独立形态的社会主义",它是科学社会主义发展历史进程中的一个阶段。从马克思、恩格斯创立科学社会主义学说以来,经历了俄国十月革命的伟大胜利、苏联社会主义模式的形成、我国改革开放前的社会主义实践,直到中国特色社会主义的形成和发展,世界社会主义事业尽管历尽艰辛和曲折,但总体上看是从无到有,从一国实践到多国实践,得到了很大的发展。这几个阶段是一脉相承的,贯穿其中的是科学社会主义基本原则,它们都是科学社会主义发展的不同时间段,都是科学社会主义基本原则同当时当地的具体情况相结合的产物。不能把中国特色社会主义与改革开放前我国的社会主义实践对立起来。应该看到,这几个时间段的基本原则是统一的,它们都是科学社会主义同一棵大树上长出的繁枝茂叶。作为科学社会主义历史发展进程一个辉煌阶段的中国特色社会主义,是在坚持科学社会主义基本原则的前提下,继承前几个阶段的成功经验、扬弃不恰当的东西,吸取教训,结合当前中国的实际创立起来的。我们不能割断历史,更不能否定根本。

理解中国特色社会主义,关键是要在方法论上把科学社会主义基本原则与它的具体实现形式区分开来。

1956年12月,我们党发表了《再论无产阶级专政的历史经验》(以下简称《再论》),文章把科学社会主义基本原则概括为五条:第一,无产阶级的先进分子组织成为共产主义的政党;第二,无产阶级在共产党领导之下,联合劳动人民,经过革命斗争从资产阶级手里取得政权;第三,在革命胜利以后,实现工业的国有化,逐步实现农业的集体化,从而消灭剥削制度和对于生产资料的私有制度,消灭阶级;第四,有计划地发展社会主义经济和社会主义文化,在这个基础上逐步地提高人民的生活水平,并且积极准备条件,为过渡到共产主义社会而奋斗;第五,坚持反对帝国主义侵略,承认各民族平等,维护世界和平，坚持无产阶级国际主义的原则。《再论》明确指出，这些基本原则"是放之四海而皆准的马克思列宁主义的普遍真理"。它"反映了人类社会发展长途中一个特定阶段内关于革命和建设工作的普遍规律"。这几条原则总体上反映了社会主义的共性、一般性。《再论》把这几条原则称为"十月革命道路"，并称中国共产党人始终把自己的社会主义革命和建设事业看作是十月革命道路的继续。(《建国以来重要文献选编》第九册第487—489页，中央文献出版社1993年版)

但是，每一个国家的社会主义革命和建设，除了有共同的一面外，还有它特殊性的一面。各国国情不一样，具体道路也应该不一样。毛泽东在中央政治局酝酿撰写《再论》时说，各国有不同的具体情况，因此各国要用不同的方法解决各自的问题。在此之前，毛泽东还提出：我们要进行第二次结合，找出在中国进行社会主义革命和建设的正确道路。按照毛泽东的思想，《再论》对这个问题做了一个经典性的论断："在人类社会的发展中有共同的基本规律。但是在不同的国家和民族中间，又存在着千差万别的特点。因此，每个民族都经历着阶级斗争，并且最后都将沿着在一些基本点上相同、而在具体形式上各有不同的道路，走向共产主义。只有善于根据自己的民族特点运用马克思列宁主义的普遍真理，各国无产阶级的事业才能得到成功。"

科学社会主义基本原则是社会主义的共性；科学社会主义基本原则怎么在本国具体实现，这需要根据本国国情进行探索，基本原则的实现形式，各个国家、各个民族应该是不一样的，照搬别国的模式是不会成功的，这就是社会主义的特殊性。任何国家的社会主义都必须是社会主义的共性与特殊性的统一。

——材料引自周新城. 科学社会主义基本原则是中国特色社会主义的"源"和"根"[J]. 红旗文稿，2015（23）：7-10.

思考诗文：

（1）结合材料，论述科学社会主义基本原则与中国特色社会主义的关系。

（2）结合材料，谈谈你对社会主义发展道路和发展前景的认识。

答案解析：中国特色社会主义是根植于中国大地、反映中国人民意愿、适应中国和时代发展进步要求的科学社会主义，集中体现了科学社会主义基本原则与当代中国实际、中华优秀传统文化的有机统一。中国特色社会主义始终坚持科学社会主义基本原则。中国特色社会主义实现了科学社会主义基本原则与当代中国实际、中华优秀传统文化的有机结合。中国特色社会主义既坚持了科学社会主义基本原则，又具有鲜明的民族特色和时代特色。习近平新时代中国特色社会主义思想，是在中国特色社会主义进入新时代、当今世界经历新变局、我们党面临执政新考验的历史条件下形成和发展起来的，标志着我们党在自觉把科学社会主义基本原则与中国实际和时代特征相结合上达到了新的境界。

第七章

共产主义崇高理想及其最终实现

一、教学目的和要求

知识框架

共产主义的含义

预见未来社会的科学方法论原则

共产主义社会的基本特征

共产主义理想实现的必然性

教学目的

理解和把握共产主义的三层含义，掌握马克思主义经典作家对共产主义特征的基本看法及其方法论，坚定共产主义信念。

知识层面：掌握共产主义的基本含义，经典作家预见未来社会的方法论原则，共产主义社会的基本特征。认识实现共产主义的历史必然性和长期性，掌握共产主义远大理想与中国特色社会主义共同理想的辩证关系。

能力层面：掌握马克思主义经典作家预测未来共产主义社会方法论原则与共产主义社会基本特征的内在关系。

价值层面：深入了解坚定理想信念、积极投身习近平新时代中国特色社会主义伟大事业的重要性，进而自觉把人生理想的追求融入建设共产主义远大理想和中国特色社会主义的共同理想中去。

教学要求

本章教学内容需要理论联系实际，增加习近平总书记关于理想信念讲话的有关内容。

二、重点难点导学

重点导学

1. 经典作家预见未来社会的方法论原则

第一，在揭示人类社会发展一般规律的基础上指明社会发展的方向。人类社会的发展像自然界的发展一样，具有自己的客观规律。马克思、恩格斯站在无产阶级立场上，运用科学的方法，致力于研究人类社会特别是资本主义社会，第一次揭示了社会发展的一般规律和资本主义社会发展的特殊规律，从而对共产主义社会做出了科学的展望。

第二，在剖析资本主义旧世界的过程中阐发未来新世界的特点。马克思、恩格斯对资本主义批判的高明之处在于，他们不是只看到资本主义社会的弊端，而是进一步揭示出弊端的根源，揭示出资本主义发展中自我否定的力量，发现资本主义的矛盾运动中孕育着的新社会因素，并以此做出对未来社会特点的预见。

第三，在社会主义社会发展中不断深化对未来共产主义社会的认识。现实中的社会主义社会是共产主义社会的初级阶段，虽然它距离未来社会的高级阶段即典型的共产主义社会尚远，但从社会性质上来说是一致的。因此，在对未来共产主义社会的认识上，从社会主义社会中得到的启示应该比从资本主义社会中得到的启示更多、更直接、更有教益。

第四，立足于揭示未来社会的一般特征，而不对各种细节作具体描绘。马克思、恩格斯在展望未来社会时，总是只限于指出未来社会发展的方向、原则和基本特征，而把具体情形留给后来的实践去回答。

2. 共产主义的基本特征

共产主义是人类社会发展史上一种崭新的社会制度。理解共产主义社会的基本特征应避免直接感官化、庸俗化的思维，从生产力状况、生产关系状况、社会生活和精神生活等方面去把握共产主义社会的基本特征。共产主义社会的基本特征有：物质财富极大丰富，消费资料按需分配；社会关系高度和谐，人们精神境界极大提高；实现每个人自由而全面的发展，人类从必然王国向自由王国飞跃。

难点导学

必然王国与自由王国。共产主义社会的基本特征之一是，实现每个人自由而全面的发展，人类从必然王国向自由王国飞跃。

　　自由含义有多种，摘其要点可以分为日常生活中的如法律、政治上的解释与哲学上的解释。在日常生活中，自由是对人的一种界定，除了人这个主体外，其他事物没有自由可言。有时自由又被理解为人的自由意志，自由意志是指人的主动性、自主性，人在一定条件下的选择能力。自由不能理解为自由放任，即不是指想说什么就说什么，想做什么就做什么，自由是与法律一致的，自由是法律意义上的自由。政治意义上的自由是指人的自由权利，包括身体自由权与精神自由权等。近年来，为了处理个人与群体、个人与国家之间的关系，西方学术界将自由区分为积极自由与消极自由，这种观点对国内有一定影响。马克思主义经典作家所说的自由主要是从哲学角度分析的。在哲学中，自由是与必然相对应的一个概念。所谓必然性，是指事物发展的客观规律性，亦即事物本质所规定的联系和趋势。自由或自由意志与必然性一直是哲学中的重要话题，在思想史上对于两者的关系有着大量的讨论。

　　第一，自由是对必然性的认识。马克思之前的观点主要有两种，一种是否定自由意志、否定人的能动性；另一种是承认人的自由意志。第一，从常识观点看，自由意志是存在的，但在近代西方社会，由于机械决定论成为主导世界观，人们否定自由意志的存在，只承认必然性，机械决定论是指只承认必然性否定偶然性的一种观点。否定自由意志者中最重要的哲学家是巴鲁赫·德·斯宾诺莎（Baruch de Spinoza）。斯宾诺莎是近代唯理论主要代表，他是第一个系统地研究自由与必然之间关系的思想家，其观点在当代仍然有重大的影响。斯宾诺莎说："自由不在于随心所欲，而在于自由的必然性。"从表面上看，人是有选择能力的，实际上人类的自由意志好比一颗认为自己选择了飞行路线与落点的石头，石头运行背后是有原因的，因而人类的自由意志是人们不了解其行为原因产生的偏见。斯宾诺莎认为所有已发生的事情绝对贯穿着必然的作用，甚至人类的行为也是完全决定了的，没有自由意志，人像自然界其他事物一样都服从于必然性。人与其他自然万物的区别在于能够认识到这一点，他将之称为自由，自由是我们有能力知道我们已经被决定了，并且知道为什么我们要这么做。他有一句名言："自由人最少想到死，他的智慧不是关于死的默念，而是对于生的沉思。"所谓自由，就是认识到事物的必然性，人们认识必然性越多就越是自由，即自由是对必然性的认识。马克思主义经典作家批判地继承这方面的观点，主张自由是对必然性的认识与改造。第二，承认自由意志，持此观点的最重要代表是德国古典哲学代表人物之一康德，他认为，人与自然界的事物不同，一个石子被击打，石子没有选择性；人虽然也在自然界中存在，也受到因果关系制约，但人在本体上有自由意志。康德理论比较复杂，简单一点来说，人面对环境有选择能力，而其他事物没有选择能力，人既然有选择能力，那就要对自己的行为负责。在这种观点中，自由具有了道德含义。

第二，自由是对必然性的认识与改造。在马克思主义的观点中，自由与必然是一致的，而这个一致要在历史发展中实现，要在人民群众的伟大实践中实现。人类最终要实现从必然王国向自由王国的飞跃，这就是共产主义社会。马克思认为，人类社会发展是一个自然历史过程，这就是说，人类社会发展是客观的，具有历史必然性；但历史并不是把人当作达到自己目的的工具来利用的某种特殊的人格。历史不过是追求着自己目的的人的活动而已。也就是说，社会形态的发展对于人而言不是外在的历史必然性，是历史必然性与人们的历史选择性的统一，是自由与必然的统一。

在马克思之前的思想家中，他们大多数是从静态角度看待自由与必然的关系，如前所述，这些理论家认为，人要么有自由（意志），要么受制于因果必然性，没有自由（意志），这是从静态角度看待人，没有看到人及其能力随着社会实践发展而发展，古代的人与中世纪的人、与近代的人、当代人在生理上基本没有太大的不同，但从能力上、创造性上有很大的区别。马克思有句名言："搬运夫和哲学家之间的差别要比家犬和猎犬之间的差别小得多，他们之间的鸿沟是分工掘成的。"[①] 这里的分工是指社会实践、生产劳动的重要形式。在《1857—1858年经济学手稿》中，马克思对社会形态的历史发展做了如下表述："人的依赖关系（起初完全是自然发生的），是最初的社会形式，在这种形式下，人的生产能力只是在狭小的范围内和孤立的地点上发展着。以物的依赖性为基础的人的独立性，是第二大形式，在这种形式下，才形成普遍的社会物质变换、全面的关系、多方面的需要以及全面的能力的体系。建立在个人全面发展和他们共同的、社会的生产能力成为从属于他们的社会财富这一基础上的自由个性，是第三个阶段。第二个阶段为第三个阶段创造条件。"[②] 这是马克思著名的社会形态三阶段理论，在这一理论中，马克思描述主体从人的依赖关系发展到以物的依赖性为基础的人的独立性，再发展到人的自由全面发展，其基础是由社会经济形态由自然经济发展到商品经济，再发展到未来的产品经济。社会的发展为人的自由提供了越来越多的条件。

马克思在1848年的《共产党宣言》中就提出，未来的社会是"每个人的自

---

① 马克思，恩格斯. 马克思恩格斯选集：第1卷 [M]. 北京：人民出版社，2012：238.
② 马克思，恩格斯. 马克思恩格斯选集：第8卷 [M]. 北京：人民出版社，2009：52.

由发展是一切人的自由发展的条件"。1894年1月3日，意大利人卡内帕给恩格斯写信，请求他为即将在日内瓦出版的《新纪元》周刊的创刊号题词，而且要求尽量用简短的字句来表述未来的社会主义纪元的基本思想，以区别于伟大诗人但丁·阿利盖利（Dante Alighieri）对旧纪元所作的"一些人统治，另一些人受苦难"的界定。恩格斯回答说，除了从《共产党宣言》中摘出下面一段话外，再也找不出合适的了，这就是："代替那存在着阶级和阶级对立的资产阶级旧社会的，将是这样一个联合体，在那里，每个人的自由发展是一切人的自由发展的条件。"

在未来的共产主义社会中，人类社会由必然王国发展到自由王国。所谓必然王国，就是指人们对社会历史的必然性尚未认识和掌握，因而人的活动和行为不得不受这种盲目力量的支配和奴役的状态。而所谓自由王国，就是指人们认识和掌握了社会历史的必然性和规律，使自己成了自然界和社会的主人，从自然界和社会领域的盲目力量的支配和奴役下解放出来，从而能自觉地创造自己的历史的这样一种状态。马克思说，这个领域内的自由只能是：社会化的人，联合起来的生产者，将合理地调节他们与自然之间的物质变换，把它置于他们的共同控制之下，而不让它作为盲目的力量来统治自己；消耗最小的力量，在最无愧于和最适合于他们的人类本性的条件下来进行这种物质变换。但是不管怎样，这个领域始终是一个必然王国。在这个必然王国的彼岸，作为目的本身的人类能力的发展，真正的自由王国，就开始出现了。但是，这个自由王国只有建立在必然王国的基础上，才能繁荣起来。工作日的缩短是根本条件。

关于必然王国与自由王国的关系要反对两种错误观点，一种是空想乌托邦的观点，共产主义社会是我们的远大理想，它必须建立在我们的共同理想基础之上，建立在必然王国基础之上，建立在我们的共同奋斗基础之上；一种是共产主义渺茫论，这种观点会使我们失去奋斗的动力。

习近平总书记在2016年庆祝中国共产党成立95周年大会上的讲话中说："坚定的理想信念，必须建立在对马克思主义的深刻理解之上，建立在对历史规律的深刻把握之上。全党要深入学习马克思列宁主义、毛泽东思想、邓小平理论、'三个代表'重要思想、科学发展观，深入学习党的十八大以来党中央治国理政新理念新思路新战略，不断提高马克思主义思想觉悟和理论水平，保持对远大理想和奋斗目标的清醒认知和执着追求。"[①]

[①] 习近平. 在庆祝中国共产党成立95周年大会上的讲话[M]. 北京：人民出版社，2016：11.

知识融会

本章关于共产主义内容与导论内容特别是学习马克思主义的意义具有一致性。共产主义是人类最美好的制度，是中国共产党人的不懈追求。信仰马克思主义与信仰共产主义是一致的。在知识层面上，经典作家以唯物史观为基础：生产力决定生产关系，未来社会建立在生产力高度发展基础之上；人类社会的发展是一个自然历史过程，共产主义的实现具有客观必然性。从辩证唯物主义基本原理看，共产主义的实现是一个十分漫长而且充满艰难曲折的历史过程，体现了辩证法的否定之否定规律。

三、案例解析

共产主义的多维阐释

廓清共产主义的科学内涵，探索正确阐释共产主义的多维路径，对我们坚定社会主义和共产主义理想信念具有重要意义。

1. 共产主义是人类理想的社会形态

有些人认为共产主义是要什么就有什么的社会，就是满足个人无限需求的社会，这是对共产主义的庸俗化理解。共产主义是变革现存社会并逐步建立的一种社会形态，而不是源源不断满足人们无限需求的魔盒，更不是不去劳动而肆意享受的懒人社会。虽然共产主义社会消除了私有制、雇佣劳动制度、阶级和阶级对立以及被迫分工等束缚人发展的因素，但人们仍然需要工作、需要分工。然而，此时的劳动已经成为人们自由自觉的活动，人们可以根据自己的兴趣、天赋和才能在自己喜欢、擅长的领域工作而不必担心失业，因为每个人的潜能都可以得到最好的发挥。马克思将人类社会形态划分为原始社会、奴隶社会、封建社会、资本主义社会和共产主义社会。共产主义的实现不是建立在生产力落后的原始社会、奴隶社会和封建社会基础上的，而是必须经过资本主义阶段甚至比资本主义生产力水平更发达的阶段才能实现。因此，共产主义是人类终将走向的社会形态。而正因为这一社会形态是对以往社会形态的根本性变革，它的长期性也被确定。正如习近平总书记指出的："只有在整个人类发展的历史长河中，才能透视出历史运动的本质和时代发展的方向。"[①] "共产主义决不是'土豆烧牛肉'那么简单，不可能唾手可得、一蹴而就，但我们不能因为

[①] 习近平. 在纪念马克思诞辰 200 周年大会上的讲话 [M]. 北京：人民出版社，2018：7.

实现共产主义理想是一个漫长的过程,就认为那是虚无缥缈的海市蜃楼,就不去做一个忠诚的共产党员。"①

2. 共产主义是一种"消灭现存状况的现实的运动"

共产主义是一种运动,我们一直在实现共产主义的道路上行进。马克思和恩格斯说过:"共产主义对我们来说不是应当确立的状况,不是现实应当与之相适应的理想。我们所称为共产主义的是那种消灭现存状况的现实的运动。"② 马克思、恩格斯从资本主义的现实出发,阐明了共产主义脱胎于资本主义,但不是在资本主义基础上的简单发展,而是对资本主义矛盾的本质性超越,这一超越并不是在遥远的未来,而是在当下的现实的消灭资本主义现存状况的运动中。我国的共产主义运动,早在中国共产党成立和领导进行新民主主义革命的时候就开始了,直到后来的社会主义改造、社会主义建设、社会主义改革,都是共产主义运动的继续和深化。今天,我国的共产主义运动已经发展到为实现中华民族伟大复兴中国梦而奋斗的历史阶段。可见,共产主义并不是像"渺茫论"所认为的那样遥不可及,今天我们已经行进在实现共产主义的道路上,共产主义的思想和共产主义的实践也早已存在于我们的现实生活中了。

3. 共产主义是实现人的自由全面发展

共产主义究竟是什么样的,应该由未来的实践来回答,我们要立足揭示未来社会的一般特征,而不是对各种细节作具体描述。在马克思写给斐迪南·多梅拉·纽文胡斯(Ferdinand Domera Newenus)的信中写道:"在将来某个特定的时刻应该做些什么,应该马上做些什么,这当然完全取决于人们将不得不在其中活动的那个既定的历史环境。而现在提出这个问题是不着边际的,因而这实际上是一个幻想的问题,对这个问题的唯一的答复应当是对问题本身的批判。"③ 在恩格斯写给考茨基的信中也表达了同样的观点:"无论如何,共产主义社会中的人们自己会决定,是否应当为此采取某种措施,在什么时候,用什么办法,以及究竟是什么样的措施。我不认为自己有向他们提出这方面的建议和劝导的使命。那些人无论如何也会和我们一样聪明。"④ 可见,在马克思和恩格斯看来,在未来社会中存在着大量当代人无法预知的事情,共产主义的具体情形如何只有在未来的实践中才能回答。但这并不意味着我们对什么是共产主义没有任何衡量的标准,从价值维度出发进行人本主义式的解读不失为一种有

---

① 习近平. 习近平谈治国理政:第2卷[M]. 北京:外文出版社,2017:142.
② 马克思,恩格斯. 马克思恩格斯选集:第1卷[M]. 北京:人民出版社,2012:166.
③ 马克思,恩格斯. 马克思恩格斯选集:第10卷[M]. 北京:人民出版社,2009:458.
④ 马克思,恩格斯. 马克思恩格斯选集:第4卷[M]. 北京:人民出版社,2012:539.

效的阐释路径。

共产主义究竟是什么样的，马克思主义经典作家已经给出一些设想，而现在人们记住的往往是一些具体的条款，如生产力高度发达、物质财富极大丰富、精神境界极大提高等。正是因为这些美好的条款一时难以实现，有些人觉得共产主义遥不可及、虚无缥缈。然而，马克思和恩格斯不仅为我们提供了未来共产主义的一些基本特征，而且还为我们指明了共产主义社会的根本衡量标准。在《德意志意识形态》中，马克思和恩格斯写道："而在共产主义社会里，任何人都没有特殊的活动范围，而是都可以在任何部门内发展，社会调节着整个生产，因而使我有可能随自己的兴趣今天干这事，明天干那事，上午打猎，下午捕鱼，傍晚从事畜牧，晚饭后从事批判，这样就不会使我老是一个猎人、渔夫、牧人或批判者。"① 在《共产党宣言》中，马克思和恩格斯也指出："代替那存在着阶级和阶级对立的资产阶级旧社会的，将是这样一个联合体，在那里，每个人的自由发展是一切人的自由发展的条件。"② 在《1857—1858 年经济学手稿》中，马克思从人的发展角度阐明了人类社会发展的三种形态：从人的依赖性到以物的依赖性为基础的人的独立性，再到人的自由个性全面发展。

思考讨论：
1. 共产主义有几层含义？
2. 马克思如何阐明了人类发展的三种形态？

案例点评：

共产主义是人类理想的社会形态，共产主义是一种"消灭现存状况的现实的运动"，共产主义是实现人的自由全面发展，人类从必然王国向自由王国飞跃。马克思在唯物史观基础上，根据生产力社会发展阐明了人类发展的三种形态，自然经济条件下人的依赖性；商品经济条件下人的独立性与对物的依赖性，只有在未来共产主义社会下，生产力高度发展，人才能自由全面地发展。

四、知识拓展

（一）背景知识

1. 青年马克思与同时代人眼中的马克思

马克思的初心：为人类谋幸福。1835 年秋，马克思在高中毕业时写了这篇名为《青年在选择职业时的考虑》的作文。此时，马克思就生动表达了为人类

---

① 马克思，恩格斯. 马克思恩格斯选集：第 1 卷 [M]. 北京：人民出版社，2012：165.
② 马克思，恩格斯. 马克思恩格斯选集：第 4 卷 [M]. 北京：人民出版社，2012：647.

服务的崇高理想。当其他同学都在对未来幸福的职业憧憬时,马克思就已经把自己的未来与广大人民的命运紧紧联系起来,把"人类的幸福和我们自身的完美"作为自己职业选择的目标。在以后漫长的斗争岁月中,马克思矢志不渝地践行少年时代的初心,他就是为人类服务的最光辉的榜样。

青年马克思的自我期许:占据真理制高点。24 岁的马克思写道:"我们坚信,构成真正危险的并不是共产主义思想的实际试验,而是它的理论阐述;要知道,如果实际试验大量地进行,那么,它一旦成为危险的东西,就会得到大炮的回答;而征服我们心智的、支配我们信念的、我们的良心通过理智与之紧紧相连的思想,是不撕裂自己的心就无法挣脱的枷锁;同时也是魔鬼,人们只有服从它才能战胜它。"①

莫塞斯·赫斯——又名摩西·赫斯(Moses Hess)在给他的朋友奥伊尔巴赫的信中极力赞扬了青年马克思:"在这里结识一位男子,你将会感到高兴,他也属于我们的朋友,虽然他住在波恩,在那里他不久便会讲授哲学。你对此要有思想准备,也许你是在结识一位唯一在世的哲学家。他很快便会在公众中崭露头角(以其著作,登上讲坛),他将把全德国人的眼睛吸引到自己身上来——我的偶像名为马克思博士,他还是一个青年(不超过 24 岁),可他要给中世纪的宗教和政治以最后一击;他将最深刻的哲学严肃和最辛辣的幽默结合在一起;想想看,他集卢梭、伏尔泰、霍尔巴赫、莱辛、海涅和黑格尔于一身,集者并非胡乱混在一起。这就是你所有的马克思博士。"……

2. 《哥达纲领批判》

《哥达纲领批判》是马克思在晚年写的一部伟大著作,是国际共产主义运动的一部纲领性文献。它鲜明地体现了马克思主义的革命纲领同机会主义的反动纲领的尖锐对立。

1875 年,德国工人运动中的两派,爱森纳赫派和拉萨尔派达成合并的协议。在制定统一的新党纲时,爱森纳赫派的领导人在协商中做了无原则的妥协,把一些拉萨尔主义的错误观点写进纲领草案中。马克思认为,原则性纲领是在全世界面前树立起一些可供人们用以判定党的运动水平的界碑,决不能降低党的理论水平,用原则来做交易。他写了《对德国工人党纲领的几点意见》,随函寄给爱森纳赫派的领导威·白拉克(Wye Burak)等人。这就是后来以《哥达纲领批判》著称的文献。

马克思批判"哥达纲领"中的拉萨尔主义观点,《哥达纲领批判》是阐述

---

① 马克思,恩格斯. 马克思恩格斯选集:第 1 卷 [M]. 北京:人民出版社,1995:295.

无产阶级专政和共产主义理论的重要著作。首次公开发表于德国社会民主党的理论刊物《新时代》1891年第1卷第18期。中译本编入人民出版社1963年出版的《马克思恩格斯全集》第19卷。马克思在著作中，批判了这一纲领草案中的拉萨尔派机会主义观点和策略思想，阐述和发展了历史唯物主义特别是无产阶级革命和无产阶级专政的原理。他批判工人党力求争取"自由国家"的错误思想，明确指出："在资本主义社会和共产主义社会之间，有一个从前者变为后者的革命转变时期。同这个时期相适应的也有一个政治上的过渡时期，这个时期的国家只能是无产阶级的革命专政。"这部著作第一次提出了共产主义社会分为初级阶段和高级阶段的理论，指出共产主义社会的初级阶段，在经济、道德和精神方面都还带着它脱胎出来的那个旧社会的痕迹，因此还只能实行"各尽所能，按劳分配"的原则。只有到了共产主义社会的高级阶段，迫使个人奴隶般地服从分工的情形已经消失，脑力劳动和体力劳动之间的对立也随之消失，劳动已不仅仅是谋生手段，而且本身已成为生活的第一需要，随着个人的全面发展，生产力有了巨大增长，集体财富的一切源泉都充分涌流，只有在那个时候，社会才能实行"各尽所能，按需分配"的原则。

（二）经典文论

1. 马克思主义经典作家论未来社会（节选）

"资产阶级生存和统治的根本条件，是财富在私人手里的积累，是资本的形成和增殖；资本的条件是雇佣劳动。雇佣劳动完全是建立在工人的自相竞争之上的。资产阶级无意中造成而又无力抵抗的工业进步，使工人通过结社而达到的革命联合代替了他们由于竞争而造成的分散状态。于是，随着大工业的发展，资产阶级赖以生产和占有产品的基础本身也就从它的脚下被挖掉了。它首先生产的是它自己的掘墓人。资产阶级的灭亡和无产阶级的胜利是同样不可避免的。"《马克思恩格斯文集》第2卷。

"无论哪一个社会形态，在它所能容纳的全部生产力发挥出来以前，是决不会灭亡的；而新的更高的生产关系，在它的物质存在条件在旧社会的胎胞里成熟以前，是决不会出现的。所以人类始终只提出自己能够解决的任务，因为只要仔细考察就可以发现，任务本身，只有在解决它的物质条件已经存在或者至少是在生成过程中的时候，才会产生。大体说来，亚细亚的、古希腊罗马的、封建的和现代资产阶级的生产方式可以看作是经济的社会形态演进的几个时代。资产阶级的生产关系是社会生产过程的最后一个对抗形式，这里所说的对抗，不是指个人的对抗，而是指从个人的社会生活条件中生长出来的对抗；但是，在资产阶级社会的胎胞里发展的生产力,同时又创造着解决这种对抗的物质条件。因此,人类社会的史前时期就以这种社会形态而告终。"《马克思恩格斯文集》第2卷。

"我们这里所说的是这样的共产主义社会,它不是在它自身基础上已经发展了的,恰好相反,是刚刚从资本主义社会中产生出来的,因此在它的各方面,在经济、道德和精神方面都还带着它脱胎出来的那个旧社会的痕迹。所以,每一个生产者,在作了各项扣除以后,从社会领回的,正好是他给予社会的。他给予社会的,就是他个人的劳动量。例如,社会劳动日是由全部个人劳动小时构成的;各个生产者的个人劳动时间就是社会劳动日中他所提供的部分,就是社会劳动日中他的一份。他从社会领得一张凭证,证明他提供了多少劳动(扣除他为公共基金而进行的劳动),他根据这张凭证从社会储存中领得一份耗费同等劳动量的消费资料。他以一种形式给予社会的劳动量,又以另一种形式领回来。……在共产主义社会高级阶段,在迫使个人奴隶般地服从分工的情形已经消失,从而脑力劳动和体力劳动的对立也随之消失之后;在劳动已经不仅仅是谋生的手段,而且本身成了生活的第一需要之后;在随着个人的全面发展,他们的生产力也增长起来,而集体财富的一切源泉都充分涌流之后,——只有在那个时候,才能完全超出资产阶级权利的狭隘眼界,社会才能在自己的旗帜上写上:各尽所能,按需分配!"《马克思恩格斯文集》第3卷。

"虽然对于'从何处来'这个问题没有什么疑问,但是对于'往何处去'这个问题却很模糊。不仅在各种改革家中普遍出现混乱,而且他们每一个人都不得不承认自己对未来应该怎样没有确切的看法。然而,新思潮的优点又恰恰在于我们不想教条地预期未来,而只是想通过批判旧世界发现新世界。以前,哲学家们把一切谜底都放在自己的书桌里,愚昧的凡俗世界只需张开嘴等着绝对科学这只烤乳鸽调进来就得了。而现在哲学已经世俗化了,最令人信服的证明就是:哲学意识本身,不但从外部,而且从内部来说都卷入了斗争的漩涡。如果我们的任务不是构想未来并使它适合于任何时候,我们便会明确地知道,我们现在应该做些什么,我指的就是要对现存的一切进行无情的批判,所谓无情,就是说,这种批判既然不怕自己所作的结论,也不怕同现有各种势力发生冲突。"《马克思恩格斯文集》第10卷。

"最初的社会主义是空想社会主义。这种社会主义批判资本主义社会,谴责它,咒骂它,幻想消灭它,臆想较好的制度,劝富人相信剥削是不道德的。

但是空想社会主义没有能够指出真正的出路,它既不会阐明资本主义制度下雇佣奴隶制的本质,又不会发现资本主义发展的规律,也不会找到能够成为新社会的创造者的社会力量。"《列宁选集》第 2 卷。

2. 习近平总书记谈理想信念

95 年来，共产主义远大理想激励了一代又一代共产党人英勇奋斗，成千上万的烈士为了这个理想献出了宝贵生命。"砍头不要紧，只要主义真"，"敌人只能砍下我们的头颅，决不能动摇我们的信仰"，这些视死如归、大义凛然的誓言生动表达了共产党人对远大理想的坚贞。理想之光不灭，信念之光不灭。

——2016 年 7 月 1 日，习近平在庆祝中国共产党成立 95 周年大会上的讲话

长征胜利启示我们：心中有信仰，脚下有力量；没有牢不可破的理想信念，没有崇高理想信念的有力支撑，要取得长征胜利是不可想象的。

——2016 年 10 月 21 日，习近平在纪念红军长征胜利 80 周年大会上的讲话

形象地说，理想信念就是共产党人精神上的"钙"，没有理想信念，理想信念不坚定，精神上就会"缺钙"，就会得"软骨病"。

——2012 年 11 月 17 日，习近平在十八届中共中央政治局第一次集体学习时的讲话

理想信念是共产党人的精神之"钙"，必须加强思想政治建设，解决好世界观、人生观、价值观这个"总开关"问题。

——2014 年 1 月 20 日，习近平在党的群众路线教育实践活动第一批总结暨第二批部署会议上强调

对马克思主义、共产主义的信仰，对社会主义的信念，是共产党人精神上的"钙"。没有理想信念，理想信念不坚定，精神上就会得"软骨病"，就会在风雨面前东摇西摆。

——2015 年 6 月 12 日，习近平在纪念陈云同志诞辰 110 周年座谈会上的讲话

坚定理想信念，坚守共产党人精神追求，始终是共产党人安身立命的根本。对马克思主义的信仰，对社会主义和共产主义的信念，是共产党人的政治灵魂，是共产党人经受住任何考验的精神支柱。

——2012 年 11 月 17 日，习近平在十八届中共中央政治局第一次集体学习时的讲话

我们共产党人的根本，就是对马克思主义的信仰，对共产主义和社会主义的信念，对党和人民的忠诚。立根固本，就是要坚定这份信仰、坚定这份信念、坚定这份忠诚，只有在立根固本上下足了功夫，才会有强大的免疫力和抵抗力。

——2015 年 9 月 11 日，习近平在中共中央政治局第二十六次集体学习时强调

不忘初心，方得始终。对马克思主义的信仰，对社会主义和共产主义的信念，是共产党人的政治灵魂，是共产党人经受住各种考验的精神支柱。只有理想信念坚定的人，才能始终不渝、百折不挠，不论风吹雨打，不怕千难万险，坚定不移为实现既定目标而奋斗。

——2016年11月29日，习近平在纪念朱德同志诞辰130周年座谈会上的讲话

对党员、干部来说，思想上的滑坡是最严重的病变，"总开关"没拧紧，不能正确处理公私关系，缺乏正确的是非观、义利观、权力观、事业观，各种出轨越界、跑冒滴漏就在所难免了。

——2014年10月8日，习近平在党的群众路线教育实践活动总结大会上的讲话

只有理想信念坚定，心中有党、对党忠诚才能有牢固思想基础。理想信念动摇了，那是不可能心中有党的。大家要把学习掌握马克思主义理论作为看家本领，深入学习马克思列宁主义、毛泽东思想，深入学习邓小平理论、"三个代表"重要思想、科学发展观，深入学习十八大以来党的理论创新成果，不断领悟，不断参透，做到学有所得、思有所悟，注重解决好世界观、人生观、价值观这个"总开关"问题，真正做到对马克思主义虔诚而执着、至信而深厚。

——2015年1月12日，习近平同中央党校县委书记研修班学员座谈时强调

"志不立，天下无可成之事。"理想信念动摇是最危险的动摇，理想信念滑坡是最危险的滑坡。一个政党的衰落，往往从理想信念的丧失或缺失开始。我们党是否坚强有力，既要看全党在理想信念上是否坚定不移，更要看每一位党员在理想信念上是否坚定不移。

——2016年7月1日，习近平在庆祝中国共产党成立95周年大会上的讲话

五、知识训练

（一）单项选择题

1. 第一个把未来社会称为社会主义社会和共产主义社会的思想家是（ ）
   A. 马克思　　　　　　　　　　B. 列宁
   C. 恩格斯　　　　　　　　　　D. 毛泽东

2. "代替那存在着阶级和阶级对立的资产阶级旧社会的，将是这样一个联合体，在那里，每个人的自由发展是一切人的自由发展的条件。"这句话出自（ ）
   A.《共产党宣言》　　　　　　B.《共产主义原理》

C.《哥达纲领批判》　　　　　　D.《资本论》

3. "人的依赖关系"是（　　）

A. 资本主义社会以前的人与人之间的关系

B. 资本主义社会之中的人与人之间的关系

C. 社会主义社会之中的人与人之间的关系

D. 共产主义社会之中的人与人之间的关系

4. 自由王国是指人们（　　）

A. 处于绝对自由的原始社会状态

B. 不再受自然规律和社会规律支配的状态

C. 允许自由竞争的资本主义状态

D. 摆脱了自然和社会关系的奴役，成为自己社会关系主人的状态

5. "通过批判旧世界发现新世界"是（　　）

A. 空想社会主义预见未来社会的方法

B. 马克思主义预见未来社会的方法

C. 唯物主义预见未来社会的方法

D. 唯心主义预见未来社会的方法

（二）多项选择题

1. 下列对"共产主义"的表述，正确的是（　　）

A. 共产主义是一种科学的理论

B. 共产主义是一种理论指导下的现实的运动

C. 共产主义是一种未来的社会制度

D. 共产主义是一种未来的社会形态

2. 共产主义社会的基本特征是（　　）

A. 物质财富极大丰富，消费资料按需分配

B. 个人消费品实行"各尽所能、按劳分配"制度

C. 实现每个人自由而全面的发展，人类从必然王国向自由王国飞跃

D. 社会关系高度和谐，人们精神境界极大提高

3. 共产主义的含义包括（　　）

A. 共产主义是一种科学的理论体系

B. 共产主义是一种美好的幻想

C. 共产主义是人类社会发展的终结

D. 共产主义通过无产阶级革命实践去实现

4. 下列属于必然王国社会状态的有（　　）

A. 奴隶社会　　　　　　　　B. 封建社会

C. 资本主义社会　　　　　　D. 社会主义社会

[单项选择题答案]

1. B　2. A　3. A　4. D　5. B

[多项选择题答案]

1. ABCD　2. ACD　3. AD　4. ABCD